Frontier Issues in
Chinese Finance

中国金融前沿

C中国金融
CHINA FINANCE 专题精选
2013-2014

《中国金融》编辑部 / 编

中国金融出版社

责任编辑：陈　翎　刘红卫
责任校对：潘　洁
责任印制：丁淮宾

图书在版编目（CIP）数据

中国金融前沿:《中国金融》专题精选：2013—2014（Zhongguo Jinrong Qianyan：《Zhongguo Jinrong》Zhuanti Jingxuan ：2013—2014）／《中国金融》编辑部编 . —北京：中国金融出版社，2014. 4

ISBN 978 - 7 - 5049 - 7471 - 6

Ⅰ. ①中… 　Ⅱ. ①中… 　Ⅲ. ①金融—中国—文集 　Ⅳ. ①F832 - 53

中国版本图书馆 CIP 数据核字（2014）第 051747 号

出版
发行　**中国金融出版社**

社址　北京市丰台区益泽路 2 号
市场开发部　（010）63266347，63805472，63439533（传真）
网 上 书 店　http://www.chinafph.com
　　　　　　（010）63286832，63365686（传真）
读者服务部　（010）66070833，62568380
邮编　100071
经销　新华书店
印刷　利兴印刷有限公司
尺寸　169 毫米 ×239 毫米
印张　19
字数　337 千
版次　2014 年 4 月第 1 版
印次　2014 年 4 月第 1 次印刷
定价　28.00 元
ISBN 978 - 7 - 5049 - 7471 - 6/F. 7031
如出现印装错误本社负责调换　联系电话（010）63263947

编写说明

　　近年来,《中国金融》杂志通过设立"专题"栏目,对金融政策、金融运行、金融实践中的热点、焦点、难点问题进行深度解析,展示了不同领域权威专家对金融前沿问题的看法,帮助读者获得对金融问题全面深入的了解。"专题"栏目已成为《中国金融》杂志的品牌栏目,是许多读者每期必看的重要内容。

　　2013 年以来,金融领域酝酿出台了一系列重大改革措施,对于中国经济金融未来发展具有重要意义。利率市场化改革、资本账户开放、商业银行新资本管理办法、自贸区金融服务、新三板市场建设、保险市场退出机制、新型城镇化融资机制、互联网金融等议题也都进入了《中国金融》的视野。

　　为了帮助读者更好地把握中国金融形势,了解中国金融发展的前沿问题,《中国金融》杂志编辑部特意对《中国金融》近期重点"专题"进行了回顾梳理,从中挑选出 10 个最具影响的"专题",将各篇文章精心编纂,这就是呈现在读者面前的《中国金融前沿——〈中国金融〉专题精选(2013—2014)》。

《中国金融》编辑部
2014 年 4 月

目 录
Contents

完善保险市场退出机制

新型城镇化融资机制

互联网金融

全面深化
金融业改革开放

党的十八届三中全会提出全面深化改革,加快完善现代市场体系。金融作为现代经济的核心,是社会主义市场体系的重要组成部分。金融系统如何谋划今后一个时期的工作,推进金融业改革开放成为各方关注的话题。金融行业应加快完善种类齐全、结构合理、服务高效、安全稳健的现代金融市场体系,推进银行业、证券业、保险业改革创新步伐,为全面深化改革提供良好的金融服务和稳定的金融环境。

全面深化金融业改革开放

周小川

党的十八届三中全会提出全面深化改革，加快完善现代市场体系。金融作为现代经济的核心，是社会主义市场体系的重要组成部分。我们要认真学习贯彻全会精神，紧紧围绕市场在资源配置中的决定性作用，全面深化金融业改革开放，加快完善金融市场体系，不断提升金融业服务实体经济能力，促进经济持续健康发展。

改革开放以来，我们坚定不移地推进金融改革，基本建立了与社会主义市场经济相适应的金融体制，金融业配置资源和服务实体经济的能力大幅提升，整体实力和风险抵御能力明显提高，金融宏观调控的科学性、前瞻性和有效性稳步增强，成功经受住了国际金融危机的严峻考验，为我国经济持续健康发展作出了重要贡献。未来相当长一个时期，我国经济社会发展仍将处于重要战略机遇期，既面临难得的发展机遇，也面对诸多风险和挑战。做好今后一个时期的金融工作，关键是要牢牢把握金融服务实体经济的本质要求，坚持市场配置金融资源的改革导向，坚持创新与监管相协调的发展理念。金融系统要按照党的十八届三中全会的决策部署，全面推动金融改革、开放和发展，加快完善种类齐全、结构合理、服务高效、安全稳健的现代金融市场体系。

构建更具竞争性和包容性的金融服务业

扩大金融业对内对外开放，在加强监管前提下，允许具备条件的民间资本依法发起设立中小型银行等金融机构。践行党的群众路线，发展普惠金融。

扩大金融业对内对外开放。在更大范围、更高层次上提高资源优化配置能力，提升金融服务质量，增强金融部门竞争力，推动人民币跨境使用和国际金融中心建设，促进经济转型，推动实现中国经济升级版。进一步扩大金融业对外开放，逐步遵循准入前国民待遇和"负面清单"等新开放模式，实现金融服务业的高水平对外开放。

在加强监管的前提下，允许具备条件的民间资本依法发起设立中小型银行等金融机构。按照十八届三中全会的要求，立足于建立公平开放透明的市场规则，实行统一的市场准入制度，鼓励和引导民间资本进入金融服务领域。金融业作为竞争性的服务行业，也应按照"负面清单"的准入制度和扩大服务业开放的要求，为各类投资主体准入提供公平竞争的市场环境。在加强监管的前提下，允许具备条件的民间资本依法发起设立中小型银行等金融机构，将为实体经济提供必要的竞争性金融供给，解决部分基层地区和小微企业金融服务供给不足的问题。

完善现代金融企业制度。进一步提升国有金融机构治理水平，放宽民间资本和外资进入金融服务领域的限制，优化股权结构；推行更加市场化的管理层选拔方式，减少行政任命；建立良性的管理层激励，确保高管人员以股东利益为主要目标。完善金融机构公司治理，形成有效的决策、执行、制衡机制，把公司治理的要求真正落实于日常经营管理和风险控制之中。建立有效的选人用人机制，切实加强金融队伍建设，全面提高从业人员素质和职业操守。探索建立规范有效、包括薪酬制度在内的激励约束机制。推进政策性金融机构改革。我国发展阶段决定了当前和未来一段时间我国仍有政策性金融的需求。我国政策性金融机构成立以来，做了大量工作，取得了明显成绩，也保证了商业性金融机构不再承担政策性业务；同时也还存在公司治理不完善、业务和财务规则不明晰、约束机制不健全、可持续性不强等问题，要通过加快改革来建立符合中国特色、能更好地为当前经济发展服务、可持续运营的政策性金融机构及其政策环境。

发展普惠金融。坚持民生金融优先，满足人民群众日益增长的金融需求，让金融改革与发展成果更多更好地惠及所有地区特别是贫困地区、惠及所有人群，实现金融业可持续发展。适度放宽市场准入，支持小型金融机构发展。加强政策引导，鼓励金融机构加大对经济社会发展薄弱环节的支持力度。大力发展多种融资方式，规范发展民间借贷，拓宽小微企业多元化融资渠道。鼓励金融产品和工具创新，不断扩大金融服务的覆盖面和渗透率。加强金融基础设施建设，提升金融服务现代化水平。推进信用体系建设，进一步优化小微企业金融服务生态环境，加强金融消费者保护和金融知识普及教育。

健全多层次资本市场体系

以显著提高直接融资比重为目标，推进股票发行注册制改革，多渠道推动股权融资，发展并规范债券市场，完善保险市场，鼓励金融创新，丰富金融市场层次与产品。

提高直接融资比重。继续坚持服务实体经济的本质要求，着力推动经济发展方式转变和经济结构调整，大力发展股票市场、债券市场等资本市场，拓宽企业直接融资渠道，优化社会融资结构；坚持市场化改革方向，着力减少不必要的行政管制，激发市场动力和内在活力，大力培育商业信用；坚持尊重市场发展客观规律，大力发展各类机构投资者，促进场外市场和场内市场分层有序、功能互补，推动金融市场、金融产品、投资者及融资中介的多元化；坚持规范发展的理念，强化市场约束和风险分担机制，进一步提高市场运行透明度；健全相应的法律框架、金融调控框架、监管框架以及财税等政策。

推进股票发行注册制改革。以充分信息披露为核心，在股票发行过程中，减少证券监管部门对发行人资质的实质性审核和价值判断，弱化行政审批，增强发行制度的弹性和灵活性，降低股票发行成本，提高融资效率。加强事中、事后监管力度，完善各种民事与刑事责任追究制度，有效抑制欺诈上市等行为。进一步完善上市公司退市制度，通过优胜劣汰，提高上市公司质量。加大对虚假陈述、市场操纵和内幕交易等证券违法违规行为的打击力度，强化上市公司、中介机构等市场参与主体的市场约束和诚信约束，促进市场参与各方归位尽责，切实保护投资者的合法权益，维护证券市场"三公"原则。

多渠道推动股权融资。在继续完善主板、中小企业板和创业板市场的同时，继续推进三板股权市场建设。加快完善以机构为主、公开转让的中小企业股权市场，建立健全做市商、定向发行、并购重组等制度安排，丰富融资工具和交易品种，增强服务中小企业的能力。各省（市、区）可以在统一的制度框架下，结合区域经济发展需要建立区域性股权市场。积极引导私募股权投资基金、风险投资基金健康发展，支持创新型、成长型企业股权融资。建立健全不同层次市场间的差别制度安排和统一的登记结算平台，推动形成有机联系的股权市场体系。

发展并规范债券市场。稳步扩大债券市场规模，推进金融产品创新和多元化，加大发展资产证券化的力度。探讨市政债券，完善城镇化建设融资机制。发展中小企业集合债券、私募债等融资工具，拓宽企业融资渠道，加大支持实体经济力度。发挥公司信用类债券部际协调机制作用，加强债券管理部门的协调配合，提高信息披露标准，落实监管责任。加强债券市场基础设施建设，进一步促进银行间市场和交易所市场协调发展。稳步推进债券市场对外开放。

完善保险经济补偿机制，建立巨灾保险制度。完善保险经济补偿机制，研究建立专业中介机构保障基金。推动巨灾保险立法进程，界定巨灾保险范围，建立政府推动、市场化运作、风险共担的多层次巨灾保险制度。明确政府与市场的定位，鼓励商业保险公司经营巨灾保险。以风险共担、分级负担为原则，利用再保险和资本市场（如发行巨灾债券等）分散巨灾风险。

鼓励金融创新，丰富金融市场层次和产品。实施创新驱动发展战略，稳步推动金融市场机制、组织、产品和服务模式创新，形成长效创新机制，拓展金融市场发展的深度和广度，丰富金融市场层次和产品，努力建设一个品种丰富、运行高效、功能完备，具有相当规模，与社会主义市场经济体制相适应的金融市场体系。同时要始终把防范风险贯穿金融创新全过程，处理好创新、发展与风险之间的关系，防止以规避监管为目的和脱离经济发展需要的创新。

加强金融基础设施建设，保障金融市场安全高效运行和整体稳定。积极稳妥落实有关国际组织联合发布的《金融市场基础设施原则》，加强和改进我国金融市场基础设施建设。稳步推进金融市场中央对手方、交易信息报告库等制度和设施建设，完善金融产品登记、托管、交易、清算、结算制度。统筹协调支付、清算、结算体系发展，完善支付、清算、结算法规制度。进一步加强发行系统、交易系统、清算系统、托管结算系统、市场成员内部系统和监管机构监测系统之间的数据高效处理和传递，提升相关基础设施技术系统功能，提高市场透明度和运行效率，保障金融市场安全高效运行和整体稳定。

稳步推进汇率和利率市场化改革

使市场在资源配置中起决定性作用，客观上要求完善主要由市场决定价格的机制，凡是能由市场形成价格的都交给市场，政府不进行不当干预。利率和汇率作为要素市场的重要价格，是有效配置国内国际资金的决定性因素。稳步推进汇率和利率市场化改革，有利于不断优化资金配置效率，进一步增强市场配置资源的决定性作用，加快推进经济发展方式转变和结构调整。

完善人民币汇率市场化形成机制。继续完善人民币汇率市场化形成机制，发挥市场供求在汇率形成中的基础性作用，提高国内国外两种资源的配置效率，促进国际收支平衡。发展外汇市场，丰富外汇产品，拓展外汇市场的广度和深度，更好地满足企业和居民的需求。根据外汇市场发育状况和经济金融形势，有序扩大人民币汇率浮动区间，增强人民币汇率双向浮动弹性，保持人民币汇率在合理均衡水平上的基本稳定。进一步发挥市场汇率的作用，央行基本退出常态式外汇市场干预，建立以市场供求为基础、有管理的浮动汇率制度。

加快推进利率市场化。坚持以建立健全由市场供求决定的利率形成机制为总体方向，以完善市场利率体系和利率传导机制为重点，以提高央行宏观调控能力为基础，加快推进利率市场化改革。近期，着力健全市场利率定价自律机制，提高金融机构自主定价能力；做好贷款基础利率报价工作，为信贷产品定价提供参考；推进同业存单发行与交易，逐步扩大金融机构负债产品市场化定价范围。近中期，注重培育形成较为完善的市场利率体系，完善央行利率调控框架和利率传导机制。中期，全面实现利率市场化，健全市场化利率宏观调控机制。

健全反映市场供求关系的国债收益率曲线。收益率曲线是固定收益市场的主要收益率，反映无风险收益率基准在各种期限上的分布。在此之上，其他各种固定收益产品有一个风险溢价。目前，我国金融市场的国债收益率曲线在准确性、权威性和完整性等方面有待提高。随着我国金融宏观调控逐步由以数量调控为主转为以价格调控为主以及利率市场化改革的不断推进，有必要健全反映市场基准的国债收益率曲线，进一步发挥收益率曲线在金融资源配置中的重要作用。完善国债发行，优化国债期限结构；完善债券做市支持机制，提高市场流动性；进一步丰富投资者类型，稳步提高债券市场对内对外开放程度，降低以买入并持有到期为主要目的的银行与保险机构等投资者的比重，增加交易需求；改进曲线编制技术，加大宣传和应用推广力度。

加快实现人民币资本项目可兑换

推进人民币资本项目可兑换，是构建开放型经济新体制的本质要求，其根本目的在于促进贸易投资便利化，为扩大企业及个人对外投资、确立企业及个人对外投资主体地位创造有利条件，是进一步加快发展各项跨境金融业务、体现金融支持实体经济发展、落实"走出去"战略、加快经济结构调整和产业转型升级的要求。应抓住人民币资本项目可兑换的有利时间窗口，在统筹国内需求与国际形势的基础上，加快实现人民币资本项目可兑换。

转变跨境资本流动管理方式，便利企业"走出去"。进一步转变外汇管理方式，推动对外投资便利化。减少外汇管理中的行政审批，从重行政审批转变为重监测分析，从重微观管制转变为重宏观审慎管理，从"正面清单"转变为"负面清单"。方便企业"走出去"过程中的投融资行为，逐步提高境内企业向境外提供人民币和外币信贷及融资担保的便利程度，加大支持企业"走出去"的力度。

推动资本市场双向开放，有序提高跨境资本和金融交易可兑换程度。进一步扩大合格境内机构投资者（QDII）和合格境外机构投资者（QFII）主体资格，增加投资额度。条件成熟时，取消合格境内机构投资者、合格境外机构投资者的资格和额度审批，将相关投资便利扩大到境内外所有合法机构。研究建立境内外股市的互联互通机制，逐步允许具备条件的境外公司在境内资本市场发行股票，拓宽居民投资渠道。在建立相关管理制度的前提下，放宽境外机构境内发行人民币债券资格限制。有序提升个人资本项目交易可兑换程度，进一步提高直接投资、直接投资清盘和信贷等的可兑换便利化程度，在有管理的前提下推进衍生金融工具交易可兑换。

建立健全宏观审慎管理框架下的外债和资本流动管理体系。建立健全针对外债和资本流动的宏观审慎政策框架，提高可兑换条件下的风险管理水平。综合考虑资产负债币种、期限等匹配情况，合理调控外债规模，优化外债结构，做好外债监测，防范外债风险。加强反洗钱和反恐怖融资方面的管理，保持对非法资金跨境流动的高压政策，同时防止过度利用避税天堂。加强对短期投机性资本流动特别是金融衍生品交易监测。在鼓励合理创新的同时，限制与实体经济严重脱节的复杂金融衍生品，坚持金融创新为实体经济服务的原则要求，同时按照最新的国际标准推动场外金融衍生品市场的监管改革。在紧急情况下，可以对资本流动采取临时性管理措施。建立健全相关监测体系，实现资本跨境流动便利化和收集有效信息的统一。

完善金融监管

加强和改进金融监管，采取综合措施维护金融稳定，牢牢守住不发生系统性和区域性金融风险的底线。

落实金融监管改革措施和稳健标准。完善逆周期资本要求和系统重要性银行附加资本要求，适时引进国际银行业流动性和杠杆率监管新规，提高银行业稳健性标准。根据我国金融市场结构和特点，细化金融机构分类标准，统一监管政策，减少监管套利，弥补监管真空。优化金融监管资源配置，明确对交叉性金融业务和金融控股公司的监管职责和规则，增强监管的针对性、有效性。

完善监管协调机制。充分发挥金融监管协调部际联席会议制度功能，不断提升监管协调工作规范化和制度化水平，重点加强货币政策与金融监管政策、交叉性金融产品与跨市场金融创新的协调，实现金融信息共享，减少监管真空和监管重复，形成监管合力。

界定中央和地方金融监管职责和风险处置责任。坚持中央金融管理部门对金融业的统一管理，引导地方政府遵循"区域性"原则履行好相关职能。明确地方政府对地方性金融机构和金融市场的监督管理职责，以及在地方金融风险处置中的责任，强化日常监管，减少行政干预，加大对非法金融活动的打击力度，及时有效地处置辖区金融业突发事件，改善本地区金融生态。规范地方政府对金融机构的出资人职责，避免对金融机构商业性经营活动的行政干预。

建立存款保险制度。加快建立功能完善、权责统一、运作有效的存款保险制度，促进形成市场化的金融风险防范和处置机制。存款保险制度要覆盖所有存款类金融机构，实行有限赔付和基于风险的差别费率机制，建立事前积累的基金，具备必要的信息收集与核查、早期纠正及风险处置等基本职责，与现有金融稳定机制有机衔接，及时防范和化解金融风险，维护金融稳定。

完善金融机构市场化退出机制。通过明确金融机构经营失败时的退出规则，包括风险补偿和分担机制，加强对存款人的保护，有效防止银行挤兑。进一步厘清政府和市场的边界，加强市场约束，防范道德风险，从根本上防止金融体系风险的累积。

（作者系中国人民银行行长）

更加奋发有为地推进银行业改革

尚福林

党的十八届三中全会明确提出"完善金融市场体系",并作出具体部署。银行业金融机构和监管部门要深入学习领会习近平同志一系列重要讲话精神,准确把握党中央、国务院对金融改革发展的新部署和新要求,更加奋发有为地推进银行业改革,为全面深化改革提供良好的金融服务和稳定的金融环境。

改革开放是我国银行业成长进步的活力源泉

习近平同志指出,"没有改革开放,就没有中国的今天,也就没有中国的明天。"这深刻揭示了改革开放是决定当代中国命运的关键抉择,促使我们深刻认识深化银行业改革开放的重要性和紧迫性。

从历史经验看,深化改革开放是我国银行业实现历史性变化的动力之源。从 1979 年到 1993 年,我国银行业实现了从"大一统"到多元竞争银行体系的转变;从 1994 年到 2003 年,按照建立社会主义市场经济体制的要求,银行业加快法规制度建设,依法开展清理整顿,大力推进商业化改革;从 2003 年至今,基本完成了国有银行股份制改造和其他各类银行业金融机构重组改革。截至 2013 年 12 月末,我国银行业金融机构资产总额达到 151 万亿元,商业银行不良贷款率和资本充足率分别为 1% 和 12.19%。2013 年,按一级资本排名的全球前 1000 家银行中,中资银行有 96 家,工行、农行、中行、建行 4 家银行跻身全球上市银行前 10 名。银行业巨大的历史性变化,源于改革开放的持续推进。

从现实需要看，深化改革开放是我国银行业应对复杂经济形势和金融风险挑战的必由之路。当前，我国金融改革进入深水区和攻坚期。在经济和金融全球化的背景下，金融竞争更加激烈，对银行业经营管理提出更高要求；国内经济面临外需不足和内需短期不振的双重压力，产能过剩矛盾和企业经营困难加大，信贷风险防控压力上升；银行业务结构日趋复杂多元，流动性风险管理比较滞后；利率市场化改革和人民币汇率形成机制改革步伐加快，将对银行业金融机构带来新的挑战。虽然目前我国银行业总体风险可控，但个体风险、局部风险、区域风险增加。银行业金融机构要克服发展瓶颈和体制障碍，必须全面深化改革。

　　从行业地位作用看，深化改革开放是银行业服务全面深化改革大局的迫切之需。全面深化改革强调发挥经济体制改革的牵引作用，使市场在资源配置中起决定性作用。目前，我国间接融资比重达到80%以上，银行业资产占全部金融资产的比重超过90%。这种格局既反映了银行体系配置金融资源和服务实体经济的强大功能，也反映了金融市场层次单一和体制机制缺陷。需要从资金定价机制、融资市场结构和现代金融企业制度等多方面深化改革，提高银行业服务实体经济的能力和配置金融资源的效率。

推动银行业改革开放不断取得新突破

　　当前，应牢牢把握金融服务实体经济的本质要求，坚持市场配置金融资源的改革导向，坚持金融创新与稳健经营和有效监管相协调的发展理念，采取有力措施推动银行业改革开放取得新突破。

　　着力提高行业竞争性，在完善银行业机构结构体系上取得新突破。一是扩大民间资本进入银行业的渠道。积极引导民间资本投资入股和参与银行业金融机构重组改造。允许发展成熟、经营稳健的村镇银行，在最低股比要求内，调整主发起行与其他股东资本比例。允许具备条件的民间资本依法发起设立自担风险的中小银行、金融租赁公司和消费金融公司等金融机构。二是推进非银行业金融机构专业化规范发展。继续推动信托公司深化体制机制改革。鼓励金融租赁公司适度扩大租赁物范围，积极发展成套设备等融资租赁业务。优化企业集团财务公司准入标准，强化内部管理，促进产业整合升级。三是以分类监管推动银行业发展转型。通过优化分类监管，引导各类银行业金融机构深化改革、合理定位、科学布局，实现特色化发展、差异化竞争和专业化服务。积极健全牌照分类管理制度，推进政策性银行改革，促进建立符合我国实际、更好服务经济发展和可持续运营的政策性金融体制机制。

着力提高服务普惠性，在完善银行业服务体系上取得新突破。按照党的十八届三中全会要求，银行业金融机构要把发展普惠金融作为一种理念、创新和责任。一是利用信贷杠杆促进产业结构调整，加大对先进制造业、战略性新兴产业等的信贷支持力度，推动化解过剩产能。二是发展消费金融、助推消费升级。加快完善银行业消费服务功能，优化刷卡消费环境。逐步扩大消费金融公司的试点城市范围。根据进城务工人员等群体的消费特点创新产品和服务。三是创新服务机制、提高服务效能。支持银行与网络、电信运营商开展高水平、深层次合作。下沉机构和网点，创新机制和产品，开发有针对性的金融产品和服务。以金融服务便利化为重点，支持企业"走出去"。进一步促进基础金融服务均等化，提高金融服务的可获得性，持续加强对"三农"、小微企业的金融支持，健全城乡发展一体化金融服务。

着力提高市场协同性，在完善金融市场体系上取得新突破。银行业作为我国金融市场的重要参与主体，要在金融市场体系建设、丰富金融市场层次和产品中发挥主导作用。以盘活存量、优化增量、提高社会资金使用效率为重点，促进提高直接融资比重，逐步形成直接融资与间接融资功能互补、结构合理、分工合作、协同发展的金融市场体系。一是规范发展理财融资，不断探索理财业务服务实体经济的新产品和新模式。二是推进信贷资产证券化发展，进一步发挥其推动经济结构调整的功能作用。三是积极促进债券市场发展。

着力提高发展稳健性，在完善银行业经营管理体系上取得新突破。习近平同志多次强调，要高度重视财政金融领域存在的风险隐患，切实锁定和防范化解风险，坚决守住不发生系统性和区域性金融风险的底线。要按照保障金融市场安全高效运行和整体稳定的要求，推动银行业金融机构完善全面风险管理体系。一是进一步提升公司治理能力和水平。在巩固和扩大股份制改造成果的基础上，督促银行业金融机构把完善公司治理作为深化改革的重点。二是深化内部管理体制机制改革。遵循"自主经营、自负盈亏、自担风险、自我约束"的原则，建立全员、全过程、全方位的风险防控责任体系。三是提升全面风险管理水平。建立与资产负债规模、业务复杂程度和风险偏好状况匹配的风险管理和内控体系。四是做实贷款五级分类。加强信用风险前瞻性管理。加强地方政府融资平台、房地产市场、"两高一剩"行业等重点领域的信用风险防控。

着力提高监管有效性，在完善银行业监管体系上取得新突破。立足于落实金融监管改革措施和稳健标准，监管部门将围绕简化金融结构、防范关联交易、控制杠杆倍数和增强透明度等，健全有效监管制度安排。一是继续完善微观审慎和宏观审慎有机结合的银行业监管政策框架。二是加强监管政策协调，统一把握监管标准和尺度，努力解决跨领域、跨行业监管交叉、空白和重复问题。三是完善金融机构市场化退出机制。四是加强金融消费者保护，积极主动保护存款人和金融消费者合法权益。

切实履行好深化银行业改革开放的监管责任

银监会作为国家专司银行监管职能机构，要牢固树立责任重于泰山的意识，坚决贯彻中央决策部署，以坚定的决心意志、坚强的组织领导、务实的措施办法，推动银行业改革开放有力有序深化。

统一思想行动。认真学习领会十八届三中全会精神和习近平同志重要讲话精神，深刻领会银行业深化改革的重大意义和部署要求，增强推进银行业改革开放的信心和勇气，在全系统、全行业凝聚起深化改革的共识和力量。充分发挥监管部门的引领作用和银行业金融机构的首创精神，强化政治意识、大局意识、使命意识，自觉做银行业改革促进者、推动者、实践者。严格党的政治纪律，确保党和国家金融方针政策的落实，坚决实现中央关于银行业改革开放的战略意图和决策部署。

深入调查研究。习近平同志指出，研究、思考、确定全面深化改革的思路和重大举措，刻舟求剑不行，闭门造车不行，异想天开更不行，必须进行全面深入的调查研究。监管部门要围绕全面深化改革要求，加强形势跟踪和调查研究，把握党和国家事业发展对银行业改革开放的要求，从洞察经济金融发展趋势中把握规律；了解行业内外对银行业改革开放的各种意见建议和期盼诉求，从集思广益中认识规律；总结银行、企业和市场一线在改革中的有益探索，从改革实践中提炼规律。在深入调研的基础上研究重大问题，组织科学论证，加强宏观筹划。

大胆探索实践。习近平同志指出，要尊重实践、尊重创造，鼓励大胆探索、勇于开拓。监管部门要深入研究银行业发展体制机制障碍，认清行业发展趋势和利益固化症结，找准改革突破的方向和着力点。首当其冲的就是要有自我革新的勇气和胸怀，根据使市场在资源配置中起决定性作用的要求，推进转变政府职能，改革行政审批制度，创新金融监管方式，下放监管权限，强化监管服务，为银行业金融机构改革带好头、铺好路。加大监管执法和制度供给力度，为银行业深化改革营造良好监管环境。

注重统筹协调。习近平同志特别强调要把握全面深化改革的重大关系，这对银行业全面深化改革具有重要指导意义。银行业是外部性强的高风险行业，加之一些银行在境内外上市，一举一动都关乎公众信心和市场稳定。银行业一切改革举措都必须深思熟虑、稳妥审慎。在深化改革开放的指导方面，要尊重规律、尊重实践、尊重创造，坚持服从服务国家改革大局，促使银行业改革开放与国家总体改革进程相一致，与国家有关政策要求和法规制度安排相衔接。

（作者系中国银行业监督管理委员会党委书记、主席）

健全多层次资本市场体系

肖　钢

　　党的十八届三中全会《决定》提出的健全多层次资本市场体系，是完善现代市场体系的重要内容，也是促进我国经济转型升级的一项战略任务。早在 2003 年，中央就提出建立多层次资本市场体系。当时主要是考虑我国股票市场只有面向大中型企业的主板市场，层次单一，难以满足大量中小型企业特别是创新型企业的融资需求。2004 年我国推出了中小板，2009 年推出了创业板。经过 10 年探索，我国多层次资本市场体系初具规模，股票交易所市场日益壮大，中小企业股份转让系统（"新三板"）服务范围已扩展至全国，各地区域股权转让市场和证券公司柜台市场积极探索前行。同时，债券市场、期货及衍生品市场蓬勃发展，产品日益丰富，规模不断扩大。多层次资本市场建设不仅有力支持了经济社会发展，而且为建立现代企业制度、构建现代金融体系、推动多种所有制经济共同发展作出了重要贡献。同时应看到，当前我国资本市场仍处在"新兴加转轨"阶段，还存在不少问题，主要表现在市场化、法制化、国际化程度不高，直接融资比重偏低，市场层次、结构和基础设施不完善，产品不够丰富，证券期货服务业和机构投资者发展不足等，迫切需要深化改革、扩大开放，健全多层次资本市场体系。

　　多层次资本市场是对现代资本市场复杂形态的一种表述，是资本市场有机联系的各要素总和，具有丰富的内涵。从交易场所来看，多层次资本市场可以分为交易所市场和场外市场；根据发行和资金募集方式，可以分为公募市场和私募市场；根据交易品种，可以分为以股票债券为主的基础产品市场和期货及衍生品市场；同一个市场内部也包含不同的层次。同时，多层次资本市场的各个层次并不是简单平行、彼此隔离的，而是既相互区分、又相互交错并不断演进的结构。资本市场的多层次特性还体现在投资者结构、中介机构和监管体系的多层次，交易定价、交割清算方式的多样性，它们与多层次市场共同构成一个有机平衡的金融生态系统。

健全多层次资本市场体系的重要性

健全多层次资本市场体系，是发挥市场配置资源决定性作用的必然要求，是推动经济转型升级和可持续发展的有力引擎，也是维护社会公平正义、促进社会和谐、增进人民福祉的重要手段。

有利于调动民间资本的积极性，将储蓄转化为投资，提升服务实体经济的能力。我国储蓄率较高，但存在企业融资难、民间投资难的突出矛盾，反映了我国资本市场欠发达、市场层次不丰富、资金供需双方不能有效匹配的矛盾。处在不同发展阶段的企业，其融资需求和条件是不一样的；同样，投资者的需求也是多样的。多层次资本市场体系可以提供多种类型的金融产品和交易场所，为多样化的投融资需求打造高效匹配的平台，有利于促进生产要素自由流动，激发经济增长活力。

有利于创新宏观调控机制，提高直接融资比重，防范和化解经济金融风险。我国金融结构长期失衡，直接融资比重偏低，实体经济过度依赖银行信贷。潜在不良贷款、影子银行、地方政府融资平台、房地产市场等方面的风险相互关联且正在累积。近年来，我国企业和地方政府的负债水平不断提高，依靠信贷大规模扩张刺激经济难以为继。国际经验表明，直接融资和间接融资平衡发展是增强经济金融结构弹性的重要举措。多层次资本市场可以提供多元化的股权融资，加快资本形成，降低实体经济杠杆率；有助于盘活存量资产，进一步改善金融结构，改变过度依赖银行体系的局面，分散和化解金融风险隐患。

有利于促进科技创新，促进新兴产业发展和经济转型。中小企业孕育着新的商业模式以至新兴产业，往往会成为引领经济转型的先导力量。我国大量科技创新型企业具有风险高、资产少的特点，难以获得银行信贷资金支持。多层次资本市场可以通过提供风险投资、私募股权投资等建立融资方和投资方风险共担、利益共享的机制，缓解中小企业和科技创新型企业融资难问题，并由市场筛选出有发展潜力的企业，推动新兴业态和产业成长，促进经济转型升级。

有利于促进产业整合，缓解产能过剩。大力推进企业市场化并购重组，促进产业整合，是解决产能过剩问题的重要手段。多层次资本市场可以提供更加高效透明的定价机制和灵活多样的支付工具与融资手段，如普通股、优先股、可转债、高收益债券、并购基金等，推动产业结构调整。

有利于满足日益增长的社会财富管理需求，改善民生，促进社会和谐。随着经济发展和居民收入增加，居民投资理财需求激增。多层次资本市场可以提供多种风险收益特征的金融产品，多渠道满足日益增长的居民投资和理财需求，使不同风险偏好和承受能力的投资者都能找到适合自己的产品和服务，增加居民财产性收入，进而促进社会和谐稳定。同时，多层次资本市场可以有效促进养老金等社会保险基金保值增值，提高社会保障水平。

有利于提高我国经济金融的国际竞争力。近年来，我国企业参与跨国并购不断增多，迫切需要金融机构提高专业服务能力和国际化水平。加快发展多层次资本市场，可以拓展我国资本市场的深度和广度，为扩大双向开放创造有利条件，提高我国资本市场和证券期货服务业的国际竞争力，更好地服务于我国经济参与全球竞争。同时，健全多层次资本市场体系有利于增强我国在国际大宗商品领域的话语权。

健全多层次资本市场体系的重点任务

着力推动股票市场发展。股票交易所市场是多层次资本市场的压舱石，也是宏观经济运行的"晴雨表"，不仅可以吸引长期投资，还可以为其他资本市场提供定价基准和风险管理工具。要继续壮大主板市场，丰富产品和层次，完善交易机制，降低交易成本。改革创业板制度，适当降低财务标准的准入门槛，建立再融资机制。在创业板建立专门层次，允许尚未盈利但符合一定条件的互联网和科技创新企业在创业板发行上市，并实行不同的投资者适当性管理制度。加快建设全国中小企业股份转让系统，拓宽民间投资渠道，缓解中小微企业融资难问题。在清理整顿的基础上，将地方区域性股权市场纳入多层次资本市场体系。发展券商柜台市场，逐步建立券商间联网或联盟，开展多种柜台交易和业务。同时，不同层次市场间应建立健全转板机制，改革完善并严格执行退市制度，推动形成有机联系的股票市场体系。

发展并规范债券市场。债券市场是直接融资体系的重要组成部分，与股票市场联系紧密。在很多境外成熟市场中，债券市场的规模远远超过股票市场。健全的债券市场还是稳步推进利率市场化和人民币国际化的必要条件。应进一步发展公司债券，丰富债券品种，方便发行人和投资人自主选择发行交易市场，提高市场化水平；发展资产证券化，盘活存量资金，优化资源配置。扩大私募债发行主体和投资人范围，进一步发展场外交易；

强化市场化约束机制，促进银行间债券市场和交易所债券市场的互联互通和监管规则统一。

稳步扩大期货及衍生品市场。随着我国经济市场化程度加深和体量增大，企业对大宗商品价格波动愈加敏感，投资者也越来越需要运用期货及其他金融衍生品管理和规避风险。应进一步完善商品期货和金融衍生品市场，健全价格形成机制，帮助企业发现价格和管理风险；稳步发展权益类、利率类、汇率类金融期货品种，完善场外衍生品市场体系，适应金融机构风险管理、居民理财和区域经济发展等多元化需求。

促进私募市场规范发展。与公募市场相比，私募市场发行主体更加多元化，发行流程相对简单高效，发行对象通常限于风险识别和财务能力较强的适格投资者，交易品种更为丰富，交易机制更加灵活，可以提供更加多样化和个性化的投资服务。应鼓励发展私募股权投资基金和风险投资基金，为不同发展阶段的创新创业型中小企业提供股权融资，支持创新，促进并购，增加就业，并实行适度监管、行业自律，建立健全投资者适当性制度，规范募集和宣传推介行为，严厉打击非法集资活动。

发展多层次资本市场需要把握的几个原则

坚持市场化取向。尊重市场规律，充分调动市场各方的积极性，让市场在资源配置中起决定性作用。同时，更好地发挥监管职能，进一步简政放权、转变职能，大力推进监管转型，强化事中事后监管，加强监管执法，切实维护公开公平公正市场秩序，维护投资者特别是中小投资者合法权益。

夯实法治基础。切实加强资本市场法制建设，努力营造公平的市场环境，落实严格的保护和制裁制度，既有高效便捷的法律渠道，实现对守法经营主体受害时的权利救济；又有严密有力的监管措施，实现对违法主体的惩罚和制裁。

加强投资者保护。保护投资者就是保护资本市场，保护中小投资者就是保护全体投资者。应建立健全投资者适当性制度，优化投资回报机制，保障投资者知情权、参与权、选择权和监督权，推动建立多元化纠纷解决机制，严厉惩处违法违规行为，加强中小投资者教育，创新服务中小投资者的组织体系和服务方式。

坚持渐进式改革。健全多层次资本市场体系是一项长期任务和系统工程，必须立足国情，吸收借鉴境外市场的经验教训，充分发挥后发优势。把加强顶层设计和摸着石头过河结合起来，把整体推进和重点突破结合起来，精心制订操作方案，积极稳妥推进，做到全局在胸、统筹协调、远近结合。正确处理改革发展稳定的关系，把握好改革的节奏、力度和市场承受程度，确保市场稳定运行。

注重风险防范。随着市场层次和金融产品的不断丰富以及新技术的大量运用，资本市场风险的表现形式日益多样化，风险传导路径日益复杂，不同产品、不同市场、不同国家和地区的金融风险可能相互传导、联动并放大。因此，应加强风险识别，强化资本市场信息系统安全防护，切实提高风险监测、预警、防范和处置能力，及时有效弥补市场失灵；完善监管协调机制，界定中央和地方金融监管职责和风险处置责任，坚决守住不发生区域性、系统性金融风险的底线。

（作者系中国证券监督管理委员会主席）

全面深化金融业改革开放

全面深化保险业改革创新

项俊波

2013 年，面对错综复杂和极为困难的形势，保险业积极进取，开拓创新，行业发展呈现"稳中有进、进中向好"的良好态势。

一是业务增长平稳回升。全年实现保费收入 1.72 万亿元，同比增长 11.2%，比上年提高 3.2 个百分点，扭转了业务增速连续下滑的势头。财产险业务继续保持较快增长，保费收入 6212 亿元，同比增长 16.5%。人身险业务企稳回升，保费收入 1.1 万亿元，同比增长 8.4%，比上年提高 3.9 个百分点。二是整体实力持续增强。保费规模全球排名第四位，与第三位已十分接近。保险公司总资产 8.3 万亿元，较年初增长 12.7%；净资产 8475 亿元，较年初增长 7%；利润总额达到 991.4 亿元，同比增长 112.5%。保险公司整体实力不断增强，平安保险集团入选全球 9 家系统重要性保险机构。三是保险经营风险得到有效防范。妥善应对集中满期给付和退保高峰的冲击，行业现金流保持充足，个别地区集中退保风险得到及时处置。保险保障基金余额 468 亿元，较年初增长 22.5%，行业抵御风险的能力不断增强。四是改革积极效应逐步显现。寿险费率市场化增强了市场活力，2013 年 8 月改革启动以来，普通型人身险新单保费同比增长 520%，增速创 13 年来新高。资金运用改革拓宽了投资渠道、优化了资产结构，企业债和另类投资等高收益资产占比较年初分别增加 2 个百分点和 6.3 个百分点。全行业实现投资收益 3658.3 亿元，收益率 5.04%，比上年提高 1.65 个百分点，是近四年来的最好水平。五是服务能力不断提升。农业保险保费收入 306.6 亿元，同比增长 27.4%，向 3177 万受灾农户支付赔款 208.6 亿元，同比增长 41%。承保主要农作物突破 10 亿亩，占全国主要农作物播种面积的

42%，提供风险保障突破 1 万亿元。责任保险保费收入 216.6 亿元，为食品、环境、医疗等领域提供风险保障 48.6 万亿元。出口信用保险保费收入 155.2 亿元，向近 4.5 万家企业提供风险保障 2.86 万亿元，为稳定国家外需作出了贡献。大病保险在全国 25 个省的 144 个统筹地区全面推开，覆盖人口 3.6 亿。一系列重大灾害事故发生后，保险业全力以赴开展抗灾救灾、保险理赔，为缓解灾区人民的生产生活困难和促进当地社会稳定作出了积极贡献。

一年来，保险监管机构牢牢把握稳中求进的工作基调，正确处理改革、发展、稳定的关系，紧紧围绕"抓服务、严监管、防风险、促发展"，主要在着力防范化解风险、积极推进市场化改革、努力规范市场秩序、完善偿付能力监管体系、切实保护消费者利益、营造良好发展环境以及加强监管自身建设等方面扎实工作，取得了来之不易的成绩。回顾过去一年的保险监管工作，保监会注重全局思维，强化保险监管的大局意识；注重把握大势，提高监管工作的前瞻性；注重改革创新，再造保险市场体制机制优势；注重攻坚克难，治理困扰行业的沉疴顽疾；注重远近结合，推动行业发展行稳致远。这些思路和做法是近年来保险监管系统解放思想、改革创新的经验总结，一定要继续坚持，并在今后的工作中不断丰富完善。

全面推进保险业改革创新的几个重点

2014 年保险监管工作的总体要求，最核心的是八个字，即稳中求进、改革创新。面对错综复杂的外部形势，保持行业平稳增长，维护市场安全稳定，守住风险底线，保险监管必须稳中求进；在复杂的形势中把握机遇、有所作为，打破行业发展的瓶颈，激发市场的动力和活力，保险监管必须改革创新。

习近平总书记反复强调，改革开放是决定当代中国命运的关键一招，也是决定实现"两个一百年"奋斗目标、实现中华民族伟大复兴的关键一招。贯彻落实习近平总书记重要讲话精神，必须全面深化改革，在破解制约发展难题、推动行业转型升级的同时，找准为国家全面深化改革服务的切入点。下一步，保监会将成立全面深化改革领导小组，统筹推进保险业的改革创新，主要是推进保险服务体系、市场体系和监管体系的改革创新。

推进保险服务体系改革创新

要站在服务国家治理体系和治理能力现代化的高度，推进保险业服务体系改革创新，建设一个在现代金融体系、社会保障体系、农业保障体系、灾害救助体系和社会管理体系中发挥重要作用的现代保险服务业。当前重点是，按照十八届三中全会对保险业提出的要求，在巨灾保险、农业保险、商业养老和健康保险、责任保险等领域取得新进展。

第一，探索发展巨灾保险。总体思路是，以制度建设为基础，以商业保险为平台，以多层级分级分担风险为保障，发挥政府和市场的作用，在总结试点经验的基础上逐步推广，建立符合我国国情的巨灾保险制度。协调相关部委制订建立我国巨灾保险制度的实施方案，争取国家巨灾保险政策支持。推动立法，争取早日出台《巨灾保险条例》。指导云南、深圳等地开展地震和综合巨灾保险试点。

第二，规范发展农业保险。在2013年底召开的中央农村工作会议上，习近平总书记强调，"农业保险一定要搞好"。如何规范发展农业保险，把中央支农惠农政策运用好、落实好，不仅关系到保险功能的发挥，对保险业来说也是一项重要的政治任务。2014年农业保险监管重点抓好三个方面的工作：一是抓业务规范，组织专门力量，对部分农业大省进行彻底的检查，把问题查深查透。二是抓制度完善，针对存在的问题，进一步完善农业保险制度设计，为农业保险健康发展打下良好基础。三是抓创新试点，协调相关部门完善补贴机制，建立"15＋X"的补贴架构，推动发展地方特色农产品的农业保险。探索发展农产品价格指数保险。

第三，大力发展商业养老和健康保险。重点是夯实基础，加强协调，通过试点带动扩面。养老保险方面，继续推进个人税收递延型养老保险试点工作。鼓励保险公司参与养老服务业建设。开展老年人住房反向抵押养老保险试点。以企业年金税收优惠政策为契机，大力拓展企业年金业务。健康保险方面，研究健全完善健康保险相关税收政策，推进保险机构在更大范围和更高统筹层次上经办新农合等各类医保服务。进一步完善大病保险统计制度，夯实大病保险定价基础。健全大病保险制度，扩大大病保险试点范围。

第四，深入发展责任保险。现在，各方面对责任保险的期待都很高，要抓住有利时机，尽快突破。以《食品安全法》修改为契机，推动食品安全责任强制保险立法，做好相关配套机制建设。健全医疗责任保险各项制度，推动保险业参与医疗纠纷调解机制建设，提升保险服务能力。深入总结环境污染责任保险试点经验，逐步拓展试点范围和领域，加强风险评估等基础制度建设。强化承运人责任保险业务管理，加强监督检查，促进其规范健康发展。

推进保险市场体系改革创新

这几年，保监会在推进市场化改革方面取得了一些成效，但距离市场在资源配置中起决定性作用还有差距。下一步，要按照十八届三中全会的精神，简政放权，进一步激发市场发展的内生动力与活力。当前的改革重点是，深化费率形成机制改革，推进资金运用体制改革，推进市场准入退出机制改革。

一是深化费率形成机制改革。寿险领域，重点是在总结前一阶段放开预定利率成效和经验的基础上，扩大费率市场化的范围，防范改革可能引起的风险。启动分红险、万能险费率形成机制改革，力争年底前实现人身险费率形成机制的全面市场化。启动与费率形成机制相适应的精算制度改革，完善准备金评估规则，完善分红账户管理和分红特储制度，在放开前端的同时从后端管住风险。产险领域，重点是深化商业车险条款费率管理制度改革，完善市场化的商业车险条款费率形成机制。条件成熟的地区可以先行先试，试点地区要及时总结经验和反映问题。

二是继续推进资金运用体制改革。进一步放开投资领域和范围，把更多的选择权交给市场主体。按照"抓大放小"的思路，推进资金运用比例监管改革。推动建立资管产品集中登记交易系统，增强资管产品的流动性，发挥市场的定价功能。支持成立中国保险资产管理业协会，推动行业自我管理、自我提升。加快转变监管方式，把监管重点由放开渠道转变为风险监管，在有效防范风险的前提下推动资金运用市场化改革顺利进行。

三是继续推进市场准入退出机制改革。基本思路是，坚持市场化、区域化的准入导向，突出专业化特色，统筹规划市场准入和市场体系培育，完善市场退出和风险处置的制度机制，切实为发挥市场配置资源的决定性作用创造条件。优化准入标准和审核流程，深化高管任职资格核准改革，建立准入预披露制度。建立系统的分级、分类、分区域的有限牌照制度，确保保险机构"有多大本事做多大业务"。鼓励中资保险公司"走出去"，稳步拓展国际保险市场。规范并购重组行为，加快推动有关立法工作。健全保险保障基金的救助和融资机制，明确风险处置的触发条件，丰富风险处置工具箱，确保市场平稳运行。

推进保险监管体系改革创新

现在我国保险监管改革的任务很重。无论是顺应国际金融业浩浩荡荡的改革潮流、适应国内金融业日新月异的发展形势，还是承担好保险监管引领发展、防范风险、规范市场、保护消费者利益的任务，都要求保险监管机构加快保险监管改革。下一步，要立足国情、放眼国际，继续深化监管体系改革创新。

第一，完善监管制度。制度是管长远、管根本的。当前完善监管制度，重点是抓好三项工作。一是做好"一法两条例"的相关工作。积极推动《保险法》和《交强险条例》的修订，加快研究制定《巨灾保险条例》。二是加快"废改立"工作。要完成规范性文件的清理，尽可能消除保监会系统内部规范性文件的冲突和不协调，提高制度的合法性。本着急用先建的原则，加快建立健全市场准入退出、治理理赔难和销售误导、网络保险、资金运用等关键监管环节的规章制定工作。探索负面清单模式下的监管方式，拟定保险业进一步扩大开放的方案。三是推进"偿二代"建设。加快建成一套既与国际接轨，又与我国保险业发展阶段相适应的监管体系，完成全部技术标准的制定工作，组织行业对各种风险汇总后的整体测试。

第二，完善监管方式。按照放开前端、管住后端的改革方向，进一步改进监管方式，提高监管的针对性和有效性。一是强化过程监管。把握关键环节，科学实施事前、事中、事后监管。抓好分类监管、资产负债匹配监管和非现场监管，强化公司治理和内控的约束力，把偿付能力监管作为刚性要求，贯穿监管的全过程。二是强化信息披露。发布实施保险经营和服务两个评价体系，加强对保险公司的市场评价和社会监督。由行业协会向社会公开评价结果和排名，促进保险公司提升经营和服务水平。督促各保险机构严格执行保险公司信息披露监管规定。三是强化监管合力。整合监管系统资源，加强监管上下联动，努力做到全国一盘棋。比如现场检查，要充分发挥稽查工作委员会的协调职能，合理分工，科学安排，减少重复检查、多头检查。

第三，完善监管机制。进一步理顺监管职责，努力提高监管效率。要处理好监管和市场的关系，放宽放活市场自己的事，管住管好政府该管的事。要结合工作实际，研究哪些事情监管机构可以不管或少管。要处理好会机关和保监局的关系。要对保监会部门和保监局的职能进行认真梳理，哪些事该机关部门做，哪些事该保监局做，应该有更明确、更细化、更具操作性的规定。2014年，要在探索属地监管上迈出更大的步伐。要处理好会机关各部门的关系。按照机构监管与功能监管相结合的原则，通过工作会商、信息共享，做到部门之间相互协调、密切配合，减少政出多门，提高监管执行力。要处理好监管和协会学会的关系。行业协会和学会在营造发展环境、促进行业发展方面应该站到前台来，在行业自律、行业基础建设等方面应该下更大的工夫。特别是行业自律，既不能不作为，也不能乱作为。

为保险业改革创新创造良好环境

严防系统性区域性风险

保险业正处在转型升级的关键时期，防范风险的形势仍然严峻，任务还很艰巨。要理清思路、突出重点，降低存量风险，控制增量风险，防范突发风险，关注新的风险，牢牢守住不发生系统性、区域性金融风险的底线。

第一，防范化解满期给付和退保风险。未来一段时期，防范化解满期给付和退保风险仍不可掉以轻心。要继续坚持内紧外松的方针，强化公司的主体责任和派出机构的属地责任，按照"统一部署、各负其责、稳步实施、沉着应对"的原则，针对重点公司、重点业务、重点地区、重点环节、重点群体，开展风险排查，加强监测预警。要紧盯分红公布期、集中给付期等敏感时点，落实重大事项报告制度和风险响应制度。要加强公司治理监管，督促保险公司积极稳妥处理突发事件。

第二，防范化解偿付能力不足风险。目前，部分公司偿付能力充足率还处在刚刚达标的临界水平，在行业承保盈利能力普遍不高、公司发债成本总体上升的影响下，可能导致个别公司出现偿付能力反复不足的情况。必须坚持预防为主，加大偿付能力压力测试工作力度，对资本管理能力差、偿付能力反复不足的公司采取预防性措施，做到对风险早预警、早发现、早处置。研究制定保险公司资本补充管理办法，拓宽资本补充渠道。建立资本分级制度，完善资本补充制度体系。研究推进保险资金全托管，严厉查处虚假注资、抽逃资本金的行为。注重防范集团化经营风险，防止风险在不同业务领域之间相互传递。

第三，防范化解流动性风险。2013 年以来，市场资金趋紧逐渐成为常态。一些保险公司的高现金价值业务，存续期通常为一两年，甚至只有 3 个月，而匹配的资产一般超过 2 年，这种"借短贷长"的资金运用形式很容易出现流动性风险。保险业防范流动性风险的经验还比较欠缺。要按照疏堵结合的原则，加强资产负债匹配监管。要规范和疏导高现金价值业务，审慎控制非寿险投资型业务，在风险可控的基础上推进产品创新。要对短期理财产品进行信息登记，披露投资资产信息。

第四，防范化解资金运用风险。保险资金运用改革新政增强了市场活力，也对行业的风险管控能力带来了新的挑战。要坚持"既放得开，又防得住"，把监管重心由事前监管转移到事中事后的监管上。着力构建"一个基础、五个工具"的资金运用监管新框架，在加强非现场监测与现场检查的基础上，强化信息披露、内部控制、分类监管、资产负债匹配、资产认可等监管工具。建立覆盖股权、不动产及金融产品的非现场监管信息系统。落实保监局资金运用监管联系人机制，推动资金运用属地监管试点。借鉴国内外成熟经验，研究推行保险投资资产五级分类制度。

继续规范保险市场秩序

在财产险方面，要将农业保险作为规范重点，严厉查处弄虚作假骗取财政保费补贴、强制农户投保、不足额提取大灾风险准备金、协议或平均赔付、拖赔少赔、无理拒赔等违规行为。要针对产险市场违规问题反弹、恶性竞争加剧等问题，继续加大现场检查力度，整治财务业务数据不真实、不严格执行报批报备条款费率、理赔环节利益输送等突出问题。强化总公司和高管人员的管控责任，通过总公司把压力传导给整个市场，推动公司牢固树立合规意识。

在人身险方面，要以强化公司内控管理和高管人员经营责任为抓手，推动公司合规经营，切实提高监管的针对性和有效性。严厉整治银保小账和短期意外险不规范经营行为。要研究制定人身险公司分险种核算和省级机构经营成果独立核算指导意见，真实反映产品及分公司的成本、费用和盈亏。要建立抽查制度，按确定的比例和一定规则随机抽查保险公司，做到一查到底。

在保险中介方面，从2014年起，要下大力气，切实规范中介市场秩序，每年抓几件实事，争取2～3年内让保险中介违法违规行为得到根本扭转，保险中介的发展理念、制度体系、运行机制和监管架构基本理顺。2014年，要按照摸清底数、整顿秩序、深化改革、建章立制的步骤，对中介市场开展全面清理整顿，有效遏制财务不规范、信息不透明、虚假业务、非法集资等违法违规乱象，加快建立制度规则，防范化解风险隐患。

保护保险消费者利益

过去两年多时间里，保监会从解决突出问题和建立健全机制两方面入手，在保护消费者利益方面做了一些短期见效、长期管用的工作，效果很好。未来要继续坚持这一思路，不断坚定广大消费者对保险业的信心。一是继续整治理赔难和销售误导问题；二是进一步完善保险纠纷调处机制；三是努力提高保险消费投诉处理工作水平。

切实加强基础建设

加强数据基础建设和保险业标准化工作。数据和标准是科学监管和行业发展的重要基础。要深化保险统计改革，构建新型统计指标体系。要做好数据体系和平台架构的统一规划，充分发挥中国保信公司的作用，加快车险、健康险、中介、保单登记、再保险接受人登记、保险资金运用等数据平台建设，既为行业发展服务，也为保险监管服务。要充分利用好这个平台，全力支持平台工作，通过监管驱动，加快平台建设。抓紧推进产险主要险种纯风险损失率的测算工作，适时启动人身保险业经验生命表的修订工作，为行业风险管理、费率厘定及偿付能力监管奠定数据基础。积极发挥保标委作用，加快制定、修改、完善一批行业标准。

加快监管信息化建设。加强监管信息系统开发、改造和升级，推进应用系统整合。加强监管信息化基础建设，加快推进异地灾备中心建设。加强信息技术培训，提高监管干部运用信息技术手段的能力。推动保险公司加强IT治理，对保险公司信息系统开展渗透性测试和动态监测，将信息安全评估指标纳入偿付能力风险指标体系，防范化解信息安全风险。

加强重大战略性问题研究。当前行业处于转型升级的关键阶段，解决提质增效、创新驱动等重点难点问题，都需要通过研究提供理论支持和政策储备。要加强横向比较和纵向分析研究，准确把握保险业发展的阶段性特征和内在规律。要加大对国际保险业法律制度、税优政策、市场规则、业务创新等的研究，提出符合我国国情的对策措施。密切关注大数据和互联网金融对保险业的影响，充分利用信息技术促进保险业转型升级。深入研究培育和发展我国再保险市场、提高核心竞争力的有效措施，促进再保险市场与原保险市场均衡发展。

大力培育监管文化。目前，保险监管核心价值理念已逐步深入人心，对引导监管行为、提升监管形象起到了积极作用。要继续加强学习教育，让监管核心价值理念真正成为监管的行动指针和行为准则。要建立健全长效机制，促进监管文化建设制度化、规范化、常态化。

（作者系中国保险监督管理委员会主席）

中国金融 专题精选
CHINA FINANCE
2013—2014

利率市场化改革

2013年7月20日，中国人民银行宣布全面放开贷款利率管制，我国利率市场化改革更进一步，也意味着改革进入存款利率市场化的攻坚阶段。利率市场化改革是一项综合性、长期性的系统工程，其本质是将市场利率的发现和决定权由中央银行向市场主体转移。因此，利率市场化改革的进程需要与市场中各主体的适应能力相协调，保证利率全面放开后，能够真正形成市场化的利率体系，真正形成有效的中央银行的利率调控体系。

稳步推进利率市场化改革

张晓慧

推进利率市场化改革是建设社会主义市场经济体制、发挥市场配置资源作用的重要内容，是加强我国金融间接调控、促进金融支持实体经济的关键环节，也是完善金融机构自主经营机制、提高竞争力的必要条件。党的十八大和"十二五"规划以及近期国务院常务会议关于金融改革的部署都明确提出了"稳步推进利率市场化改革"的要求。按照党中央、国务院的统一部署，近年来，我国的利率市场化改革不断稳步推进并取得重要进展。2013 年 7 月 19 日，经国务院批准，人民银行宣布自 20 日起全面放开贷款利率管制，我国的利率市场化改革又向前迈进了一大步。站在新的历史起点上，如何在回顾总结我国利率市场化改革的推进进程及其经验的同时，分析评估当前改革所面临的宏微观环境和条件，研究论证继续推进利率市场化改革的可行方案和有效路径，是我们面对的重大课题。

我国利率市场化改革已取得重要进展

近年来，人民银行立足我国国情，借鉴国际经验，按照先易后难并与其他各项改革相互协调的原则，稳步推进利率市场化改革，已取得了重要进展。

不断扩大市场主体自主定价空间

利率市场化改革的本质是将市场均衡利率的发现和决定权由中央银行向市场主体转移，其核心任务是通过不断放松利率管制，扩大市场主体的自主定价空间，优化金融资源配置。为此，1996年以来，人民银行先后放开了我国的货币市场和债券市场利率、境内外币存贷款利率以及人民币贷款利率，目前仅对金融机构的人民币存款利率进行上限管理。

率先推进货币市场和债券市场利率市场化。1996年1月，我国建立了全国统一的同业拆借市场，为放开银行间拆借利率创造了制度、技术条件。同年6月，人民银行明确银行间同业拆借市场利率由拆借双方根据市场资金供求自主确定，标志着我国的利率市场化改革迈出了具有开创意义的一步。在此基础上，随着1997年全国银行间债券市场的建立，人民银行决定同步放开银行间债券回购利率和现券交易价格。与此同时，积极推动债券发行利率市场化定价。银行间市场上政策性金融债和国债发行于1998年和1999年先后采用招投标方式市场化定价，随着直接融资的发展，非金融企业债务融资工具、公司债券等公司信用类债券的发行也实现了市场化定价。债券一级市场发行利率的市场化大大提高了二级市场债券交易的活跃程度，促进了债券市场的全面发展。

分步放开境内外币存贷款利率。2000年9月，人民银行宣布放开外币贷款利率，各项外币贷款利率及计结息方式由金融机构根据国际市场的利率变动情况以及资金成本、风险差异等因素自行确定。同时放开大额外币存款利率，300万（含300万）美元以上或等额其他外币的大额外币存款利率由金融机构与客户协商确定。2003年11月，对小额外币存款利率只作上限管理；2004年11月，进一步放开1年期以上小额外币存款利率。目前，除境内1年期（含）以内美元、欧元、港币和日元小额（300万美元以下或等值外币）存款利率仍有上限外，其他外币存贷款利率都已由交易双方自主协商确定。

全面放开人民币贷款利率管制。1987年1月，首次允许商业银行贷款利率可以国家规定的流动资金贷款利率为基准上浮最高不超过20%。经过多轮的放宽贷款利率浮动区间的试点和调整，2004年10月29日，我国取消设定金融机构（不含城乡信用社）人民币贷款利率浮动区间上限，下限保持为贷款基准利率的0.9倍，同时将城乡信用社的贷款利率浮动区间上限扩大为贷款基准利率的2.3倍。2012年6月和7月，人民银行又分两次将贷款利率下限逐步调整至贷款基准利率的0.7倍。随着金融机构贷款自主定价能力的不断提升，2013年7月19日，人民银行宣布自20日起全面放开贷款利率管制，取消除商业性个人住房贷款以外的贷款利率下限，放开贴现利率管制，不再对农村信用社贷款利率设立上限。

稳步推动人民币存款利率市场化。1999年10月以来，人民银行通过批准金融机构开办市场化定价的长期大额协议存款业务，并不断扩大协议存

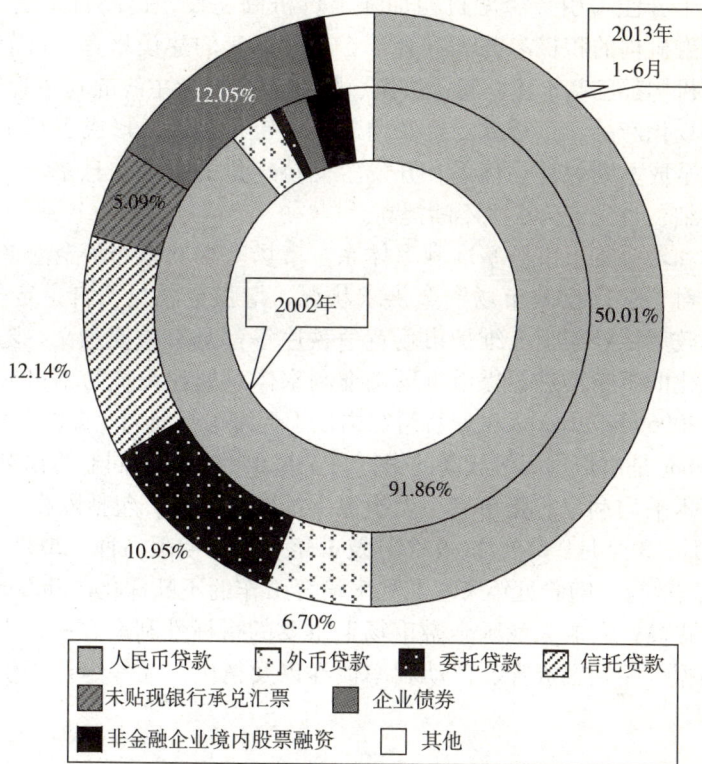

图1 我国的社会融资结构变化情况

款人范围，积极探索存款利率市场化的有效途径。同时，逐步扩大金融机构存款利率浮动区间。2004 年 10 月 29 日，人民银行决定对人民币存款利率实行上限管理，下限放开，存款利率的上限为存款基准利率。2005 年 3 月，人民银行进一步放开了金融机构同业存款利率。2012 年 6 月，经国务院批准，人民银行又允许金融机构人民币存款利率上浮，浮动区间的上限为存款基准利率的 1.1 倍。

积极培育市场化利率形成机制

要顺利实现利率市场化改革目标不仅要赋予市场主体更多的自主定价权，还需要通过培育多方面的基础条件，建立健全市场化的利率形成机制，使市场主体得以通过竞争性市场形成合理的均衡价格。就金融体系本身而言，提高金融机构自主定价能力和建设金融市场基准利率体系，具有十分重要的意义。

引导金融机构不断提高自主定价能力。在稳步推进利率市场化的同时，

利率市场化改革

人民银行十分注重引导金融机构加强定价机制建设，提高自主定价能力。在有关金融机构的积极参与和配合下，通过多年的建设培育，目前我国主要的金融机构都已基本建立起了决策、授权和执行为主线的利率管理架构，健全了市场化产品、存贷款定价及内部转移定价机制，形成了基于内部转移定价的全成本绩效评估体系，开发了支持定价的管理信息系统，定价管理更加精细，自主定价水平不断提高。

构建和培育货币市场基准利率体系。市场基准利率作为金融产品定价的参考，对于准确反映市场资金供求状况、增强金融机构自主定价能力、疏通利率政策传导渠道、维护市场竞争秩序等都具有重要意义。随着我国利率市场化的不断推进，货币市场基准利率体系的建设成为不可或缺的重要环节。2006 年 9 月，人民银行组织构建了上海银行间同业拆放利率（Shibor）。Shibor 是由信用等级较高的银行自主报出的人民币同业拆出利率计算确定的算术平均利率，是单利、无担保、批发性利率，包括隔夜、1 周、2 周、1 个月、3 个月、6 个月、9 个月及 1 年等八个期限品种。2007 年 1 月，Shibor 正式运行。随着近年来基准利率培育工作的不断深化，Shibor 的基准地位逐步提高，已成为我国金融市场上重要的指标性利率之一，为拆借及回购、票据、短期融资券、浮动利率债券以及衍生产品等定价提供了重要参考。

逐步完善中央银行利率调控体系

利率市场化并不意味着中央银行可以完全放弃对市场利率的引导和调节。相反，中央银行需要加强和改善市场化的利率调节和传导机制，为经济增长和物价稳定创造适宜的货币条件。从国际经验看，美、欧、日等发达经济体的中央银行都以利率作为货币政策调控的重要目标。因此，在推进利率市场化的同时，中央银行需要不断完善自身的利率调控体系，以增强引导和调节市场利率的有效性。

近年来，人民银行通过改革再贷款（再贴现）利率形成机制、存款准备金利率制度以及完善公开市场操作体系等途径，促进中央银行利率调控体系不断完善。目前，我国的中央银行利率调控模式已由过去单一依靠直接调整存贷款基准利率转变为调整存贷款基准利率与引导市场利率并重：一方面，根据宏观经济金融形势，适时适度调整存贷款基准利率；另一方面，通过公开市场操作、准备金率及再贷款（再贴现）等货币政策工具对商业银行流动性进行调节，引导货币市场利率走势，通过疏通各类市场利率之间的传导渠道，将央行的政策意图由短期利率传导到中长期利率，由货币市场利率传导至其他金融产品的定价，最终影响企业和居民的投资、消费行为。

经过多年来的不断推进，我国利率市场化改革取得了重要进展。目前，金融机构间的同业融资利率已经市场化，金融部门通过贷款以及债券、股票等非贷款类业务向实体经济提供的融资也都已实现市场化定价，可以说，我国的融资利率已由管制状态转为依靠市场机制形成。随着允许人民币存款利率最高可上浮至基准利率的1.1倍，金融机构的存款定价也逐步呈现出了差异化、精细化的特征，市场机制在利率形成中的基础性作用显著增强。

总体看，近年来我国坚持渐进式稳步推进利率市场化改革，确保改革进程与金融机构定价能力、企业居民利率敏感性等改革所需基础条件的成熟程度基本适应，与相关经济金融改革的进程大体协调，并在市场化进程中继续发挥好利率调控的作用，这既有利于利率管理体制由管制状态向市场化的平稳过渡，避免金融机构之间的恶性价格竞争，维护金融体系稳定；也有利于引导金融机构完善自主定价机制，加快转变经营模式，调整业务结构，增强核心竞争力；更有利于逐步探索建立起适应我国国情的市场化利率形成机制，有效地发挥利率杠杆在优化资源配置中的作用，为促进经济金融协调可持续发展创造有利条件。

继续推进利率市场化改革面临的环境

近年来，在党中央、国务院的正确领导和科学决策下，金融机构改革取得了明显成效，财务硬约束进一步强化，利率定价能力不断提高；货币市场基准利率得到有效培育；央行利率向金融市场各类产品传导的渠道逐步畅通；同时，宏观经济运行平稳，价格形势基本稳定。特别是贷款利率管制的全面放开，有利于健全金融机构自主定价机制，营造公平有序的市场竞争环境，更大程度发挥市场机制在资源配置中的基础性作用，为进一步推进利率市场化改革奠定了更为坚实的基础。总体看，当前继续推进利率市场化改革的宏微观条件是比较好的。

当然也应该看到，继续推进利率市场化改革仍面临一些制约性因素。从宏观层面看，国际上主要经济体仍在实施超宽松的货币政策，但政策走向已出现一定的分化，增大了全球流动性和跨境资本流动的不确定性，有可能增加我国金融市场的波动，从而不利于利率市场化改革的平稳推进；同时，目前我国正处于经济结构调整和转型升级的关键时期，若利率市场化改革推进过快，引起金融机构过度竞争，金融市场大幅波动，将不利于实体经济平稳健康发展，甚至有可能导致改革走回头路。

从微观层面看，个别金融机构仍存在财务软约束，内部管理和激励约

利率市场化改革

■

35

束机制不健全，自主定价的意愿和能力不强，经营模式较为单一，难以适应市场化的竞争环境；部分企业和居民对金融风险的识别能力不足，还不能根据收益、风险等因素自主选择金融机构和金融产品，投融资行为难以做到科学理性，在发生定价方面的争议时往往希望通过政府的干预实现其自我诉求。

从市场层面看，近年来我国的金融市场不断发展，但在发展过程中仍存在一些问题有待逐步解决。尽管近年来 Shibor 对金融产品定价的基准性明显增强，但终究尚未形成完整的金融市场基准利率体系，特别是缺乏可为信贷产品定价提供参考的市场基准利率；同时，信用债券市场仍在一定程度上依赖显性或隐性担保，虽然有利于债券市场的稳健运行，却不利于建立市场化的风险定价机制和完善市场风险分担体系。只有妥善解决这些问题，才有可能为进一步推进利率市场化改革创造良好的市场环境。

从制度层面看，我国目前还缺乏有效的金融市场退出机制，存款保险制度也正在建立过程中，难以通过市场机制有效约束金融机构可能出现的非理性价格竞争行为；同时，一些资源和能源等生产要素价格的市场化改革还在逐步推进，在此情况下，即使实现了利率市场化，仍存在因其他领域的价格干预造成新的市场扭曲问题，从而影响利率市场化改革推进的进程及效果。

随着人民币贷款利率管制的全面放开，金融机构对其资产方的定价已全面实现市场化，我国的利率市场化改革已进入攻坚阶段和关键时期。从国际经验看，利率市场化改革是一项综合性、长期性的系统工程。特别是其中的存款利率市场化改革，更是整个改革进程中最为关键、风险较大的阶段，一般均置于改革后期，并根据各项基础条件的成熟程度分步实施、有序推进。

在理论界，斯蒂格利茨等经济学家提出的金融约束理论也认为，对于市场基础较为薄弱的发展中国家来说，一定程度的政策干预比完全市场化可能更有利于促进金融发展和经济增长。由于市场存在的"道德风险""逆向选择"等问题，利率市场化改革的推进也会给经济金融运行带来一系列挑战。利率市场化过程中，一方面，初期利差并不一定会收窄，有可能一段时期内存贷款利率水平都会出现一定程度的上升，债券、股票等直接融资市场的发展也将有所加速，促使低风险的贷款客户退出信贷市场，转向直接融资。另一方面，那些能够接受较高贷款利率的客户，其风险也通常相对较高，从而出现借款人的"逆向选择"问题，金融机构的坏账风险将有所增加。而且，随着金融市场竞争更趋激烈，金融机构现有的资产负债和产品定价状况将有所改变，盈利也有可能出现一定程度的恶化。这些不仅将对金融机构的盈利能力和风险管理水平提出严峻挑战，短期内也可能对经济金融发展造成一定影响。

当然，挑战也意味着机遇，调整往往会带来契机。国际上的成功经验表明，利率市场化改革初期可能会对经济金融发展和金融机构盈利产生不利影响，但若改革的基础条件较为成熟、选择的时机较好、推进的节奏也较为稳健，则随着市场机制作用的不断发挥，金融资源将会得到优化配置，货币政策传导机制也将进一步健全，从而有利于提升经济金融发展的效率和可持续性。在此过程中，一些公司治理结构较为完善、自主定价能力较高的金融机构也将会脱颖而出，其盈利能力和管理水平都会在竞争和转型中得以提升。

进一步推进利率市场化改革的思路

综合考虑我国利率市场化改革所面临的宏观经济金融形势和所需基础条件的成熟程度，在全面评估和权衡推进改革的宏观收益与风险的基础上，可按照"立足国情、服务发展、统筹安排、配套推进、渐进实施、风险可控"的思路，应坚持以建立健全由市场供求决定的利率形成机制为改革方向，进一步研究论证我国推进利率市场化改革的可行路径，并继续稳步推进利率市场化改革。

一是继续培育金融市场基准利率体系，完善金融基础设施建设。进一步优化 Shibor 报价生成机制，加强对报价行的监督管理，扩大 Shibor 应用范围，促进以 Shibor 为基准的产品创新，切实增强 Shibor 的基准性和公信力。继续完善金融市场基准利率体系，适时将货币市场报价机制进一步拓展至信贷市场，为金融机构自主确定信贷产品定价提供参考。国际上的相关实践已为此提供了宝贵的经验。美国、日本等主要经济体基本都建立了最优贷款利率（Prime Rate）报价机制，金融机构最优贷款利率与中央银行政策利率保持相对较为稳定的比价关系，是确保政策利率向信贷市场利率有效传导的重要机制。印度、马来西亚等部分发展中国家和地区也将最优贷款利率作为贷款利率市场化改革中重要的制度安排，并在很大程度上发挥了贷款定价自律管理的作用。

二是不断完善金融机构自主定价机制，夯实利率市场化改革的微观基础。随着利率市场化不断向前推进，金融市场的竞争将更趋激烈，要防止金融机构出现"价格战"等非理性竞争行为，不仅需要金融机构自觉强化自身的财务硬约束和稳健经营能力，也需要发挥金融机构之间的同业协调和自律作用。借鉴国际上的有关经验，可考虑以符合财务硬约束条件和宏观审慎政策框架要求、市场表现良好为标准，对金融机构的合格审慎经营情况开展评估，并以赋予合格审慎机构更多市场定价权和产品创新权为激励，建立健全公平公正的激励约束机制，引导和督促金融机构强化公司治理、增强财务硬约束、完善自主定价机制、提高自主定价能力。

三是进一步健全中央银行利率体系，增强中央银行利率调控能力。20世纪90年代以来，随着金融市场的不断发展创新，金融机构资产负债结构日益复杂，社会投融资渠道趋于多元化，过往以货币供应量等为中间目标的数量型调控框架的有效性有所降低。借鉴本次国际金融危机的教训，我国在现行以数量型为主的货币政策调控框架基础上，建立健全宏观审慎政策框架，这不仅对促进我国经济复苏发挥了积极作用，也顺利实现了货币条件由危机时期的非常态向常态转变。下阶段，可根据我国实际情况，逐步推进货币政策框架从以数量型为主向以价格型为主转变。通过进一步观察评估各类数量型和价格型政策目标的可测性、可控性及其与经济增长、物价等宏观经济变量的相关性，监测分析各项中央银行利率和市场利率的变化情况及传导关系，并在货币政策实际操作过程中不断增强对市场利率的调控能力，逐步探索建立适合我国国情的货币政策调控框架和利率调控体系。

四是继续稳步放开利率管制，增强市场机制在利率形成中的作用。从世界各国的实践经验看，在推进存款利率市场化改革的过程中，基本都遵循"先长期、大额，后短期、小额"的改革路径，其中不少国家的存款利率市场化是以发行大额存单、逐步扩大负债产品的市场化定价范围作为起点的。近年来，我国的同业融资市场发展迅速，利率已经市场化，允许金融机构在银行间市场发行同业存单等负债产品，对于维护金融市场竞争秩序、促进同业业务等相关业务规范发展具有积极意义，也有利于健全市场化的利率形成机制，为今后推出面向企业和个人的大额存单创造条件，以进一步提高存款利率的市场化程度，增强金融机构主动管理负债和自主定价能力，培育企业、居民的市场化定价理念，稳妥有序地推进存款利率市场化。

按照党中央、国务院的统一部署，人民银行将不断创造条件，最终全面放开利率管制，把金融产品和服务的定价权交给金融机构等市场主体，未来中央银行则主要通过调整政策利率引导和调控各类市场利率，进而影响社会总需求、调控物价和促进经济增长，建立健全由市场供求决定的利率形成机制，促进利率市场化改革目标的实现。

（作者系中国人民银行货币政策司司长）

中国存款利率的市场化

彭兴韵

没有放开存款利率上限管理的原因

2013 年 7 月 20 日，中央银行全面放开了贷款利率的下限管理，由金融机构根据商业原则自主确定贷款利率。可以说，从形式上，中国贷款利率的市场化已接近尾声。

在放开贷款利率下限管理之后，下一步利率市场化改革重点就转向了存款领域，这是共识。这次在放开贷款利率下限管理时，并没有放开存款利率上限管理，除了"先贷款、后存款"的既定利率市场化顺序外，还有其他方面的原因。

首先，在中国没有建立有效的利率调控体系、货币市场基准利率的中枢地位以前，仍然保留对存款利率上限管理，就意味着央行依然可以把存款基准利率作为货币政策的工具之一。由于存款利率构成商业银行最重要的资金成本，央行调整存款基准利率水平，就直接改变了商业银行的边际成本，继而迫使商业银行相应地调整贷款利率，影响投资和消费，使宏观经济大致向政府调控的目标转变。

其次，存款利率上限放开较之贷款利率下限放开，其宏观风险可能更高。根据大智慧的统计，2012 年以来，中国所有银行业机构的理财产品预期收益率在 4% 以上，远高于 1 年期存款基准利率。况且，在过去一年的时间里，商业银行对扩大贷款利率下限和存款利率上限的反应完全不同：中央银行允许金融机构存款利率在基准利率基础上向上浮动 10% 的政策甫出，金融机构存款利率明显上升，完全没有向下浮动存款利率的；在贷款利率可以双向波动后，实际的贷款利率上浮占比更高，只有10%左右向下浮动。这表明，过去的管制利率确实压低了存款均衡利率，让商业银行获得了管制带来的成本优势和超额利润；央行确定的存贷款基准利率确实低于市场均衡所要求的利率水平。放开存款利率上限管理后，在"存贷比"仍然作为商业银行流动性约束指标的监管政策下，商业银行仍然有以较高利率揽储的强烈动机，这会削弱商业银行的盈利性及其承担损失的能力，对中国银行业稳定的不利影响是不言而喻的。

再次，出于宏观经济稳定的考量，新一届政府并没有采取直接的经济刺激措施，但这并不表明，政府希望以更低的增长率来换取经济结构的调整，而是以改革促效率带动经济更有效地增长，但会避免任何可能导致经济下滑的改革。放在宏观经济较低迷的时期，放开贷款利率下限，也被许多人解读为曲线保增长，而放开存款利率上限则可能导致贷款加权利率上升，对民间投资和宏观经济造成不利影响。显然，这并不是扩大存款利率上浮区间的好时机。

存款利率上限管理的不利影响

第一，它抑制了中国金融体系效率的整体提高。人民币存款利率并不仅仅是商业银行的资金成本，也是许多企业债券或公司债券发行定价的基准，1年期存款基准利率变动，会直接导致债券利率水平的变动。存款利率上限管理使那些以一年期存款基准利率为基准的企业债券利率并非完全市场化。换言之，中国债券利率市场化程度因存款利率上限管理而打了不少折扣，并不能真正反映债券市场实际的供需状况。

第二，存款利率上限管理也对货币市场利率起到金融抑制的效应，影响中国基准利率的建设，使中国寻求以某种货币市场利率为操作目标的"价格型"调控机制的努力更困难。作为货币市场流动性主要供给方的中资大型商业银行，其资金来源的利率上限管制，就会扭曲其产出——在货币市场供给流动性的价格水平，这就会弱化货币市场利率（无论是Shibor还是回购定盘利率）作为中国金融体系总体基准利率的应有效果。

第三，存款利率上限管理仍然为商业银行提供了受保护的利差收益，不仅扭曲了商业银行的成本绩效考核，也在一定程度上抑制了商业银行管理创新、贷款利率风险定价和其他创新的动力，当然也不利于完善商业银行的竞争机制。

第四，由于存贷款基准利率水平调整成了货币政策的一个重要工具，央行在使用这一工具时又不单纯出于稳定物价或经济周期波动的考虑，"利差管理"也是一个重要目标：管制利率为商业银行长期创造高达3%以上的利差（一年期贷款与存款利率）。人为创造管制利差，导致无法准确地评判中国银行业管理、创新和服务的真正效率，也无从准确评判银行业改革的总体成效。

第五，存款利率上限管理也并非长久之计。近年来，在金融市场迅速发展、金融产品创新层出不穷的背景下，中国商业银行的活动表外化倾向日渐明显。按理说，商业银行本是存款利率上限管制的受益者，但随着商业银行更多、更大规模、更深入地参与到不受利率管制的理财产品市场竞争，其资金来源与运用日益表外化和脱媒化，会反过来更迅速地瓦解原有的管制利率体系，把自身以更快的速度推向更加自由化、市场化、利益较少受管制保障的体制中去。这意味着，存款利率上限管理的社会成本会越来越高。

存款利率市场化改革的发展

在存款利率方面，外币的存款利率早已实现了市场化，人民币存款利率已下限放开，实行上限管理，并进入进一步提高自由化的新阶段。但未来存款利率市场化改革，情况可能稍微复杂一些，要求央行更有艺术地拿捏好市场化的度，并把握好时机，既要达到市场化改革的总体目标，又要避免对金融体系的稳定造成明显不利冲击。可以预计，央行仍会坚持"先长期、大额，后短期、小额"的既定顺序安排，在这个总体策略下，更灵活有序地深化中国的利率市场化改革，直至完成利率市场化改革的基本目标。

第一，观察存款利率市场化后金融机构的反应并谨慎地评估其宏观效应。利率市场化对不同性质金融机构的影响可能是不同的。自2012年的利率市场化以来，存款利率浮动与银行机构的性质有明显的关系，国家控股的商业银行利率上浮浮动最小，其他股份制商业银行、中小银行一般均上浮到顶（10%）。国家控股的商业银行，因为其系统重要性更强，即便"商业化"运作之后，仍会存在政府的隐含担保，其存单风险与存款利率会相对较低；其他中小商业银行，则必须支付相对更高的存款利率成本。另一方面，即便存款利率市场化改革可能会使存款利率的总体水平上升，但会使国家控股的商业银行或其他信用良好的商业银行获得比较优势。显然，存款利率市场化，会让国家控股的商业银行获得更大的优势，中小商业银行不仅会面临相对较高的成本劣势，它们要获得与国家控股的大银行相当的资产利润率,就需要更强的风险定价能力。

第二,2012 年的利率市场化后,所有商业银行对存款利率竞争的共同之处,就是期限越长,商业银行利率浮动越小或没有上浮,如大多数银行对 2 年期、3 年期和 5 年期的存款基本执行基准利率;而对活期、3 个月、6 个月和 1 年期的定期存款则普遍上浮。这就提醒我们,存款利率市场化选择之一就是逐步减少基准利率的档次,并对不同期限的存款利率采取不同的市场化策略和日程安排。这也是由商业银行负债的期限结构特征决定的:期限较长的定期存款占比较少,较短期的存款占比较高(尤其是活期存款占据了 50% 左右)。金融机构存款期限结构的均衡分布,为存款利率进一步市场化提供了一个思路:不对称地逐渐扩大各期限档次存款利率的上浮区间,并使期限较长的定期存款率先实现完全的市场化;对期限较短的存款利率市场化,实行较小的上浮区间,并在一个相对较长的时间内最终取消其上限管理。

第三,同贷款的竞争性产品发展为政府评估贷款利率市场化的风险提供了有益的参照、加速了贷款利率的市场化改革一样,存款的竞争性产品可能同样会有助于中国存款利率的市场化改革。有人认为,在商业银行资产负债表内开发存款的替代产品(如大额可转让存单 CD)可能有益于利率市场化。但笔者认为,相对于一般存单而言,CD 的流动性更高,其利率较常规性存款利率会低,在存款利率市场化进程中,所要评估的恰恰是市场化后存款利率的上限在哪里。就此而论,CD 并不能为中国存款利率市场化提供更有价值的参照。与 CD 不同,各类理财产品市场的发展可能会使银行业金融机构本身就具有改革存款利率体制的内在要求,且理财产品的信用风险高于存款的信用风险,这也有利于评估利率市场化后的利率总水平。

第四,虽然在 2012 年存款利率化后,相对于其他中小商业银行而言,国家控股的商业银行在存款利率定价上的表现较为"淡定",这种淡定部分源自于它们对自身营业网点分布优势的自信。若这部分自信因其他商业银行相对较高的存款利率而逐渐消失,它们同样会抛出"高利率"的诱饵。若国家对金融机构管理人员的激励约束机制不当,利率市场化可能使系统重要性金融机构的机会主义行为上升,影响金融稳定。存款利率的市场化,使得健全中国商业银行的激励与约束机制,乃至改革金融监管体系都显得更加迫切。

第五,在放开存款利率上限管理后,意味着存贷款利率再也不能成为央行货币政策的一个重要工具了。中国许多公司债券也以央行设定的一年期存款利率作为定价基准。这意味着,存款利率市场化后,许多公司(企业）债券必须寻求其他利率作为基准。鉴于此，央行扩大存款利率的浮动乃至放开上限管理后，就要同时着手建立新的货币调控机制，包括寻求更有效、更灵活、更自主的货币政策工具组合；建立更有效的基准利率，让货币政策的传导机制更顺通、有效。

（作者单位：中国社会科学院金融研究所）

我国利率市场化展望

郑联盛

中央银行宣布自 2013 年 7 月 20 日起全面放开金融机构贷款利率管制，我国利率市场化改革再迈出实质性一步。本次改革出台了由金融机构根据商业原则自主确定贷款利率水平、由金融机构自主确定票据贴现利率、对农村信用社贷款利率不再设立上限以及个人住房贷款利率浮动区间暂不作调整等四项政策。

由于存款利率市场化的深化是市场期待的改革内容，此次改革并未涉及存款利率市场化，市场意犹未尽。根据利率市场化的经济逻辑和国际经验，存款利率市场化是利率改革的最重要一环，一般也是最后核心环节，各经济基本都是稳步推进、控制节奏，以防范利率水平波动性过大，防范金融体系风险和宏观经济脆弱性。

金融货币管理当局应该明确改革方向，逐步推进存款利率市场化，同时积极引导金融机构在利率市场化中实现风险可控的差异化转型道路，最后还应该积极推进利率市场化相关的金融配套改革。

存款利率市场化
需稳步有序进行，注重掌握节奏

此次利率市场化改革，并未涉及存款利率的进一步市场化，市场"比较失望"。市场人士戏称，金融货币管理当局对银行是关闭了一扇门，又留下了一扇窗，银行的盈利不会受到明显冲击，转型的压力并未实质显现。此前，金融市场人士除了预期贷款利率下限全面放开之外，更是预期存款利率上限将进一步提高至基准利率的 1.2 倍甚至更高，存款利率市场化才是真正的利率市场化。作为利率市场化最关键的一环，存款利率何时能够放开管制成为市场下一个期待的焦点。

市场的预期和评论是有一定的合理性的。因为中国存款利率一直处在管制之中，居民的主要财富又集中在存款，长期的管制一定程度上是损失储户的利益并将其转给银行部门。但是，存款利率市场化是利率市场化最后和最关键的环节，从宏观审慎的角度出发稳步有序、控制节奏的改革方式是稳妥的。从居民的"情"出发，基于提高居民的收入，存款利率市场化是应该更快推进；但从金融体系的"理"出发，基于金融体系稳定性，存款利率市场化应稳步推进、掌握节奏。

从经济学的逻辑看，存款利率市场化将导致银行为了吸收存款而相互竞争，特别是在存贷比的监管框架下，存款竞争将会更加厉害，这样将导致存款利率剧烈波动，这显然不利于利率定价机制的形成和完善，同时可能引发金融体系的风险，特别是金融机构的收益率错配和期限错配风险。

从银行的资产负债表综合管理看，贷款利率下限放开是一个潜在的实质性冲击。虽然，目前银行由于资金仍然是供不应求而享有定价权不会轻易下调贷款利率，但是如果未来资金需求格局发生改变，那相当于银行的资产端面临巨大的盈利压力和信用风险。如果存款利率也一并市场化，就相当于银行在负债端也面临一个巨大的"成本"压力。目前，由于银行机构长期享有利差的制度红利，如果同时放开存贷款利率，那银行资产负债管理的风险将急剧扩大。实际上，近期银行机构在资产负债管理中的风险已经明显累积，特别是主动负债占比提高、更加依赖资金批发市场、期限错配更为严重。

从国际经验来看，稳步推进利率市场化的改革更为成功，而"休克疗法"大多陷入严重的银行危机甚至经济危机。一是利率市场化是一个长期过程。美国利率市场化耗时 16 年于 1986 年实现利率市场化，日本经历近20 年于 1998 年全面实现利率市场化，韩国和台湾地区也基本经历大致 20年的时间。二是成功利率市场化的经济体都是将存款利率市场化作为最后一环，经历时间也较长。1985 年 10 月日本大额存款利率放开，至活期存款利率放开已是 1994 年 10 月，仅存款利率市场化经历了整整 9 年时间。相反的是，几内亚在 1982 年启动全面利率市场化，1984 年即陷入危机，银行体系崩溃，其 6 家国有银行全部破产，俄罗斯、马来西亚、阿根廷、智利、哥伦比亚等也有相似的改革与危机经历。三是存款利率市场化后，资金价格呈上升趋势。以日本、韩国和台湾地区为例，存款利率市场化之后，其利率水平在两年内都是上升的，其中台湾地区 1 年期存款利率上升超过 200 个基点。

从金融体系完备性出发，存款利率市场化尚未具有完备的金融制度和市场基础。一是存款定价机制缺失。目前国内贷款有同业拆借市场等较为市场化的相似利率定价机制，但是缺乏一种有效的存款利率定价机制，难以找到一种存款定价机制的比较基准，均衡存款利率水平无从考究。二是存款保险制度缺失。存款利率市场化比贷款利率市场化涉及的人群更广，特别是普通居民。由于国内尚未建立存款保险制度，如果存贷款都实行市场化，一旦银行发生违约或破产，那储户将面临损失。三是银行违约与破产机制缺失。国内金融机构违约及破产的处置机制是缺失的，美国不仅有健全的破产法、破产保护程序和处置机制，甚至在本次金融危机之后，还要求银行设立"破产遗嘱"（Living will）详尽规定其破产风险爆发之后的应急策略、储户保护、资产重组等在内的"身后事"。四是金融市场完备性有待改善。比如银行间市场的利率是包含了各个银行的信用利差的，但是由于各种原因，银行间市场利率是低廉且稳定的，为银行的借短放长提供期限套利。

金融配套改革需先行

首先，在贷款利率市场化中，应该更加注重利率市场化对资金流向的影响及其对实体经济的支持。以本次利率市场化改革为例，中央银行的本意是为了促进银行在贷款环节中的竞争，降低贷款利率，以使得更多的企业能够获得资金或获得更多的资金，但是，这个经济结果能否实现很大意义上取决于两个要素：一是流动性的宽松程度，即银行有没有足够的信贷额度；二是资金市场的供求关系，即借款人是否有足够的议价能力。政策出台之后，有市场人士就分析，尚且不论流动性的整体变化，改革之后的资金流向不一定会如政策所愿。一方面，从 2012 年放开贷款利率下限至 0.7 倍以来，贷款利率下浮占比自 2012 年第三季度开始基本稳定于 11% 左右，且少有基准利率 0.7 倍贷款，即原有政策尚未用足。另一方面，目前由于资金供需紧张，借款人几乎没有议价能力，特别是中小微企业受益可能不明显，而大型企业有较强议价能力，对其或有一定的利好。中央银行在政策上提供了一种资金流向转变并服务实体经济的可能，同时还需要通过窗口指导等政策使得资金真正流向更需要的地方去。

其次，在存款利率市场化上，应该坚持稳步有序、把握节奏的原则，加快完善存款利率市场化的参考评价，大额定期存单与小幅提高存款利率上限或是后续改革的切入点。一是"先贷款，后存款；先长期，后短期；先大额，后小额"仍是改革的基本政策框架，这有利于银行逐步建立利率市场化的应对机制，有利于缓解利率市场化对金融体系和实体经济的冲击，有利于经济和金融体系的其他改革。二是由于国内存款利率定价机制实际上是缺失的，如何寻找或建立一种有效的市场化存款利率或比较基准是金融货币当局的首要任务。三是根据国际经验，如果金融体系尚无市场化的存款利率参照标准，可以考虑通过大额定期存单作为切入点。美国存款利率市场化的起点是 1970 年 6 月放松对 10 万美元大额存单的利率管制，日本亦如此，1985 年 10 月放松对超过 10 亿日元的大额定期存单的利率管制。四是继续小幅提高存款利率上限也是可以尝试的方法。如市场对 1.2 倍基准利率是有强烈预期的，银行应该也是可以承受的，可以考虑适时推行。

再次，经济金融体制改革和金融市场建设应加快推进，首要的是建立存款保险制度。实际上，经济金融体制改革、金融市场完善与利率市场化特别是存款利率市场化相辅相成。最为急迫的是建立存款保险制度，利率市场化之后银行等金融机构破产可能是时间问题，存款保险制度是机构破产之后处置机制的基础要素。另外，金融产品违约机制、金融机构破产处置机制、金融市场完备性、统一的债券市场、多元化的融资机制以及稳定的宏观调控政策等都是政府需要解决的基础机制。

还有，应该积极敦促银行等机构进行风险管理和有效转型。在利率市场化和金融脱媒的条件下，依靠利差已经难以实现可持续发展，特别是存款利率市场化之后，银行发展将面临实质性冲击，有效转型是必由之路。银行应该深入分析利率市场化过程中的利差的变化、利率波动性与易变性的规律、各业务对利率的敏感性等，并作出应对方案。同时，积极实现业务转型，促进业务可持续发展。银行的转型需要考虑五个因素：一是银行转型是一个差异化策略；二是银行转型意味着非信贷融资的作用在提升，金融创新将蓬勃发展；三是信息化特别是互联网与金融的结合是一大趋势，抓住信息化是银行转型的关键；四是银行转型将伴随金融风险的衍生和积累，监管任务将更加艰巨；五是银行转型的出发点和落脚点一定是服务实体经济。为此，银行转型是一个业务充分差异化的过程，是一个多元化融资长足发展的过程，也是一个充分利用信息化的过程，还应该是一个服务实体经济的过程，最后也是一个监管升级的过程。

最后，守住系统性和区域性金融风险是底线。金融货币当局在平衡利率市场化进程及其对金融体系、宏观经济的影响中，应该以防范金融风险和保障经济稳定作为第一要义，特别是存款利率市场化的完全放开需谨慎。

利率市场化改革

金融管理部门则应该加强监管，适时适度进行压力测试，注重要求银行机构进行资产负债管理、久期管理和流动性管理等，特别防范银行机构在利率市场化中信用风险和流动性风险等，以及防范在利率市场化中多元化融资可能潜在的系统性风险。

（作者单位：中国社会科学院金融法律与金融监管研究基地）

台湾地区利率市场化改革

张晓朴　陈　璐　毛竹青

利率市场化是一国金融自由化进程的重要组成部分，也是我国下一步金融改革的重点之一，近年来引起广泛关注。我国台湾地区自 1975 年启动利率市场化改革以来，历经 14 年，于 1989 年实现了利率市场化。在改革进程中，台湾当局对改革模式的选择、最优惠贷款利率制度和存款保险制度的运用、危机的应对处置等做法值得反思和借鉴，台湾银行业在利差、业务转型、风险管理等方面的变化和应对经验也值得大陆银行业吸收借鉴。

台湾地区利率市场化的进程

1975 年利率市场化改革正式在台湾地区启动，改革的背景主要有：一是 20 世纪 70 年代，台湾地区出口旺盛，贸易顺差大幅增加，积累了大量外汇储备，引发新台币的升值和货币供给的迅速增加，同时股市和房价也不断上涨。台湾当局开始启动外汇和资本市场的自由化改革，以平衡国际收支和稳定资本市场。二是 1973 年第一次石油危机后，台湾地区物价上涨压力增大，由于利率缺乏弹性，台湾地区出现明显的实际负利率。企业的实际融资成本较低，企业贷款规模不断上升，货币与信用总量大幅增加。三是当时台湾工商企业较难从银行体系获得授信，黑市和无组织的民间借贷迅速蔓延，地下金融猖獗，金融秩序亟待整顿。

台湾地区利率市场化改革大致可分为五个阶段。第一阶段，1976 年台湾重新修订《银行法》，适度放宽利率波动幅度。"中央银行"仅负责设定各类存款利率的最高上限，允许贷款利率按照基准利率上下浮动 0.25%，

49

到 1979 年浮动幅度扩大至 0.5%。1977—1979 年成立票券金融公司,建立货币市场利率,废除基本汇率和外汇集中清算制度。第二阶段,1980 年台湾地区公布银行利率调整要点,加强银行公会议定利率的功能,允许货币市场利率自由化。商业本票、银行承兑汇票、可转让定期存单、金融债券等货币市场工具利率由市场供需自由决定。存款利率最高上限由台湾地区"中央银行"规定,贷款利率上下限由银行公会成立的利率审议小组议定,但仍须上报台湾地区"中央银行"审批。第三阶段,台湾地区于 1985 年 3 月开始实施基本放款利率制度。各银行在银行公会议定的利率上下限之间,按客户信用等级以加减点方式设定差别贷款利率。1985 年 8 月利率管制条例正式废止。随后放开了外币存款利率。第四阶段,1986 年 1 月开始,进一步放宽对存款利率的管制。台湾地区"中央银行"将核定存款最高利率的项目由 13 种简化为 4 种,其他各项存款利率由银行自行决定。1987 年,台湾地区"中央银行"将贷款利率在基准利率基础上的波动幅度扩大至 4%,中长期贷款波动幅度扩大至 4.25%。第五阶段,1989 年 7 月,台湾当局再次修订《银行法》,取消有关银行存款利率上限及贷款利率下限的规定,完全实现利率市场化。各金融机构可视市场资金的供需自行制定存贷款利率,台湾地区"中央银行"通过调整再贴现率、短期融通利率、担保放款融通利率,运用再贴现和公开市场操作等工具,间接影响市场利率。

总体来看,台湾地区利率市场化改革的次序可概括为:准许银行间利率存在差异→货币市场利率先期市场化→部分利率完全市场化→建立基本放款利率制度→存款上限利率的简化→利率完全市场化。

台湾地区利率市场化的经验教训

采用渐进式利率市场化改革模式

台湾地区利率市场化改革采取的是渐进式模式。从 1976 年重新修订《银行法》到 1989 年完全实现利率市场化,历时 14 年。在具体改革步骤上,采取先放开货币市场利率和债券市场利率,再逐步推进存贷款利率的市场化的策略。存贷款利率市场化按照先外币、后本币;先贷款、后存款;先长期大额,后短期小额的顺序进行。这与中国大陆对利率市场化改革的设想基本一致。

值得注意的是,台湾地区在第五阶段利率市场化改革的推进较为迅速。从 1987 年将贷款利率波动幅度设定为 4%,到 1989 年完全实现利率市场化,仅间隔两年时间。这一变化有其特殊的背景:一是国际上金融自由化趋势的影响。20 世纪 80 年代中后期，放松管制成为金融行业的主流，国际货币基金组织等国际机构及欧美国家大力推动金融自由化，台湾地区也因此加快了利率市场化的步伐。二是本地资本市场波动和汇率自由化的推动。1985—1989 年，台湾地区汇率快速升值，股票市场大幅上涨，流动性泛滥，通货膨胀持续上升。此时如果继续对利率进行管制，一方面将进一步导致存款资金流向资本市场和房地产市场等高息资产，加剧银行脱媒，为此需要允许存款利率上浮；另一方面汇率上升导致外贸企业经营困难，而通胀环境下台湾地区"中央银行"无法降低基准利率，需要放开利率管制，取消贷款利率下限。这两方面因素共同推动台湾当局加快利率市场化改革。

利率市场化、市场竞争和货币供给等因素共同影响银行利差的变化

利率市场化对银行利差的变化有很大影响，除此之外，其他因素的作用也不容忽视。利率市场化后，各经济体一般都出现利差明显收窄的现象，但台湾地区在利率市场化后，利差经历了先扩大后收窄的过程（见图1）。从 1985 年开始实施基本放款利率制度到 1990 年完全实现利率市场化，台湾存款、贷款利率分别从 1985 年末的 4.75% 和 7.5% 上升至 1990 年末的 7.2% 和 10.41%，利差从 2.75% 增加至 3.21%。出现这一变化的原因主要是贷款利率上升幅度快于存款利率：虽然各银行对存款资金的争夺抬高了存款利率，但因货币市场融资成本偏高，台湾中小企业为获得银行贷款，愿意承担较高的利率，使得贷款利率在利率市场化后一度攀升。贷款利率上涨因素的作用大于存款利率上涨因素使得利差上升。

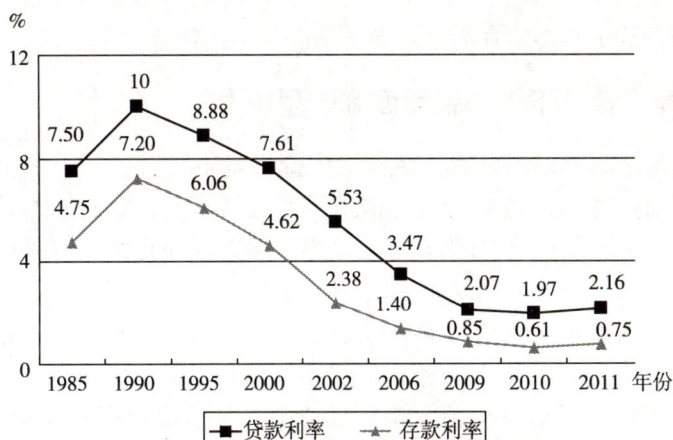

图 1　台湾地区利率市场化后利差变化图

直至 1991 年后，台湾地区利差开始持续下降。除利率市场化的进一步深化之外，导致台湾银行利差收窄的其他因素包括：一是新银行数量激增，获利空间有限。1991—1992 年，一年内台湾当局批准设立了 16 家新银行，同时信托公司、大型信用合作社及中小企业银行可申请改制为商业银行，银行数量倍增。从机构家数和区域分布、赫芬达尔指数（HHI）、市场化集中度比率等指标看，银行业竞争十分激烈。二是实行宽松的货币政策。当时台湾地区"中央银行"持续下调基准利率，增加货币供给，M1/GDP、M2/GDP 分别从 1971 年的 4.78% 和 12.33% 增长到 2010 年的 81.9% 和 228.73%，市场充斥大量货币，但固定资本成长率等指标显示市场缺乏较好的投资机会。三是银行未认真落实信用风险定价。利率市场化以后，台湾地区银行信用风险定价存在不足，也是导致利差下降的因素。

最优惠贷款利率未体现实质性的优惠

最优惠贷款利率（Prime Rate）是银行对信用等级最高的优质客户发放贷款的最低利率。从国际经验来看，最优惠贷款利率是贷款市场化定价的重要基准，在美国、日本、中国香港、印度等国家和地区的利率市场化过程中发挥了重要作用。台湾地区一开始也使用最优惠贷款利率，但由于台湾大企业议价能力较强，经常在多家银行之间寻找并获得比最优惠贷款利率更低廉的利率，导致最优惠贷款利率名不副实。最优惠贷款利率因在定价中的风向标作用逐步减弱，而不再被使用，一些贷款如房贷利率的定价基础后来被定储利率指数（定储利率指数是台湾各银行制定房贷利率的基准，依据台湾银行、彰化银行、华南银行、第一银行、合作金库、土地银行、兆丰国际商业银行、国泰世华银行、台湾中小企业银行以及中国信托银行等银行的 1 年期定存固定利率平均值制定）代替。

利率市场化背景下中小银行面临转型压力

台湾地区利率市场化后，金融机构价格竞争日益激烈，中小银行的经营劣势逐渐显现：一是中小银行信用低于大型银行，融资成本较高；二是中小银行在 IT 系统、经营管理等多个方面缺乏规模经济；三是中小银行往往不是价格的引导者，而是追随者。但在市场竞争的压力下，也有一些中小银行及时找准市场定位，形成核心竞争力，保持了较好的经营状况。如台新银行大力发展信用卡业务；富邦银行通过与花旗银行形成战略联盟，借助花旗银行的产品及营销策略开展业务；华信银行推出投资管理账户，积极拓展消费性金融市场等。

利率市场化对银行风险管理构成挑战

台湾地区利率市场化后，银行业面临的三类风险有所增加：一是流动性风险。由于各家银行设定的利率不同，存款搬家现象出现，部分民营银行出现流动性风险。二是信用风险。为增加盈利，各银行大量增加中小企业贷款和消费信贷，信用风险上升。三是存款替代性产品导致的风险。利率市场化后，收益率较高的存款替代性产品（如结构债、理财产品）等大量涌现，引发消费者保护和市场风险等问题。面对上述风险，台湾银行业在风险管理领域进行了三方面的调整：一是从重视流动性比例管理转向重视流动性结构和长期稳定资金来源管理。二是从重视产品转变为重视客户行为。三是从重视押品转向重视现金流。

利率市场化进程中及时防止危机蔓延

在推进利率市场化的过程中，许多国家都出现了不同程度的系统性危机。如何及时防止危机的蔓延和扩散，是各国监管当局十分重视的问题。2005年9月台湾地区爆发了银行卡债务危机。在利率市场化背景下，公司金融业务减少，台湾地区各银行纷纷通过发行信用卡与借记卡（"双卡"）拓展业务，银行发卡量迅速增加。在当时台湾地区经济大环境不佳、收入难以增长的背景下，许多持卡人大量透支，而双卡循环利率高达18%～20%。持卡人因经济能力或信用问题而拖欠债务，导致银行业呆坏账增加。信用卡贷款属于小额贷款，一般而言，小额贷款的风险较为分散。但台湾地区发生的信用卡债务危机说明，即便是小额贷款，也会发生系统性风险。特别是当个人持有多家银行的信用卡时，一旦出现债务危机，就会牵连多家银行。如果违约率快速上升、欠债规模过大，就会引发系统性风险。

在银行卡债务危机爆发之后，台湾金融监督管理委员会和银行公会采取措施对信用卡制度进行改革：一是成立债务协商机制平台，要求银行业机构主动联络债务人进行协商，且协商期间停止催收债务；二是调整原有的信用卡政策，银行双卡逾期贷款比率一旦超过2.5%，即勒令其停发新卡；三是规定银行双卡及信用贷款最高额度为贷款人月收入的22倍；四是对不同信用条件的客户实施差别利率；五是成立阳光资产管理公司，银行可将中低收入客户的双卡债权投资入股；六是推广金融知识教育，使广大居民对信用卡金融知识有更多的了解。

存款保险制度是利率市场化进程中重要的金融安全保障机制

台湾地区在利率市场化进程中建立了较为完善的存款保险制度，对于

利率市场化改革

53

维护民众对金融体系的信心发挥了积极作用。存款保险覆盖范围包括境内的支票存款、活期存款、定期存款等。每一存款人在同一投保机构存款本金和利息的最高保额为 300 万元新台币，但对于特殊事项可享受全额保障。保费数额由保费基数乘以存款保险费率加以确定。存款保险公司通过现金赔付、代理赔付、提供财务协助促成重组等方式履行保险责任。

为抑制投保机构的道德风险，加快问题银行处置，台湾当局"立法院"于 2007 年修改了《存款保险条例》，确立了四项新举措：一是将原有的强制全面参保制（所有存款类机构均须参保）改为强制申请核准制。存款保险公司审核通过新设存款类机构的申请后，该机构才能参保，以抑制道德风险。二是将原有保险资金规模增至 2000 亿元新台币，将金融重建基金的全额赔付转变为限额赔付，并将单笔储蓄的最高保额由过去的 100 万元新台币提高到 150 万元新台币。三是引入立即纠正措施，要求存款保险公司随时依投保机构的财务、业务恶化程度进行纠正与处置，包括终止投保机构被保资格、报请主管机关对投保机构负责人给予惩处或撤职等。四是建立退出机制，降低存款保险公司的接管标准。只要资本充足率低于 2% 就可强制接管，无须等到问题投保机构的净值为负，而且一旦发现投保机构无继续经营的价值，还可报请主管机关勒令停业，通过清算标售的方式使其退出。五是当投保机构的问题严重危及信用秩序及金融稳定时，存款保险公司报请主管部门及"中央银行"同意，并购或接受该停业机构全部或部分资产负债。

台湾地区存款保险公司注重对风险的管控，主要体现为：一是承保审核。在新设存款类机构申请投保时，存款保险公司将依照"书面审核—实地查证—承保风险管理委员会审议—董事会讨论"这一程序进行审核，该机构经审核通过后才能成为存款保险被保险人。二是场外监控。存款保险公司建立了金融风险预警系统（含申报及评级系统），设定专责辅导员制度，实时监控风险。三是金融安全网信息共享机制。存款保险公司可通过台湾金融监督管理委员会和"中央银行"等取得被保险机构的相关财务和业务信息。四是协调机制。当被保险机构出现经营危机或其他可能影响金融秩序的重大事件时，存款保险公司与相关主管机关将共同建立协调处理机制。

台湾地区利率市场化改革的启示

稳妥有序推进利率市场化改革

台湾地区采取渐进式的利率市场化改革模式，从国际经验来看，在已实现利率市场化的国家和地区中，既有分阶段、分步骤的渐进式改革，也有一步到位的激进式改革（见表1）。总的来看，渐进式改革的成功几率较大，激进式改革则易引发经济和金融动荡。这主要是因为：一方面，利率自由化的稳步推进可以缓冲利率放开对经济的冲击，使中央银行和商业银行具有充分的时间来适应这种变化，并及时采取相应的措施。另一方面，利率市场化改革所需的一系列的配套改革措施，很难在短时间内完成。因此，中国大陆应当借鉴利率市场化改革的国际经验，把握好利率市场化的节奏，有序推进、稳步实施各项改革措施。

表1　　　　　　　　　　各国家和地区利率市场化比较分析

	美国	英国	德国	法国	日本	台湾地区
开始时间	1970 年	1971 年	1962 年	1965 年	1977 年	1975 年
经历时段	16 年	10 年	5 年	20 年	17 年	14 年
开放次序（优先放开）	贷款利率	存款利率	存款利率	贷款利率	贷款利率	贷款利率
管制利率	存款利率	贷款利率	贷款利率	存款利率	存款利率	存款利率
改革方式	渐进式	一次到位	一次到位	渐进式	渐进式	渐进式

	韩国	土耳其	智利	阿根廷	马来西亚
开始时间	1981 年	1980 年	1974 年	1975 年	1971 年
经历时段	16 年		3 年	2 年	20 年
改革方式	渐进式	激进式	激进式	激进式	一次到位
第一次全面放开	1988 年	1980 年	1977 年	1977 年	1981 年
重新管制	1989 年	1994 年	1981 年	1990 年	1985 年

加强对利差走势的监测，引导银行有序竞争

台湾地区利率市场化改革经历利差先扩大后收窄的过程，有其特殊性。对中国大陆银行业而言，先前实施的"贷款利率管下限、存款利率管上限"是一种使银行利差最大化的制度安排，利率市场化将是"去利差最大化"的过程。因此，我们认为推进利率市场化后，如果不考虑经济周期、货币政策变化等外部因素，大陆银行业存贷利差会呈现缩小的趋势，依靠垄断地位获取的高利差在市场化机制的作用下会逐渐收窄。银行业获得的利差与其在金融资源配置中所发挥的作用应相匹配。要获得更大的利差，在市场化条件下银行就必须有更高的经营效率、更强的盈利能力，即对金融资源的配置要起到更大的作用。同时，利差收窄的背景下，利率风险管理和定价能力较弱的中小银行，将不得不以较高的存款利率和较低的贷款利率

吸引客户，可能导致无序竞争，一些小银行可能出现经营困难甚至破产。因此，我们应加强对利率和利差变化趋势的监测分析，引导银行适度竞争，防止利差过快收窄而造成系统性银行危机。

探索建立最优惠贷款利率制度，促进形成利率的市场化定价机制

与大多数国家不同，台湾地区利率市场化进程中仅短暂使用了最优惠贷款利率制度。对中国大陆银行业而言，我们认为仍有必要引入最优惠贷款利率制度。最优惠贷款利率可以作为利率浮动限制完全放开之前的一个重要制度补充。虽然大陆大中型商业银行已经建立了自己的贷款定价模型和系统，但在实际操作中，贷款定价模型还需要经过市场检验，利率市场化初期银行和客户还习惯以法定基准利率上下浮动方式定价。引入最优惠贷款利率机制，有利于市场形成合理预期，有利于商业银行将逐笔的风险定价结果总结提炼成贷款定价基准，防范利率完全放开对整个银行体系资金价格的无序冲击。最优惠贷款利率制度的建立模式可以考虑根据市场竞争主体对最优惠贷款利率的报价，由银行业协会综合协调确定，或者发挥大型银行存贷款定价的引领作用，引导形成最优惠贷款利率水平。商业银行要对风险进行科学测度，在此基础上提供自己的最优惠贷款利率。

中小银行应积极转型以应对利率市场化的挑战

台湾地区利率市场化的经验表明，积极转型对中小银行应对竞争压力发挥了关键作用。利率市场化背景下的转型对中小银行也至关重要：一是中小银行应根据比较优势，积极调整经营战略，找准市场定位，形成和强化自身的核心竞争力，避免盲目竞争。二是中小银行要避免重复"大而全"的业务模式，真正以客户为中心，推进业务转型，着眼于当地和社区金融服务需求，走专业化和特色化经营的道路。三是要加快管理转型，着力提升风险量化和管理水平，弥补管理上的差距，既要积极增强自身应对利率市场化进程中各种风险的能力，又要为战略和业务结构的转型做好管理能力建设上的准备。

择机推出存款保险制度，增强危机处置能力

台湾地区和国际上的经验表明，存款保险制度在防范危机传染、确保问题机构有序退出和促进公平竞争方面发挥了重要作用。对大陆银行业而言，随着利率市场化的稳步推进，存款保险和金融机构市场退出等配套制度和机制也应择机推出，以更好地保障金融安全。相关部门应加快制定和完善存款保险制度实施方案与法规，适时组织实施，并应充分借鉴国际经

验教训，推动投保机构加强风险管控，有效防止投保机构的道德风险。同时，应加快推进银行业金融机构的破产处置机制建设，形成有序的市场化退出机制。汲取国际经验教训，充分考虑利率市场化可能诱发系统性危机的逻辑链条，提高重大风险的处置能力，加强风险监测和预警，及时防止危机的蔓延和扩散。

此外，台湾地区的经验还说明，金融改革应当与相关法律体系的完善相结合，才能最终取得成功。台湾当局在推进金融改革的同时，在2000年通过了《金融机构合并法》与《银行法部分条文修正案》，2002年通过了"金融六法"，逐步完善了与金融相关的法律制度。对中国大陆而言，"十二五"期间利率市场化等金融改革将稳步推进，完善与之相关的法律体系也十分必要：第一层次是具体监管规则的制定，包括对银行、证券公司、保险公司等金融机构的审慎监管规则。第二层次是对权利的保护，包括通过完善信息披露、消费者保护、破产制度等，加强对股东、债权人等利益相关方权利的保护。第三层次是基本法律制度的完善，以促进法治观念深入人心、契约意识形成和明晰所有权。只有建立了法制层面的保障，金融改革才能起到实质上的、充分的作用。

（作者单位：中国银监会政策研究局；
中国社会科学院金融研究所博士后流动站）

C中国金融
CHINA FINANCE

专题精选
2013—2014

流动性管理

　　进入2013年5月，我国金融运行出现了流动性方面的风险。在银行业整体并不缺乏流动性的情况下，银行业对非标债权类金融资产的运用及同业交易规模的迅速扩大，被认为是此次流动性恐慌的风险源。随着商业银行对市场资金的依赖越来越大，商业银行日常经营对市场流动性的影响也越来越大。需要在实际业务中严控风险，找准防范风险的着力点。

综合治理市场流动性问题

魏国雄

进入 2013 年 6 月以来，国内银行间人民币市场表现较为异常，利率大幅上升，市场隔夜质押式回购利率一度突破 30%，当日加权平均利率和波动幅度均为近十年来所罕见，引起了各方的高度关注。尽管目前市场已基本恢复正常，但其中的一些问题仍值得我们认真思考。

流动性风波的原因分析

导致近期市场流动性紧张的因素，既有直接的因素，也有间接的因素；既有金融的因素，也有经济的因素；既有短期的因素，也有长期累积的因素。从表面看，是技术或季节性等短期因素引发了这次市场流动性波动，但深入分析就会发现，这次发生在银行间市场的利率波动，不只是短期因素的叠加，更是短期和中长期各种因素的叠加。所以解决市场流动性问题，先要把各种影响因素搞清楚。

第一，导致银行间市场流动性紧张的直接因素有多个方面。6 月初国内人民币市场利率出现大幅上升的直接原因主要包括：中国金融机构外汇占款 5 月份仅新增 668 亿元，明显低于前 4 个月的月均 3774 亿元的增量；商业银行为在 6 月末前达到结售汇综合头寸管理的要求，动用了 1000 多亿元人民币来购买外汇；5 月末至 6 月中旬财政集中入库 4000 多亿元；2012 年下半年以来，监管机构先后开展了同业业务、票据业务的检查，对债市的清理整顿，对银行理财业务的规范等，各种去杠杆化政策陆续推行。这些因素的叠加导致了市场资金价格的上升。

此外，6 月初商业银行的信贷投放较集中，前 10 天就投放了 9000 亿元。随着市场资金趋紧，商业银行还普遍提高了备付率，市场交易意愿下降，对交易对手的信用风险更加关注，信用拆借占比由年初的 29% 降至 8.32%，银行间市场日均交易量较 1～5 月减少约 1500 亿元，进而触发了市场对流动性的恐慌。

第二，商业银行经营方式的变化及一些问题的累积是市场流动性出现紧张的重要原因。近年来国内商业银行经营中出现了一些值得关注的问题，不仅使商业银行对市场资金的依赖越来越大，而且商业银行日常经营对市场流动性的影响也越来越大。

部分商业银行的经营思想、经营行为有偏差，在贷存比的约束和高利润目标的压力下，杠杆率过高，资金绷得过紧，存在一些流动性风险隐患。如商业银行的存款大起大落，每到月末季末银行间就会出现白热化的存款大战。只要能增加存款，什么招数都可用，不仅花钱买存款，甚至还人为增大同业业务交易量，采取对存交易来做大存款，致使存款在月末季末的几天之内起伏波动犹如过山车，这几乎已成了商业银行存款的常态。随着时间的推移，银行账面存款总量的时点数字不断增大，实际可用的存款并没有增加多少，但银行则可依据时点的存款额多发放贷款，提高杠杆率。同时，按 20% 缴存的存款准备金也不断增多，使得市场实际流通的货币量减少。

受到市场化程度的提高和利率市场化改革的不断深入，以及金融脱媒等外部经营环境的影响，近年来商业银行的存款结构发生了很大变化。2012 年国内上市的 16 家商业银行中，只有 4 家银行的储蓄存款、公司存款比重超过 80%，有两家不到 60%，相对较稳定的个人存款，有 10 家银行其占比不到 15%；而同业存款在存款总量中的占比则快速上升，16 家银行中有 7 家超过 25%，最高的达到 34.77%。这种存款结构虽然成本相对较低，但对宏观经济政策和市场的敏感性较强，只要稍有变化，就会出现波动，稳定性较差。

存贷利差不断收窄，迫使商业银行把成本较低的短期资金投向高收益的长期运用，期限错配敞口快速增大。部分商业银行主要靠在银行间市场上不断地拆入资金，来应对日益严重的潜在流动性风险。这种资金期限过度错配的做法，在市场资金较宽松时，确实为银行带来了丰厚的收益。但当市场资金一收紧，资金价格就会快速攀升，不仅资金运作成本上升，严重时还会引发支付困难。

各种理财业务、资产管理业务、代客业务等近年来发展迅速，这类业务的资金大都是通过银行集中流入流出，给商业银行的流动性管理带来了新问题，甚至其中有些业务本身就存有很大的期限错配缺口。

第三，从更深层次来讲，流动性紧张是国内经济增长放缓、有效需求不足、产能过剩严重、经济运行效率降低的综合反映。从市场货币流通量来看，国内经济增长的放缓使融资的边际效率大幅降低，单位融资产出的GDP从2008年的4.49元降为2013年5月末的1.93元。不少行业的库存普遍增加：6月末全国的钢铁行业库存比上年同期增长35%；重点港口焦炭库存同比增长21%；煤炭生产企业库存同比增长30%。资金周转速度明显减慢，使用效率进一步降低，大量的新增信贷资金不断被沉淀，经济发展、经济调整所需的资金还是显得不足。从工商银行持续监测的16665户样本企业看，也同样存在融资效率下降的情况。样本企业应收账款和存货快速增长，交易结算资金占用上升，资金周转速度下降。这说明存量货币的流通速度放慢了，对市场流动性产生了很大的潜在影响。

由此可见，目前银行间市场利率出现波动是必然的，即便现在不出现，以后也会出现。这既是经济运行的客观表现，也是商业银行经营方式的综合反映。商业银行的经营思想、经营行为最终会反映到市场流动性上来。不论是信用风险、市场风险还是操作风险、声誉风险、战略风险，最终也都会不同程度地表现为流动性风险。所以对市场流动性问题必须进行综合治理。

加强市场流动性的宏观调控

流动性风险关键在于防，等出了问题再去控制代价就比较大了。监管部门应对一些影响或触发市场流动性变化的深层次问题给予足够的重视，这些问题在一定条件下还会不断表现出来，如不加关注，就有可能酿成大面积的流动性风险，即便商业银行有1.5万亿元的备付金，也不一定能完全高枕无忧地应对支付需求。

第一，要对市场利率波动有一个容忍度。随着利率市场化进程的加快，市场利率波动的频率和幅度都会大大增加，如果利率是在可容忍的范围内波动，那么就依靠市场机制去运行，不做政策性的市场操作。要让市场成熟起来，能有更大的风险承受能力。同时要做好与市场的前期沟通，正确引导市场预期，用市场手段引导金融机构增强风险意识，谨慎经营，避免市场利率出现过大的波动，把峰值控制在一个合理的区间内，确保人民币市场的稳定。

第二，要强化对市场流动性的实时监测，建立高效率的分析和决策机制。对每天的市场交易情况、价格情况、资金流入流出情况以及其他影响市场流动性的各种因素，如进出口和结售汇变化情况、国内外事件和政策对国内市场流动性的影响及其程度等要进行监测分析，发现问题要迅速采取相应的措施。还应在加快利率市场化改革的同时，抓紧研究结售汇政策及制度的改革、汇率改革，有效把握好外汇变动对国内市场流动性的影响。

第三，要通过创新工具、开放市场来激活信贷存量，加速资金周转。应尽快全面放开信贷资产证券化业务，开展贷款转让交易，通过市场进行分拆、重组、转让、出售，盘活存量信贷资产，把一些呆滞的存量贷款转变成效率更高的信贷资源。有关部门应抓紧健全市场监管制度，完善运行操作管理办法，使信贷资产证券化成为方便、迅捷的流动性管理工具，彻底解决贷款一经发放就必须持有到期的问题，让60多万亿元的信贷资产流动起来。在此基础上，还应研究信用风险缓释合约及凭证等信用衍生类产品市场、或有负债类市场的开放。

加强对商业银行流动性风险的监管

由于流动性风险对商业银行的伤害最大，所以监管部门要将其作为监管的重点。既要调控好市场流动性，又要监管好微观领域每家金融机构的流动性，这样才能有效防控市场流动性风险，才能保持整个经济金融运行的稳定。资产量大不等于就没有流动性风险，有些看似短期可变现的金融资产，一旦宏观流动性发生变化，也会有变现难的问题；存款多也不等于流动性风险一定小，尤其大额存款可能还是流动性的风险隐患；高的资本充足率更不能解决流动性风险的问题。市场流动性的松紧会直接影响商业银行的流动性，因此监管部门应根据宏观流动性的变化，适时调整对商业银行流动性风险的相关监管指标，实行高效率的动态流动性风险监管。

首先，对商业银行的经营目标加强监管。监管部门要加强对商业银行盈利目标的监管，严格落实稳健经营的具体要求，对商业银行过高的经营目标要进行干预，以避免商业银行因盈利压力过大而把流动性绷得太紧。采取严格的监管手段，尽快削平商业银行月末季末的存款波峰，把审慎监管真正落到实处。

其次，对商业银行的同业业务加强监管。既不能把同业业务全部卡死，又要严格规范同业业务的正常往来。监管部门对商业银行的同业存款占比、非结算同业存放等要设定具体的监管指标，避免其通过同业票据业务来提高杠杆率，或因同业资金在商业银行间循环，而使监管指标失真。督促商业银行尽快压缩以短期同业资金来做的长期资产业务。严格控制买入返售资产占同业资产的比重，对以同业存款来做买入返售，投向房地产、地方政府融资平台的更要严格控制，还要禁止商业银行用同业资金通过第三方过桥，以买入返售金融资产的方式转让收益权来规避监管。

再次，应设定资金期限错配敞口限额。资金期限错配是商业银行获取盈利的一个重要方式。期限错配的敞口越大，商业银行的盈利空间就越大，要承担的支付风险或流动性风险也就越大，故监管部门一定要把这种期限错配敞口控制在可承受的合理范围之内。但对存款增长乏力，中长期贷款比重偏高，贷款投向结构不合理、潜在风险大，特别是新增日均存款难以覆盖新增日均贷款的商业银行，就应控制其年度新增贷款总量、贷款投放进度，以避免过度采用短期的拆入资金来发放长期的贷款，增大错配敞口，引发流动性风险。

最后，要完善对商业银行流动性风险的窗口指导。监管部门不仅要监管商业银行负债的稳定性、资产的流动性以及应急措施的可靠性等，还要根据宏观流动性的变化，随时评估商业银行流动性风险的管理，定期做好监管对象的流动性风险压力测试，实行动态的流动性风险监管。对潜在流动性风险大的商业银行要进行窗口指导、风险提示。必要时，还应采取严格的流动性监管处罚措施。

加强商业银行流动性风险管理

商业银行对流动性的管理不能就事论事，要进行综合治理。不同的风险偏好，就会有不同的经营结构、不同的流动性风险管理策略，但无论怎么不同，以下措施是十分必要的。

第一，确立正确的经营思想和审慎的风险偏好，规范自身的经营行为，努力转变传统的经营方式、盈利模式，是加强自身流动性风险管理的前提条件。商业银行的经营思想不仅对自身的流动性有很大影响，而且对市场信心和预期，对国家的宏观调控也会有很大的影响。

第二，坚持稳健经营，强化日均业务的考核，避免和控制月末季末存款的大幅波动。禁止人为操作存款，对大额存款的进出要核查其真实性，对弄虚作假的分支机构及其相关人员要严肃处罚。要合理确定各种业务的期限错配敞口、同业存款的占比，严格规范同业业务的操作，防控好流动性风险的各种隐患。

第三，努力提高信贷资产质量，把握好新增贷款的投向，保持良好的信贷资产流动性。要把有限的信贷资源全都投向实体经济，重点投向期限较短的小微企业、"三农"及国家重点建设项目，投向资产收益高、风险可控的领域；加快退出潜在风险贷款，加快处置不良贷款，降低无效率、低效率的信贷资金占用。同时，控制好贷款投放的节奏和期限结构，尽量避免信贷投放的时间过于集中，控制中长期贷款的占比。要合理确定还款方式，尽可能提高贷款的流动性。

第四，强化流动性风险的预测和分析，进一步完善对流动性风险的日常管理，做好多情景、多方法、多币种和多时间跨度的流动性风险压力测试，运用先进的技术和工具来监测市场上各种不确定因素及其变化趋向。要根据压力测试的结果，结合本行业务规模、复杂程度、风险状况、管理水平以及组织体系等情况，及时提示、预警和化解风险隐患，并制定出各种情景下的应急预案，把流动性风险降至最低。严格各类风险限额的执行，不仅要做好各项表内业务的流动性敞口管理，还要做好表内业务与表外业务的流动性匹配，自营业务与代理业务交错转换中的流动性匹配，提高流动性风险的管理能力。

加快市场流动性深层次问题的解决

市场流动性不只是金融问题，更是经济问题，是反映经济运行状况的一个综合性指标。市场流动性的松紧既是金融宏观调控的结果，也是经济运行的结果。各种长期的、短期的经济因素，如经济发展的速度、质量、态势，进出口，通货膨胀等，最终都会在市场流动性上反映出来。

第一，稳定人民币市场流动性的关键是要实现经济发展方式的转型，调整和优化经济结构。经济是基础，金融是第二性的，经济决定金融。经济运行的效率对人民币市场流动性有着非常重要的影响。加快经济发展方式的转型和加大经济结构调整的力度，是保持经济平稳和可持续发展的最重要的措施，也是保持市场流动性稳定的基础。对当前的市场流动性问题，除采取必要的治标措施，尽快稳定市场利率，给市场一个明确的政策导向外，更要从经济可持续健康发展的深层次上来考虑治本的问题。

第二，改变主要靠大幅增加货币投放，放松市场流动性来实现经济增长的路子。向市场过多注入资金来保持流动性，只能是维持低效率的经济增长，过于宽松的流动性只会把大量的资金引向一些低效率的产业、产能过剩行业。所以适度偏紧的市场流动性，可以提高经济转型、结构调整的政策强度；提高经济增长的质量和效率，可以加快解决一些影响经济发展的潜在不确定因素，从而迫使那些低效益高成本、高资源消耗产业升级转型或淘汰，使产能过剩的产业难以继续扩产，进而挤掉经济运行中的水分，保持经济健康稳定的发展。市场流动性适度偏紧一点，还可以迫使商业银行去杠杆化，放缓贷款的新增速度，对过快的非自营融资业务、代理融资业务降点温，并为激活融资存量提供一个合适的环境。

第三，市场流动性也不是越紧越好。过于紧的市场流动性对短期经济增长肯定会有不利的影响，也会直接影响商业银行对实体经济的支持力度，使一些本来资金就偏紧的小微企业、"三农"、民生等领域，以及部分重点支持产业的融资需求不能得到解决，甚至还有可能出现资金链的断裂，增大宏观经济运行的压力。因此，要通过财政、税收、货币政策工具以及商业银行的信贷政策，对新的经济增长点采取区别对待，使之有足够的动力启动和发展，从而对长期市场流动性产生积极的影响。

（作者系中国工商银行首席风险官）

防范流动性风险的蝴蝶效应

王国刚

2013 年上半年的资金总量并不紧缺

2013 年 5 月以后，金融运行中的风险问题快速凸显。其中，尤以 6 月 20 日银行间市场的隔夜拆借利率狂升事件（以下简称"6·20 事件"）和 6 月 24 日股市暴跌事件最为引人注目。

6 月 20 日，上海银行间利率几近全线上涨。其中，隔夜利率大幅飙升 578.40 个基点至 13.4440%，该数值创下历史新高；此外，7 天利率首次突破 10%，到达 11.0040%，也创下历史新高。这反映出商业银行短期资金缺口较大。

2013 年 6 月 24 日，上证指数从 2073 点下调到 1963 点，暴跌了 5.3%；6 月 25 日上午，上证指数又跌到了 1878 点，暴跌 4.33%。连续跌破了 2000 点和 1900 点两个整数关口，这在我国股市中是比较少见的。

在货币市场利率大幅攀升、股市指数大幅下跌的背景下，不论是金融机构、金融市场还是媒体都蔓延着一种"钱荒"的气氛，似乎中国经济和金融已严重缺乏流动性了，并且情形还将加剧。但事实上，中国经济运行中的资金是充足的。

首先，从货币供应看，2013 年 5 月末，广义货币（M2）余额 104.21 万亿元，同比增长 15.8%，高于年初预计的全年 13% 的目标值；狭义货币（M1）余额 31.02 万亿元，同比增长 11.3%，高于 2012 年同期的 3.5%。从货币供应角度看，金融市场和金融机构并不缺乏资金。其次，从社会融资规模看，2013年5月社会融资规模为1.19万亿元，虽然比2012年同期多了424亿元，但比2013年4月少了5763亿元，这意味着5月以后新增资金总规模有着收紧之势。但2013年1~5月社会融资规模为9.11万亿元，比2012年同期多3.12万亿元。因此，就总量而言，并无"钱荒"之虑。最后，从金融机构可用资金看，到6月底，全部存贷款金融机构备付金总额在1.5万亿元以上，是到期理财产品数额的2倍还多，足以应对这些理财产品的本息兑付，也无"钱荒"之忧。

贷款期限错配不容小觑

贷款期限错配，在直接关系上，是指贷款中的短期贷款与中长期贷款比例失衡的状况。从存贷款金融机构角度说，贷款期限是否错配，首先需要看贷款期限与存款期限之间的配置关系。长期以来，在中国金融运行中有着"吸短贷长"一说，即存贷款金融机构吸收的存款大部分属于短期资金，但经过期限调配后，这些金融机构放出的贷款以中长期资金为主。这种状况，在大量资金依然以存款方式进入存贷款金融机构、实体经济部门短期资金并不严重匮乏和央行灵活运用货币政策面对货币市场头寸紧缺的条件下，多少尚可维持，因此，近20年来，在中国金融运行中并没有发生如"6·20事件"之类的现象。然而，进入2013年以来，情况有了比较明显的变化。

第一，个别银行可能发生短期头寸不足。在多年银行理财产品快速发展的基础上，进入2013年以后，理财产品的规模有了加速发展的势头。由于相当多的理财产品期限较短，这意味着，存贷款金融机构资金头寸在满足存款兑付之外，又多了一个理财产品的到期兑付问题。由此，埋下了备付金不足以支付存款兑付和理财产品兑付双重需要的风险。如果说，在备付金总量上，满足这双重兑付尚无问题的话，那么，当个别商业银行头寸不足以满足这种双重兑付时，流动性风险就将以偶发性事件的方式发生。

第二，实体经济部门短期资金紧张。2013年1~5月人民币贷款增加4.21万亿元，同比多增2792亿元。人民币贷款余额67.22万亿元，同比增长14.5%。5月末外币贷款余额7737亿美元，同比增长36.7%。因此，贷款环境依然属于相对宽松状态。但从分部门角度看，1~5月，住户贷款增加1.73万亿元（占新增贷款的41.07%），其中，短期贷款增加6903亿元（占住户贷款增加额的39.92%），中长期贷款增加1.04万亿元；非金融企业及其他部门贷款增加2.48万亿元，其中，短期贷款增加8570亿元（占该项新增贷款额的34.54%），中长期贷款增加1.17万亿元，票据融资增加

3560 亿元。与此相比，2012 年全年人民币贷款增加 8.20 万亿元，同比多增 7320 亿元。分部门看，住户贷款增加 2.52 万亿元（占新增贷款的 30.73%），其中，短期贷款增加 1.19 万亿元（占住户贷款增加额的 47.22%），中长期贷款增加 1.33 万亿元；非金融企业及其他部门贷款增加 5.66 万亿元，其中，短期贷款增加 3.37 万亿元（占该项新增贷款额的 59.54%），中长期贷款增加 1.54 万亿元，票据融资增加 5301 亿元。将 2013 年前 5 个月与 2012 年的情况进行对比可以看出，在新增贷款总额没有 减少的条件下，贷款结构有了实质性改变，即短期贷款大幅减少、中长期 贷款大幅增加。这意味着，实体经济部门的短期资金已趋于紧缺走势，尤 其是，票据融资的大量增加在客观上增加了短期兑付的压力。

第三，货币政策不再"随行就市"。2013 年 6 月 19 日，国务院常务会 议要求"把稳健的货币政策坚持住、发挥好"。鉴于 2013 年前期已投放的 货币数量和贷款数额均已大幅增加，同时，社会融资规模也已超预期增加， 人民银行有着适当控制公开市场操作、放缓向金融市场注入流动性的意向。 但有些存贷款金融机构未能充分理解货币政策调控的取向变化，依然以长 期来存在的"不能见死不救"的思维惯性进行操作，由此，导致"6·20 事件"的发生。

第四，"现金为王"的倾向加重。进入 2013 年，第一季度的 GDP 增长 率下行程度超出了市场预期，同时，诸多金融机构预期，在宏观调控政策 不调整的情况下，GDP 增长率还将继续下行。由于在 GDP 增长率下行过程 中，金融不良资产的数量和比例都可能增加，流动性问题将加重，金融运 作的风险也将由此增大，所以，不少存贷款金融机构都有着保留现金的倾 向。但对那些前期运作中已留下巨额兑付缺口的存贷款金融机构来说，要 通过货币市场机制，同时解决存款和理财产品双重兑付所引致的流动性不 足，就更加困难。在"现金为王"倾向加重的条件下，资金总量的"大水 库"可能分解成为各家存贷款金融机构的"小水池"，由此，蝴蝶效应的发 生就有了传递机制。这是导致"6·20 事件"发生的又一个成因。

若干对策建议

我国经济发展的基础依然没有发生实质性改变，还是处于"长期趋好" 的战略机遇期内。面对更加复杂多变的国内外形势，需要继续贯彻落实 "稳中求进"的总思路，既要保持经济增长率相对稳定，努力实现 7.5% 的 预期目标，又应在经济增长过程中努力提高质量和效益。另一方面，也要 看到，我国经济正从高位增长的运行转向中速运行。在这个过程中，不论是宏观经济的调控方还是微观主体（各类企业）或是金融部门都有一个调整和适应的过程。其中发生一些摩擦性事件，不必大惊小怪，但需要密切关注。总的来说，我国经济发展还是健康可持续的。

我们认为，在 2013 年下半年的宏观调控中需要注意做好如下几项政策工作。

确保 7.5% 的经济增长目标的实现。金融是一个服务于实体经济的产业，实体经济的发展状况直接决定着金融发展的状况。鉴于对 2013 年第一季度数据的存疑和 5 月份以后实体经济面乃至金融面出现的种种问题，金融市场中流行着对 2013 年经济增长持怀疑态度或疑虑的情绪，这种预期不利于经济和金融的健康运行，也不利于经济社会的稳定。为此，一方面要加强预期的管理和引导，进一步加大宣传力度，解释"稳中求进"的政策取向和实现经济增长预期目标的政策支持；另一方面，需要切实采取措施力保 7.5% 的增长率实现。尤其是考虑到，从第二季度的 GDP 增长率看，很可能低于第一季度，由此，对下半年经济增长担忧的情绪还将上升，更需在这些方面做好工作。

我国的股市历来是由对经济增长的信心支持的。在股价严重超跌的条件下，股市还在下行，固然与资金面的松紧有关，但更重要的是对经济走势的信心。因此，一旦"稳中求进"确有保证，股市将发生恢复性反弹行情。

加快金融体制机制改革的步伐。体制机制改革是一个解放生产力、推进按照市场机制进行资源配置的过程，因此，它能够释放和创造巨大的红利。从金融角度看，体制机制改革并不仅限于减少审批制，也不限于已提出的利率、汇率、资本账户开放、资本市场等方面的改革，更重要的还有三个方面。第一，落实实体企业的金融权，变外部植入型金融为内在生长型金融。金融原生于实体经济部门，各项金融权属于实体企业的权利范畴。但 30 多年来，我国金融发展过程中，建立了一套从实体经济外部将金融植入其内部的金融体系。一个典型特征是，实体企业几乎没有直接从事金融活动的各项权利，一切都应通过金融机构而展开。第三方支付的形成和发展中，并无金融专家参与其中，但它属于从实体经济内部成长的金融活动，迅速扩大后金融监管部门不得不承认它的存在并发给了金融牌照。要发展内生型金融，一方面需要确立金融根植于实体经济的理念；另一方面，必须按照《公司法》《票据法》等法律的规定，真切地赋予实体企业以金融权，推进企业贷款、债券发行等的发展。第二，扩大城乡居民的金融选择权。城乡居民是我国金融体系中资金供给的主要力量，但他们在金融选择权方面严重匮乏，消费剩余资金只能以低利率的方式存入银行，由此，我

流动性管理 ■

71

国金融长期来就建立在这种"吃"城乡居民低利率资金的基础上。要改变这种格局，最基本的就是要让各类公司发行的债券直接面向城乡居民。这也是利率市场化改革和推进银行业务转型的关键步骤。第三，分离发行市场和上市交易市场，重整我国股市。股票发行市场与上市交易市场，在经济主体关系、定价机制、法律关系和运行格局等方面都有着根本性差别，将它们连为一体的操作，是行政机制的产物，并非市场机制的客观要求。要改变体制机制的状况，必须从分离发行市场和上市交易市场入手。

加强对金融市场预期的管理和引导，防范金融震荡的发生。第一，加强政策的宣传和解释工作。2013 年 6 月 24 日，人民银行发出了"金融机构要统筹兼顾流动性与盈利性"的函件和随后几日中央电视台连续播报拆借市场利率走势行情，都对引导市场预期、稳定市场情绪和提升市场信心起到了积极作用。第二，加强货币政策的针对性和灵活性。面对复杂多变的金融市场运行状况和流动性失衡的状况，仅仅运用行政机制进行管控和处罚机制是远远不够的，人民银行应适时适度地根据变化了的情况，进行货币政策有针对性地灵活微调，积极运用公开市场操作、再贷款、再贴现及短期流动性调节工具（SLO）、常备借贷便利（SLF）等创新工具组合，适时调节银行体系流动性，平抑短期异常波动，避免偶发性事件蔓延为趋势性事件。在一些场合，可以选择"口头的公开市场操作"等方式，给市场以明确信号，稳定市场情绪。第三，严格控制流动性风险。货币市场本是短期资金的融资市场，以支持实体经济的运行。但我国的货币市场不仅成为金融机构为主的角逐市场（70% 以上的交易额在金融机构之间发生），而且成为金融机构牟利的市场。这是导致"6·20 事件"发生的市场背景。面对 7 月还将有 1.09 万亿元理财产品到期兑付的问题，需要着力落实各家银行的理财产品到期日与这一时点的现金流匹配机制，落实人民银行 6 月 24日函件的要求，防范由流动性紧缺导致的系统性风险。

防范长短期贷款不匹配导致的金融风险。将短贷资金投入长用是我国金融多年存在的问题，但 2013 年前期这一情形更加严重。这种情形的继续，不仅将引致企业间相互欠债的"三角债"现象再现，而且给银行的流动性改善带来严重的困难。为此，第一，需要划清短贷资金和中长期贷款的调控界限。在各地方政府投资饥渴的条件下，尤其需要限制短贷资金挪作长用。第二，需要给长期投资的资金保障提供必要的市场渠道，扩大中长期公司债券发行规模，按照《公司法》和《证券法》的规定，放开对发债主体的行政限制和取消行政审批。第三，要弱化地方政府对相关企业资金使用的行政干预，通过财政体制改革，保障地方建设所需的中长期资金，解决融资平台的债务高筑的状况。第四，通过融资租赁等渠道，解决一部分中长期项目投资所需资金。第五，通过股权投资机构，展开长期股权投资，缓解企业的长期资本不足的问题。

稳慎展开国际经济活动。加强对国际资本流动的监管，防范短期资本流动对国际收支与实体经济造成较大冲击。值得警惕的是，在某些国外金融机构与投资者唱空我国经济的背景下，人民币汇率的贬值趋势与国内金融体系的不稳定因素有可能导致国际资本的加速流出，从而影响我国金融体系乃至实体经济的稳定性，因此，有关部门对于国际资本的可能流出途径与规模进行排查并做好对某些小概率极端情况的准备。灵活运用人民币汇率的浮动机制，加大人民币汇率的双向浮动幅度；同时，努力保持人民币汇率市场总趋势的相对稳定，维护国际投资者对于我国经济与金融稳定的信心。运用货币政策的灵活性，适时适当地应对外汇占款变化对国内流动性造成的影响。严格防范虚假贸易带来的严重负面效应，打击相关的套汇套资和套利等违法行为。在美元走强对国际大宗商品价格效应不明的情况下，对于海外资产并购需要持谨慎态度。支持国内企业"走出去"是我国金融机构的重要职责，但在动荡不羁的国际金融环境下，这一战略的实施步骤与具体对象需要更为谨慎，避免由于汇率或国际资产价格的大幅波动引致的损失。

（作者系中国社会科学院金融研究所所长）

流动性恐慌的现象与根源

袁增霆

2013 年 6 月下旬发生的流动性恐慌是近些年国内金融体系最突出的系统性风险事件。它由部分商业银行的流动性紧张引起，短期内造成了货币市场利率急剧上升，并引发银行同业交易阻滞、信贷收紧、货币市场基金挤兑等混乱状况。银行业对非标债权类金融资产的运用及同业交易，正是此次恐慌的风险源。这些金融交易又经常被纳入影子银行范畴。有观点认为，这是由于近些年来迅速膨胀的影子银行活动未受到压力测试或管理不当而付出的代价。

流动性恐慌现象与问题

这次流动性恐慌的标志性事件是 6 月 20 日国内主要货币市场利率的急剧上升。以上海银行间同业拆放利率（Shibor）隔夜品种为例，当日收盘价为 13.444，较上一交易日涨幅高达 75.5%，均创下 2007 年以来最高水平（见图 1）。当日成交的银行间隔夜回购利率甚至一度高达 30%。此后直至当月底，随着中央银行的干预，主要货币利率品种才开始逐步回落。在此期间，部分商业银行同业业务一度陷入混乱，交易违约或系统故障传闻四起；货币市场基金也遭受巨额赎回压力，债券市场和股票市场行情也同时受到打压。这表明最初个别商业银行的流动性紧张已经发展成为短期的系统性风险事件。

从金融稳定的角度，这起事件应当引起足够的重视。多数金融危机都是由局部的个别风险暴露引起的。当前的事实已经表明，发源自银行业局

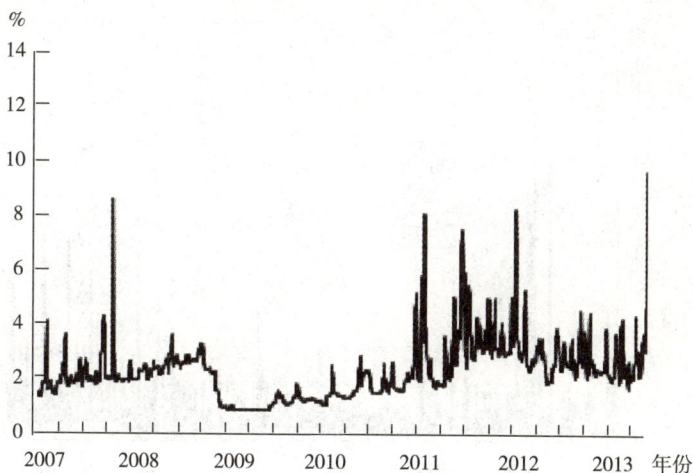

图 1　隔夜 Shibor 走势

部的流动性问题，就很有可能酿成大问题。关于这次恐慌事件的诱因，通常认为是部分商业银行疏于流动性管理，担心不能应对年中将要发生的货币需求因素所造成的。但是，诸如税收集中入库、银行派息、法定准备金缴存等季节性因素在近些年一直存在，并不构成决定性因素。而且，这只是局部流动性问题的一些成因。就恐慌事件的成因而言，还需要考证更重要的前提问题。例如，它是一次突发性的偶然事件吗？银行业的流动性状况究竟如何？

　　这次流动性恐慌并非偶然现象。从 2007 年以来银行间同业拆借市场上的隔夜 Shibor 与上海证券交易所隔夜回购（GC001）利率的逐日走势图可见端倪（见图 1、图 2）。自 2010 年以来，这两个代表性短期利率品种的波动性与上行冲击都不断加强。在此期间，货币利率的上行冲击表现出愈发高频的季节性。从这方面的事实来看，2013 年 6 月下旬的流动性恐慌，更像是货币市场自身波动性加强与风险事件冲击的累积后果。尤其是上交所隔夜回购 GC001 利率的大幅度波动与向上趋势，更加清晰地体现出市场风险，或该领域系统性风险的聚集过程。在此意义上，它不是一次偶发事件，而是有其必然性。

　　同期经济增长与银行信用创造能力的逐渐减弱，为货币市场风险累积提供了宏观背景。尽管货币供应量 M1 和 M2 依然保持存量规模的扩张，但其月度同比增速以及两者的增速差数据都已经呈现出周期性下行趋势。M1 与 M2 的增速差是一个常用的流动性衡量指标。它从 2011 年 1 月形成的波峰处开始下滑，在 2012 年深深坠入波谷，全年指标低于 −7%，到 2013 年 1

流
动
性
管
理

75

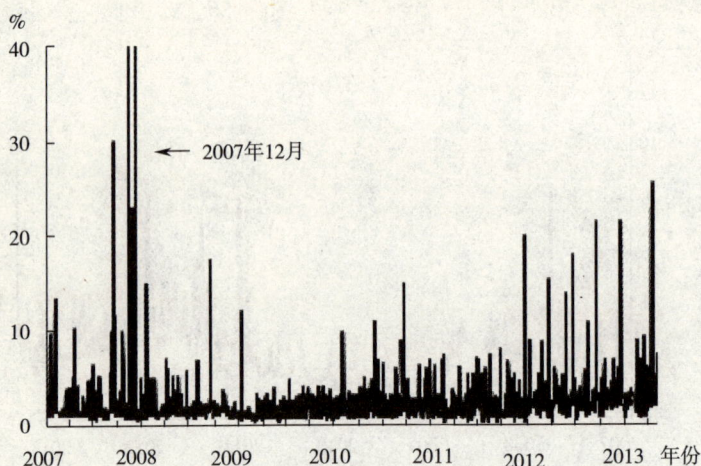

图2　上交所隔夜回购 GC001 利率走势

月出现反弹之后又继续下滑。它似乎较为清晰地反映了流动性趋弱的信号。无论如何，在经历流动性恐慌之后，重新评估银行业的整体流动性状况是非常必要的。

现有的流动性监管指标可能存在信息失效或敏感性减弱的问题。根据中国银监会公布的统计数据，从 2009 年第一季度到 2013 年第一季度，流动性比例从 41.8% 提高到 45.4%，似乎预示着整体流动性逐步变好。从 2010 年第四季度至 2013 年第一季度的三个流动性监管指标，即流动性比例、存贷比和人民币超额备付金率，总体上也没有指示出流动性趋势变坏的信号。值得注意的是人民币超额备付金率指标略显下行且常在第二季度陷入波谷的不利特征。即使如此，这些监管指标也都处在正常范围之内，无法预警。同样，借助这些指标，也难以发现银行业中可能存在的结构性问题，即无法识别局部银行业的流动性问题。例如，16 家国内上市银行中所谓的风格激进型或中小型银行，与其他银行相比都没有显示出清晰的甄别信号。上市银行报表中显示的流动性缺口及压力测试，也都一如既往地处于正常范围。

银行业经营模式演变与流动性恐慌形成机制

银行业流动性监管指标的信息失效或者敏感度下降，在一定程度上预示着它们已经不合时宜。近期关于银行同业业务与影子银行问题的讨论，启发我们重新探讨银行业经营模式的演变，探寻与新型业务和交易模式相匹配的流动性指标。相应地，我们也可以从一个侧面来认识银行业经营模式变化、流动性恐慌的形成机制及平抑方法。

银行业经营模式的变化特征

近年来，银行业表现出杠杆率下降、效益性指标改善的优异经营特征。根据中国银监会的统计数据，2010—2012 年，银行业杠杆率（总资产/净资产）下降了 0.8 个百分点；资产利润率、资本利润率、净息差、非利息收入占比和成本收入比等效益性指标则分别增长了 0.2 个、0.7 个、0.3 个、1.7 个和 −2.2 个百分点。在 2013 年第一季度，除了净息差略有下降之外，其他上述指标均继续改善。这种情况与同期宏观经济景气持续下滑形成了巨大反差，已经不适合用传统经营模式来理解。

中国银行业虽然没有表现出 2008 年全球金融危机爆发之前国际金融机构的高杠杆经营特征，但其突出的市场化经营模式转变还是可以与之类比。传统银行业务通过吸收存款来发放贷款，遵循"发起并持有"（Originate - to - Hold，OTH）模式。市场化转变后的模式特征则通过信贷资产证券化从金融市场筹集资金，遵循"发起并配售"（Originate - to - Distribute，OTD）模式。由于国内的信贷资产证券化规模微不足道，我们只能从各种替代形式中寻找线索。

银行理财业务及其相关的同业业务和其他中间业务，在一定程度上充当了可以替代信贷资产证券化的资金获取形式。这些业务的表面变化很值得思考。2012 年的银行理财资金余额为 6.7 万亿元，一些关于当年理财产品发行规模的估计则超过了 20 万亿元。最近三年，它的规模增长在 2 倍以上。另一个重要变化是银行的同业资产与负债头寸。2013 年第一季度末，16 家上市银行的同业资产规模合计 12 万亿元，在总资产合计中占比 12.8%；同业负债合计 11.6 万亿元，在总负债合计中占比 14.1%。与 2009 年底相比，同业资产占比与同业负债占比分别提高了 4.2 个和 1.8 个百分点。上述现象折射出银行业的经营动机与模式已经今非昔比。为应对活期存款增长率的剧烈波动，理财产品发行与同业负债业务已经充当起银行流动性管理的稳定器。这也使得商业银行具备了以投资银行为代表的市场型金融机构的经营特征，可以通过赚取市场资金的价差来牟利。当然，据此判断银行业是兼容了投资银行业的模式特征，还是向银行业的 OTD 模式演变，关键在于这些交易是否与贷款业务密切相关。论证后者，等价于影子银行问题的考证。

影子银行机制

关于影子银行的研究为探讨国内银行业经营向 OTD 模式演变、流动性恐慌根源及货币金融政策含义提供了一种独特的视角和方法论。影子银行概念是在 2007 年美国次贷危机期间提出的，意指处于金融安全网体制之外的类银行业活动。这里不妨按照国外经验来分析国内情形。

在中国，2004 年以来的利率市场化改革与银行理财产品创新，促进了金融体系的市场化发展趋势，为影子银行活动创造了条件。商业银行在与监管部门之间的博弈中，不断加深了理财业务的复杂性及其与传统银行业务的相关性，也带动了其他金融业所谓泛资产管理业务的发展以及更广的同业合作。例如，为突破信贷额度管制，信贷类理财产品最先发展出来；其后为规避贷款出表，开启了银信合作业务；为规避新的限制，银信合作中的信托贷款被以信托受益权或权益等形式变相替代，银行又创新出资产池产品，将金融同业之间的理财合作、资金与产品交易推向纵深。

典型的银行理财及相关同业业务特征揭示了实质上的影子银行机制或 OTD 经营模式。银行理财业务创新与管制博弈的历程，已经再现出它们与贷款业务的关联性。在典型的运作过程中，贷款发起是通过创造非标债权类资产实现的，包括银行贷款和各种类贷款，其中后者又包括信托贷款、委托债权、承兑汇票、信用证、应收账款、各类受（收）益权、带回购条款的股权性融资等。这些资产的配售包括两种方式：一是汇入资金池，发行理财产品或通过同业理财方式向投资者配售；二是通过同业负债，如同业存放、拆入、卖出回购金融资产方式向金融同业配售。整个过程与信贷资产证券化同工异曲。为了规避管制，汇集资产池与配售可能会反复涉及所有同业交易，即资金存放、拆借与金融资产回购的正反向操作，甚至绕经其他银行或信托、证券、基金、保险等机构的资产管理业务来实现逐步对接。另外，国内非正式的证券化过程也可能将发起与配售环节完全分离并隐蔽起来，例如，一些没有指明资金运用的短期银行理财产品与同业资金存放和拆借，仅仅是用来获取货币市场资金来源；融入的资金又单独在商业银行内部运用于贷款或同业金融资产交易。概括而言，商业银行以各种表外或中间业务、表内同业业务形式，体现其在证券化发起、信用增级、配售等环节角色的利益。发起机构的贷款或类贷款被剥离出表，以另样的金融资产形式被销售给理财产品购买者或计入其他机构的表内。

这些逻辑似乎可以为总计数十万亿元的理财产品发行与同业资产和负债交易的存在提供一种更加合理的解释。

流动性恐慌的形成

透过上述复杂的影子银行机制来看，银行业流动性恐慌的形成具有一定的必然性。一方面，银行业 OTD 经营模式或影子银行活动对货币市场利率更加敏感。这是由于此类交易的资金价格是市场定价,遵循盯市原则,且偏重于短期资金来源。因此,在货币市场利率上行风险不断累积加大时,容易造成流动性紧张。另一方面,针对新经营模式的银行业风险管理和监管存在漏洞,低估了流动性风险。这里的流动性风险主要来自仍留存在银行业表内的信用风险、复杂交易过程中的多重对手方风险、非标债权类资产的流动性风险等。

从事后分析来看,流动性恐慌事件验证了以上两个方面的表现。银行业总体对货币市场利率表现出了前所未有的敏感性,流动性压力可以迅速从局部向整体蔓延。关于同业违约或技术性故障的传言与行业混乱状况,则暴露出经营模式演变之后银行业卷入复杂交易的深度。

此次事件主要暴露出同业配售行为引发的流动性问题。如一些观点所述,流动性压力及风险源头来自同业业务较为激进的部分商业银行,它们面临期限错配风险,疏于流动性风险管理。的确,以兴业银行、民生银行和平安银行为例,它们的同业资产与负债的占比甚至都超过了25%,盈利增长也最为强劲,它们的股票价格也最先、最深地受到冲击。而且,它们的同业资产业务中买入返售金融资产占比最高,其中大部分对应信托受益权与票据。这种现象表明,这些银行已经成为信贷资产证券化过程中较为重要的同业配售对象。因此,它们在轻松赚取利差收入的同时,也承担着信用风险和流动性风险。自从2012年3月25日中国银监会发布《关于规范商业银行理财业务投资运作有关问题的通知》开始,它们的股票价格就开始对不利的政策环境变化格外敏感。这里的机构估值压力,从美国次贷危机的逻辑中也可见一斑。

但是,对于以理财产品为载体的配售行为或者说更全面的 OTD 经营模式的讨论还没有引起足够重视。一些大型银行尽管没有表现出较为突出的同业资产占比,但其接受同业配售的规模并不低。更重要的是,它们拥有更强大的理财业务与同业资金调度能力,具有更加平衡的业务结构。因此,它们对流动性冲击的反应相对滞后,但不见得反应更小。

政策含义

这次流动性恐慌事件既为检验银行业流动性提供了一次重要的压力测试,也为改善货币政策与金融监管提供了重要的决策参考。首先,银行业经营模式的演变以及本土化特征是不容忽视的政策环境。这种变化已经深刻影响到银行业信用风险、流动性与资本管理及监管。因此,如果继续按照传统银行业经营模式来评估政策环境,将不可避免地造成系统性偏差。

其次，发生模式演变的银行业更加市场化，对货币市场利率更为敏感，从而使得短期利率政策相比过去更为重要。最后，金融监管应当在银行业具体业务和产品层面上提出方法论和制度细则。除了已经定义非标债权类资产之外，还需要用正确的法律关系来定义银行理财产品。对于理财与同业业务的账户类型及适用的风险评估和资本计提方法，应当进行全面修补并纳入资本监管框架。对于不正当操作的事后惩戒也应当纳入法制化程序。

（作者单位：中国社会科学院金融研究所）

找准流动性管理的着力点

王 勇

6月28日，中国人民银行行长周小川在2013年陆家嘴论坛上讲话时指出，人民银行将继续实施稳健的货币政策，并着力增强政策的前瞻性、针对性和灵活性，适时适度进行预调微调，和其他有关部门共同配合，一方面要引导金融机构保持合理的信贷投放、合理安排资产负债总量和期限结构，支持实体经济的结构调整和转型升级；另一方面也将综合运用各种工具和手段，适时调整市场的流动性，保持市场的总体稳定，为金融市场的平稳运行和发展创造良好的货币条件。随后，中国银监会主席尚福林在论坛上直接回应近期市场流动性紧张的问题，称总体上看银行体系流动性并不短缺，但一些商业银行流动性管理和业务结构存在缺陷。

保持适度的流动性是商业银行流动性管理所追求的目标。一旦商业银行对流动性管理未能高度重视，对流动性状况的预估不足，或流动性管理措施不到位，产生期限错配，形成资产再杠杆化，必将导致流动性管理的压力加大和加剧市场利率的波动幅度，最终形成流动性风险。因此，商业银行务必找准流动性管理的着力点。

商业银行流动性管理异常重要

商业银行流动性是指商业银行满足存款人提取现金、支付到期债务和借款人正常贷款需求的能力。商业银行提供现金满足客户提取存款的要求和支付到期债务本息，这部分现金称为"基本流动性"，基本流动性加上为贷款需求提供的现金称为"充足流动性"。保持适度的流动性是商业银行流动性管理所追求的目标，流动性被视为商业银行的生命线。流动性不仅直接决定着单个商业银行的安危存亡，对整个国家乃至全球经济的稳定都至关重要。1997年爆发的东南亚金融危机中，泰国、马来西亚、印度尼西亚、菲律宾等国家都发生了因客户挤兑而引发的流动性危机，并迫使大批商业银行清盘，以致引发了一场波及全球许多国家和地区的金融危机。2008年由美国次贷危机引发的全球金融风暴，主要表现为美国金融市场和金融机构早年的货币创造型流动性过剩，此后，过剩进而转变为流动性萎缩。随后在危机演化过程中，由于出现抛售资产价格急剧下跌和卖盘持续增加，最终演变为流动性危机。上述案例都是流动性管理不善导致风险兑现的结果。正因为如此，在美国次贷危机引发全球金融危机之后，巴塞尔协议Ⅲ将流动性标准纳入银行监管，试图建立全球一致的流动性监管指标。中国经济目前与全球金融市场联系愈加紧密，而且各商业银行资产长期化、负债短期化的趋势日益明显，累积的流动性、利率及信用风险不断增加。当我国经济的发展步入下行期时，银行业在经济高速发展时期累积的流动性风险，将成为金融市场上的主要风险之一。因此，商业银行必须认清，在进行资金运营时要有充分的风险意识，警示流动性风险。

此次所谓银行业"钱荒"爆发一个很重要的特点就是，它是在银行业整体并不缺乏流动性的情况下爆发了。央行公布的数据显示，5月末，金融机构备付率为1.7%，截至6月21日，全部金融机构备付金约为1.5万亿元。通常情况下，全部金融机构备付金保持在六七千亿元左右即可满足正常的支付清算需求，若保持在1万亿元左右则比较充足，所以总体看，银行业流动性总量并不短缺。但"钱荒"发生也是事实。究其原因，一是多个因素叠加导致资金需求增加，利率短期剧烈波动。二是商业银行流动性管理不善。由于商业银行对流动性管理未能高度重视，对流动性状况的预估不足，流动性管理措施不到位，导致流动性管理的压力加大，加剧了利率的波动幅度。三是部分商业银行长期依赖同业资金来源，且期限错配。也就是从同业市场借短期资金，用于长期贷款或投资，从银行流动性风险考量，这是大忌。但短期融资的成本较低，而长期投资收益高，中间就形成了较高的利差。许多短期同业资金最终对接到了期限较长的信贷资产、承兑汇票和信托受益权等"非标"资产，这些难以变现的资产构成了流动性的潜在威胁，一旦遭遇"黑天鹅事件"，就往往掀起惊天巨浪。进入6月份，随着外汇占款流入减少、大量理财产品集中到期、外汇市场与债券市场监管加强及外部美联储放出收缩流动性的信号，我国银行间资金面骤然绷紧。最终，2013年6月20日，银行间隔夜回购利率最高达到史无前例的30%，7天回购利率最高达到28%。而在近年来很长时间里，这两项利率往往不到3%。随后，"钱荒"效应迅速传递到银行理财市场，致使银行理财产品尤其是短期理财产品收益率迅速攀升。同时，"钱荒"效应也传递到股市，造成股市连续暴跌。

找准商业银行流动性管理的着力点

首先，在战术上，商业银行要密切关注市场流动性形势，加强对流动性影响因素的分析和预测，做好半年末关键时点的流动性安排。商业银行应针对税收集中入库和法定准备金缴存等多种因素对流动性的影响，提前安排足够头寸，保持充足的备付率水平，保证正常支付结算；按宏观审慎要求对资产进行合理配置，谨慎控制信贷等资产扩张偏快可能导致的流动性风险，在市场流动性出现波动时及时调整资产结构；充分估计同业存款波动幅度，有效控制期限错配风险；金融机构特别是大型商业银行在加强自身流动性管理的同时，还要积极发挥自身优势，配合央行起到稳定市场的作用。

其次，在战略上，商业银行应严格按照《商业银行流动性风险管理办法》的要求，力求从定性和定量两个方面建立一个更为全面的流动性风险管理框架，加强流动性风险管理。在定性要求方面，加强商业银行现金流管理、负债和融资管理、日间流动性风险管理、优质流动性资产储备管理、并表和重要币种流动性风险管理等重要环节的要求，提高压力测试、应急计划等管理方法的针对性和可操作性。在定量要求方面，严格按照流动性覆盖率、净稳定资金比例等新监管指标，认真执行涵盖资产负债期限错配情况、负债的多元化和稳定程度、优质流动性资产储备、重要币种流动性风险及市场流动性等多维度的流动性风险分析和监测框架。这将有助于系统、全面和深入地监测与分析商业银行流动性状况及其可能存在的流动性风险，有力地推动商业银行流动性管理能力的提升。

再次，在方法上，商业银行应加强杠杆率管理。杠杆率管理作为资本充足率管理的有效补充，能够控制银行业杠杆率的积累。目前国际上已达成共识，即应在现有的风险加权资本充足率之外，引入简单、透明、不具有风险敏感性的杠杆率指标，有效控制银行体系杠杆化程度。而且，商业银行只有同时接受资本充足率和杠杆比例的双重约束，才有利于避免由资本充足率和杠杆率的走势分化所产生的监管盲区。6月26日，巴塞尔委员会已就国际统一的银行业杠杆率计算公式达成一致，此举旨在抑制银行业的过度放贷行为，并消除资产负债表的高风险状况。而早在2011年6月1日，中国银监会就公布了《商业银行杠杆率管理办法》，规定商业银行并表和未并表的杠杆率均不得低于4%，换言之，杠杆放大倍数最大为25倍，商业银行在日常的业务经营过程中应严守杠杆率规定和要求，避免不稳定的再杠杆化和去杠杆化过程，维持必要的流动性。

最后，在投向上，商业银行要统筹兼顾流动性与盈利性等经营目标，合理安排资产负债总量和期限结构，在保持宏观经济政策稳定性、连续性的同时，优化金融资源配置，用好增量、盘活存量，合理把握一般贷款、票据融资等的配置结构和投放力度，注重通过激活货币信贷存量支持实体经济发展，避免存款"冲时点"等行为，保持货币信贷平稳适度增长，更有力地支持经济结构调整和经济转型升级，更扎实地做好金融风险防范。

（作者单位：中国人民银行郑州培训学院）

中小银行流动性管理的挑战

赵南岳

本次银行间市场资金突紧的根本原因

自 2013 年 5 月底以来，以银行间拆借市场"Shibor"短期品种为代表的资金拆借利率呈现急速的上升态势，在 6 月 20 日达到峰值——银行间隔夜回购利率最高达到史无前例的 30%，7 天回购利率最高达到 28%，一个月期回购利率收于 9.399%。伴随少数机构的结算违约，市场出现了一定程度的恐慌情绪。受资金面波及，新债发行出现投标不足或取消发行，二级市场债券收益率出现大幅上升，短期国债和中长期国债收益率出现倒挂。市场充斥平仓、抛券之举，一时间市场风声鹤唳。

针对部分市场成员流动性紧张的窘境，中央银行定向采取了纾解措施，并从宣传舆论上予以宽慰，致使市场短暂度过了危机。目前关于流动性紧张原因的分析各种各样，应该说都有一定的道理，但我们认为最根本的原因还在于近年来在宽松货币政策的环境下，商业银行对自身投资经营的杠杆率放得过大，过度依赖于市场融资，而这点在以城市商业银行为代表的中小银行身上表现得更加突出。

从银行间市场融借短期资金用于长期投资，从流动性风险考量，存在着较大的风险隐患。况且在目前银行间市场存在某种程度的非对等垄断成分，市场孕育着极大的脆弱性隐患。这种模式在宽松资金环境下、最好在利率下行趋势下通过放大操作进行套利会有不错的投资回报；但在资金面趋紧、利率上行的环境下，杠杆率越大造成的损失也越惨重，处置不当还极易发生流动性风险。

中小银行面临较大的流动性挑战

中小银行是银行间市场资金需求的主力

根据 2013 年前半年的统计，在银行间质押式回购交易中，城市商业银行无论是成交笔数还是成交金额，都居市场机构首位，能够占到市场份额的 20% 多。

若进一步分析回购交易的资金进出结构，我们会发现：城市商业银行群体基本占到全部银行融入资金的四成以上，而融出比例仅占到不足 20%（见表 1）。2013 年统计数据还显示，在商业银行总体显示为资金融出的状态下，城市商业银行在银行间市场每月资金融入净额都在 2 万亿元左右。

表 1　　　　　　　银行间市场（质押式、买断式）回购交易统计表

单位：亿元，%

	自营正回购			自营逆回购			全部商业银行正回购—逆回购额	城市商业银行正回购—逆回购额
	全部商业银行	其中：城市商业银行	占比	全部商业银行	其中：城市商业银行	占比		
2012 年第一季度	214285.17	91638.39	42.76	254651.02	36830.20	14.46	-40365.85	54808.19
2012 年第二季度	278037.06	118389.59	42.58	298982.91	45549.54	15.23	-20945.85	72840.05
2012 年第三季度	266991.29	110656.86	41.45	257527.45	45393.12	17.63	9463.94	65263.74
2012 年第四季度	226719.89	99462.25	43.87	249188.79	45947.84	18.44	-22468.90	53514.41
2013 年1 月	87684.62	39957.81	45.57	114508.11	18678.16	16.31	-26823.49	21279.65
2013 年2 月	68947.24	30783.52	44.65	81228.84	12391.17	15.25	-1281.60	18392.35
2013 年3 月	93513.16	40833	43.67	112365.11	20382.83	18.14	-18851.95	20450.17
2013 年4 月	104651.07	40023.97	38.25	102056.75	21131.40	20.71	2594.32	18892.57
2013 年5 月	102840.37	42355.03	41.19	102086.62	21571.23	21.13	753.75	20783.80
2013 年均值	91527.29	38790.67	42.38	102449.09	18830.96	18.38	-10921.79	19959.71

注：正值为资金流入，负值为资金流出。

以往，商业银行在资金持续宽松环境下，为追求利润最大化而长期在高杠杆盈利模式下游走，资金超负荷运作，获得了不菲的投资回报。多年来，各机构在银行间市场已形成相对较为固定的"资金链"生存模式，资金融出方主要是国有大银行，对市场存在严重依赖的则是众多中小金融机构（包括城市商业银行、农村商业银行、证券公司、基金公司等），当作为主导借出方的国有大银行选择谨慎借款时，供需双方将出现严重不平衡，流动性局面将会骤然紧张。

中小银行的流动性储备结构存在缺陷

中小银行在其经营规模内，为提高资产回报率，一般都安排一定数量的债券资产作为流动性二级储备，按应对流动性问题动用资金的难易程度排序，一般为备付金→二级储备（债券）→法定准备金，恰恰在所谓二级储备上，当银行间资金市场出现异常市场波动情况时，作为利率敏感性产品的债券市场往往也同步突失流动性，导致银行无法及时以合理价格变现资产来获得流动性支撑，指望它来改善流动性是存在一定风险的。

中小银行流动性风险管理手段落后，处置危机手段不足

中小银行近年来在全面风险管理领域取得长足进展，但在流动性风险及其相关的金融市场风险方面进展仍显薄弱，在流动性风险管理架构、策略方面，在具体的风险识别、计量及监控方面，都还处在起步阶段或者说管理仍较为粗放。另一方面，部分机构迫于经营业绩的压力，所设流动性风险监控指标最终成了摆设，并未真正起到防范风险的作用。

受到经营地域、业务规模、信誉的影响，众多中小银行很少能与资金实力雄厚的大机构建立战略联盟关系，遇到流动性紧张时获取稳定救助的渠道较为有限。

去杠杆化以应对挑战

本次银行间市场流动性的紧张，对商业银行来说是一次重大的流动性风险警示，同时也是对其利率市场化条件下应对流动性挑战能力的一次检验。事后中国人民银行、中国银监会都提示银行需要对自己的资产业务作出调整。因此，未来要从根本上解决问题，不能寄希望于中国人民银行对流动性的进一步放松，相反，下一步货币稳中趋紧的可能性反而比较大，会进入一种货币"紧平衡"的格局。

目前中国货币政策执行的现状是：截至 2012 年底，中国 M2/GDP 已达

1.88，2013 年 5 月 M2 同比增速仍高达 15.8%，高于 13% 的年度增长目标。就本次中央银行对银行间市场拆借利率飙升的态度来看，中央银行认为货币供应仍然是充足的，市场的资金总量是够的，所出现的仅是结构性问题（银行间投资拆借），而此问题是由于银行本身对投资杠杆率、期限匹配处理不当造成的。

对此，中小商业银行必须未雨绸缪，要认清货币运行趋势，充分体会中央银行的"减杠杆"政策意图，提高对流动性风险管理的认识，并在未来资产负债管理策略上和金融市场业务操作策略上作出相应调整，将投资"杠杆率"降到适度的水平，从而从根本上消除流动性风险隐患，保持银行的健康、稳健成长。

经过本次银行间市场资金趋紧的扰动，加之中央银行的引导，预计2013 年下半年将有为数不少的金融机构加入去杠杆化的行列，抛售债券资产将是主要的手段之一，因此债券二级市场将承受比较大的持续性抛压，债券收益率整体将会有所提升。

在债券一级（发行）市场，由于资金面大不如前，加之对市场信用债风险的担忧上升，因此新债持有热度将会有所降低，发行市场将进入平淡的局面。

总之，受到前期债券市场监管事件及近期市场面因素的双重夹击，下半年的债券市场将呈现紧缩、调整的市场格局，总体上投资机会有限。

（作者单位：西安银行研发部）

资本账户开放

　　人民币资本项目可兑换的改革是一个系统性工程。从广义层面看，资本项目可兑换需要放在国内宏观经济金融改革中统筹考虑；从狭义层面看，资本项目可兑换本身各子项目开放的先后顺序也需要结合本国特点稳妥推进。在条件成熟的前提下，逐步推出不同阶段的改革措施，同时注重资本项目可兑换与宏观经济及汇率政策相配合。

为什么需要推进资本账户开放

盛松成

2012 年，中国人民银行调查统计司课题组先后发表两篇报告。一篇是 2 月 23 日的《我国加快资本账户开放的条件基本成熟》，一篇是 4 月 17 日的《协调推进利率、汇率改革和资本账户开放》。报告受到了社会各界的广泛关注。总体看来，大家基本上赞成推进资本账户开放的观点。

从国际看，新一轮国际贸易谈判更加注重贸易与投资并举、服务贸易和投资协定相连。延误资本账户开放时机，将影响我国与国际新标准、新规则的接轨，进而影响我国贸易自由化谈判，制约我国对外开放进程。从国内看，随着我国金融改革不断推进，经济持续平稳较快增长，加快人民币资本账户开放的条件和时机逐步成熟。目前，我国资本管制依然较多，不利于企业"走出去"对外投资、跨国兼并重组和获取国际先进技术，也不利于我国实施全球农业战略。从根本上讲，推进资本账户开放是我国全面融入世界经济、实现大国复兴和"中国梦"的必然要求。

我国扩大资本账户开放的条件基本成熟

最近一二十年来，我国渐进式推进资本账户开放。1993 年，党的十四届三中全会通过《中共中央关于建立社会主义市场经济体制若干问题的决定》，提出"改革外汇管理体制，逐步使人民币成为可兑换的货币"。2003 年，党的十六届三中全会通过《中共中央关于完善社会主义市场经济体制若干问题的决定》，进一步明确，"在有效防范风险的前提下，有选择、分步骤放宽对跨境资本交易活动的限制，逐步实现资本项目可兑换"。2010 年

10月，党的十七届五中全会决定，将"逐步实现资本项目可兑换"目标写入"十二五"发展规划。

按照国际货币基金组织 2011 年《汇兑安排与汇兑限制年报》，目前我国不可兑换项目有 4 项，占比 10%，主要是非居民参与国内货币市场、基金信托市场以及买卖金融衍生产品。部分可兑换项目有 22 项，占比 55%，主要集中在债券市场交易、股票市场交易、房地产交易和个人资本交易四大类。基本可兑换项目 14 项，占比 35%，主要集中在信贷工具交易、直接投资、直接投资清盘等方面。

2012 年以来，我国资本账户开放步伐明显加快。2012 年 3 月 8 日，温州金融改革综合方案允许"开展个人境外直接投资试点"。5 月 9 日，美联储首次批准工商银行、中投公司和中央汇金公司控股收购美国东亚银行 80% 的股权。2013 年 1 月，中国人民银行提出做好合格境内个人投资者（QFII2）试点准备工作。5 月 18 日，证监会和外管局联合发文，简化 QFII 审批程序。6 月 19 日，国务院常务会议确定"推进个人对外直接投资试点工作"。7 月，中美经济战略对话双方同意，以准入前国民待遇和负面清单为基础开展中美双边投资协定实质性谈判。7 月 14 日，国务院常务会议原则通过《中国（上海）自由贸易试验区总体方案》，试点可能涉及人民币资本账户开放、外商投资改革方案等。

但总体看来，我国长期实行"宽进严出"的资本管理政策，资本管制的程度仍然较高，实体经济在"引进来"和"走出去"过程中存在部分投资与金融方面的障碍。主要表现在，在办理"引进来"业务时，出资金额 3 亿元人民币以上项目需要批准；在海外市场债务融资，内资企业的限制条件远多于国内外资企业；外商撤资、转股等须经有关部门批准，手续繁琐；境内机构对外直接投资须经有关部门审批，审批流程较长；有关部门负责外汇来源及使用的审核、登记；中小企业和个人投资者跨境资金流动限制较多，未开放非金融机构和个人直接投资国外股票和债券等金融产品；等等。据国家外汇管理局国际收支统计数据，2012 年我国对外直接投资 624 亿美元，是外商直接投资额的 24.6%。截至 2012 年末，我国对外直接投资累计 5028 亿美元，是外商直接投资累计额的 23.3%。

按照国际一般标准，目前我国资本账户开放的条件基本成熟。从宏观经济稳定性、金融市场的深度和广度、银行体系稳健性及国际收支状况等方面评判，我国正处于扩大资本账户开放的有利时机。从宏观经济运行情况看，2013 年上半年，我国经济增长 7.6%，高于全球增速 4 个百分点以上。我国经济总量已跃居世界第二位，进出口总额已超过美国，居世界第一位。上半年消费品价格指数同比上涨 2.4%，处于适度区间。从银行业运行情况看，上半年末，我国商业银行不良贷款率为0.96%，拨备覆盖率为292.5%。从金融市场发展状况看，亚洲开发银行数据显示，2012年我国债券市场规模达3.81万亿美元，成为世界第三大、亚洲第二大债券市场，仅次于美国和日本。我国股票市场市价总值24.78万亿元，排名世界第四。从国际收支状况看，6月末，我国外汇储备余额34967亿美元，接近全球外汇储备的三分之一，约为日本的3倍。短期外债占外汇储备比例不超过16%，处于安全水平。经常账户长期保持顺差。

我国利率、汇率改革也取得明显进展。2012年6月，我国金融机构人民币存款利率浮动区间的上限调整为存款基准利率的1.1倍。2013年7月，全面放开金融机构人民币贷款利率管制。2012年4月，人民币对美元汇率每日波幅扩大至1%，外汇干预明显减少。

从时机看，一是"十二五"发展规划明确提出，要"逐步实现资本项目可兑换"。二是当前全球金融市场波动有所减弱。2010年初至2013年8月末，美国10年期国债收益率、3个月期美元Libor利率、美国BBB企业收益率以及广义美元指数波动率分别为0.72%、0.10%、0.56%和2.50%。与2000年至2007年数据相比，除了国债收益率波动幅度大致相同外，其他三项分别低1.8个、0.3个和5.6个百分点。三是人民币汇率双向小幅波动，逐渐趋于均衡，也为资本账户开放提供了有利条件。

目前，美国退出量化宽松政策箭在弦上。这可能引起全球资金流向的再次变化，对我国资本账户开放造成一定影响，但同时，美元资本的退出也为我国资本留下了拓展空间，不抓住机遇可能会留下遗憾。2013年5月6日，国务院常务会议研究部署了当前我国经济体制改革重点工作，其中包括"提出人民币资本项目可兑换的操作方案"。推进资本账户开放是我国中长期发展战略之一，本身需要一个过程，并不是很短时间内就能完成的。美国量化宽松货币政策的退出预期、新兴市场的资本短期流动等，基本上是短期或者周期性的现象。我们不应该、也没必要因为国际金融市场的短期波动而改变我国的战略性开放进程。

许多发展中国家经验表明，扩大资本账户开放有利于经济增长

在标准的经济增长模型中，技术进步和制度创新决定人均收入的长期增长，短期因素还包括储蓄率和投资率等。发展中国家资金相对缺乏，因此，可通过吸引国外资金，带动技术创新和产业升级，加快经济增长。其中，外商直接投资不仅提供了长期的、稳定的资金来源，而且带来了先进

技术和管理经验，也开辟了国际市场。所以，普遍接受的观点是，资本账户开放有利于新技术的传播和新制度的普及。贝卡尔特（Bekaert）等人发现，资本账户开放会在 5 年内提高人均 GDP 增速 1 个百分点。而且，金融体系相对发达、会计准则相对成熟、法律制度相对完善的国家，资本账户开放对经济增长的促进作用更为明显（Bekaert，2001）。

近期，有个别专家提出"外资无意义"的观点，仅以日本、韩国等为例来说明没有外资注入也能快速发展。认为"发展中国家即使资本相对短缺，自己也能够积累足够的资本来推动经济的快速发展"，因此，不仅"资本的短期流动受管制，而且，外债和外资都不欢迎"。事实是，朝鲜战争及越南战争期间，美国对日本、韩国以及中国台湾地区进行了大量的资金和技术援助。这些援助是这些国家和地区经济起飞的关键要素之一。1976 年至 1980 年，韩国经济起飞期间，吸引的外商直接投资、外商证券投资及外商其他投资合计占该国 GDP 比例年均达 7.6%，远高于同期国际平均水平。我们采用更多国家数据、更长时序（1970—2007 年）进行实证研究，结果发现，第一，协调推进金融改革开放、吸引国外资金，能够显著促进经济增长和人均收入提高；第二，协调推进金融改革开放对通货膨胀的作用不显著；第三，协调推进金融改革开放能显著提高一国的金融发展水平。

我国的发展经验同样表明，吸引外资特别是外商直接投资对我国经济增长意义重大。20 世纪 80 年代以来，我国直接投资持续顺差，年均增长 29.3%。2002 年至 2007 年，我国经济经历了一轮高速增长，同期直接投资顺差占 GDP 比例平均为 3.5%，最高年份达到 4%。

资本账户开放是我国全面融入世界经济、实现"中国梦"的必然要求

资本账户开放是我国充分利用"两个市场、两种资源"的必要条件。人流、物流、技术流和资金流是不可分割的有机整体。人流、物流在全球范围内的自由流动，需要相应的资金流在全球范围内的配置组合。资本管制限制了资金自由流动，也会阻碍商品和服务贸易发展。有关测算表明，我国加入世贸组织后，国际经济波动与我国经济波动的相关系数达到 0.76。经济全球化进程要求我国扩大资本账户开放。

当前，新一轮贸易自由化正在兴起，对我国资本账户开放提出了更高的要求。TISA（服务贸易协定）、TPP（跨太平洋战略经济伙伴协定）、TTIP（跨大西洋贸易和投资伙伴协议）以及我国正在与美国进行的 BIT2012（双边投资协定 2012 年范本）的谈判内容，更加注重贸易与投资并举、服

务贸易和投资协定相连。比如，TISA 要求成员国全面给予外资国民待遇，银行、证券、保险等行业都要对外资一视同仁，取消设立合资企业的额外要求，不限制外资控股比例等。

资本账户开放是我国实施全球化战略、全面融入世界经济的必然选择。第一，资本账户开放是实施全球农业战略、拓展"南南合作"、进一步扩大农业对外开放的需要。截至 2011 年末，全国耕地面积 18.23 亿亩，逼近 18 亿亩的耕地红线。今后 20 年，随着工业化、城镇化稳步推进，人口持续增长，以及收入提高引起食品消费结构升级，农产品需求将持续增长，完全依靠国内实现粮食等农产品自给自足，既不可能也无必要。有关研究表明，如果中国不进口农产品，完全依靠国内生产，需要 30 亿亩以上的农作物播种面积，即有 10 多亿亩的缺口，而以目前的农业资源和技术水平无法弥补这一缺口。开放资本账户，有利于跨国土地购买、种养殖等，实现土地资源跨国"引进"，保障国家粮食安全，建立持续、稳定、安全的全球农产品供应网络。

第二，实施全球工业战略、鼓励企业"走出去"是我国重大经济战略方针。正常情况下，我国企业的产能利用率为 85% ~ 90%。目前，部分支柱行业产能过剩。钢铁行业产能利用率为 72%。自主品牌汽车产能利用率 58%。部分新兴产业也出现产能过剩，风电设备产能利用率 69%，光伏电池产能利用率 57%。鼓励企业"走出去"是我国消化过剩产能、调整经济结构及产业升级的需要。另一方面，很多发展中国家希望中国投资该国资源开采、基础设施建设、制造业等惠及民生项目。

企业"走出去"也有利于跨境人民币使用。根据环球同业银行金融电讯协会（SWIFT）发布的数据，2013 年 5 月末，人民币在全球结算中占比 0.84%，创历史新高，居世界第 13 位。从 2012 年 1 月起，人民银行在公布社会融资规模、存款、贷款、货币供应量的同时，每月公布人民币跨境结算数据。人民币跨境使用取得了一系列成果。

第三，扩大资本账户开放是实施全球投资战略、拓宽居民投资渠道的需要。我国房地产价格长期居高不下，一个重要的原因是居民投资渠道较少。如以 GNP 与 GDP 比值衡量资本净输出，2010 年我国 GNP/GDP 为 96%，低于欧美等发达国家，且低于金砖国家中的印度 2 个百分点。

今天的资本账户开放让人联想起当年我国加入世贸组织。2000 年，我国面临极为复杂的国际政治经济环境。国际上，美国轰炸我国驻前南斯拉夫大使馆，南海发生撞机事件。国内，1998—2000 年，国企下岗失业人员达 2400 多万人，约占国企在册职工人数的 25%。金融机构资产质量很差，四大国有商业银行不良贷款（"一逾两呆"口径）余额约 1.8 万亿元，不良贷款率29.2%，处于技术性破产边缘。当时有人认为，加入世贸组织、开放金融市场无异于"引狼入室"，与美国进行世贸组织准入谈判无异于"卖国"。事实证明，"与狼共舞"增强了我国金融竞争力，促进了我国金融业健康发展。引入战略投资者、政府注资、剥离不良贷款及改制上市等一系列改革，极大地提高了中资金融机构的管理能力和盈利水平。目前我国银行业资产质量处于全球银行业较高水平。

我国资本账户开放的风险基本可控

在未来较长时间内，我国资本流入的压力总体仍将大于流出的压力。一是经常账户的长期流入压力。北京大学"中国2020"课题组预测，中国生产者（年龄25~64岁）对净消费者（年龄在25岁以下和64岁以上）之比大于120%，且未来30年都高于100%，意味着我国社会生产能力强，储蓄率高。我国国民总储蓄率长期保持在50%以上（2012年为50.3%）。按照储蓄减投资为经常账户差额的恒等式，在国内投资一定的情况下，较高的储蓄率对应了较大的经常账户顺差。2009—2012年，我国经常账户顺差与GDP之比平均为3.27%。二是直接投资的长期净流入压力。未来几年，我国经济将保持7%—8%的增长速度，经济增长前景好于欧美等发达经济体，仍将吸引大量的外商直接投资。2009—2012年，我国直接投资顺差与GDP之比平均为2.59%。三是证券投资的长期净流入压力。全球指数或地区指数投资者为分散全球或地区投资风险，将扩大对我国证券市场投资。2009—2012年，我国证券投资顺差年均296亿美元。

断言我国扩大资本账户开放会引起短期资本大进大出是缺少依据的假设和推论。普拉萨德（Prasad，2008）研究指出，资本账户开放与资本流出没有直接的线性关系。资本账户开放后，智利、哥伦比亚和丹麦等国面临资本大量流入，而瑞典、芬兰和西班牙等国却面临资本流出。从资本流出渠道分析，对外直接投资、对外证券投资以及其他对外投资一般与国内外的经济周期、经济增长前景、国内金融市场状况、汇率的升值预期以及投资中的本国偏好等因素有关。经验表明，欧美等发达国家经济增长较慢、投资本国偏好较弱，资本账户开放后资本流出比例较高。英国、意大利、法国在开放后五年内年均流出资本与GDP之比分别为12%、8%和6%左右。亚洲等国经济发展较快，投资本国偏好较强，资本流出比例较低。日本、泰国在开放后五年内年均流出资本与GDP之比基本在2%~3%（Bayoumietal，2013）。因此，根据我国目前经济金融情况，我国资本账户开放后，资本流出与GDP之比一般不会超过2%。我国经常账户顺差完全能够抵补资本流出的逆差。

相关的实证研究表明，我国资本账户开放后的资本流出风险基本可控。一种观点是，资本账户开放会加剧资本净流入。另一种观点则认为资本可能净流出，但净流出的规模低于经常账户顺差规模，外汇储备仍将持续增加。香港金管局的实证研究显示（Dong Heet al，2012），我国资本账户开放后，至2020年，尽管证券投资净流出约1.7万亿美元，但直接投资净流入约2000亿美元，加上经常账户顺差，我国外汇储备余额仍将增至6.3万亿美元。国际货币基金组织（Bayoumietal，2013）最新测算也表明，尽管资本账户开放后我国证券投资和其他投资将净流出，但直接投资顺差和经常账户顺差的规模更大。总体看，我国外汇储备还将增加。

金融危机与资本账户开放没有必然联系

断言资本账户开放会引发金融危机，其证据无非就是拉美债务危机、亚洲金融危机等个别案例。但更多的研究表明，泰国、墨西哥等国爆发危机，其原因主要是经济严重失衡，而与资本账户开放没有因果关系（Kaminskyetal，1996；Mishkin，1999）。一是产业结构单一，经济基础薄弱，遇到外部冲击后回旋余地较小。如泰国危机前国内主导产业为房地产业，主要出口产品为半导体，出口需求基本"靠天吃饭"，受国际市场影响很大。二是持续、大量经常账户逆差。1990年至1997年，韩国7年逆差（仅1993年经常账户顺差占GDP比值为0.3%），年均逆差与GDP之比为1.75%。印度尼西亚、马来西亚、菲律宾和泰国连续八年逆差，年均逆差与GDP之比分别为2.54%、5.44%、4.13%和6.33%。三是为了弥补巨额经常账户逆差，这些国家大量向外举债，尤其是短期外债。1993年，墨西哥短期外债与外汇储备之比为230.1%。1996年，泰国、菲律宾、印度尼西亚和韩国短期外债与外汇储备之比分别为102.5%、125.7%、226.2%和300.2%，而一般公认的短期外债安全标准为不超过100%。四是货币高估，且基本实施固定汇率制。相关测算表明，1993年墨西哥比索高估约11.2%，1996年泰国泰铢和菲律宾比索高估10%~20%。而且，南美"龙舌兰"危机（Tequila Crisis）和东南亚金融危机的一个共同特点是危机国家实行盯住美元的固定汇率制度。五是信贷增长过快，不良贷款率较高。"龙舌兰"危机前三年，墨西哥和阿根廷的信贷与GDP之比翻了近一倍。东南亚金融危机前三年，韩国等国信贷与GDP之比平均提高了34%，银行业的贷款不良率大体在15%~35%（Goldstein，1998）。此外，这些国家物价持续上涨，经济增速明显下滑，这也是引发危机的重要原因。

近期，东南亚部分国家又出现金融动荡，印度和印度尼西亚货币大幅贬值，资金大量流出。印度央行总裁苏巴拉奥在 8 月 30 日的讲话中承认，印度卢比汇率下滑的根源是经常账户逆差太大，不可持续。印度央行不会因为资本流出而实施资本管制，但会采取一些结构性应对措施稳定金融市场。

相反，即使不开放资本账户，经济严重失衡也会引发金融危机。如 1982 年南美发生金融危机，而 1981 年墨西哥（1990 年开放资本账户）、巴西（1995 年开放资本账户）和阿根廷（1989 年开放资本账户）经常账户逆差与 GDP 之比分别为 6.5%、4.6% 和 2.8%，短期外债占外汇储备比例分别为 613.2%、232% 和 395.4%，汇率高估分别为 51.1%、4.4% 和 31.3%。于是国际市场一有风吹草动，国内经济即刻陷入困境（Steven，1999；Bayoumietal，2013）。

莱因哈特等人分析了八个世纪以来 66 个国家和地区上千次金融危机，包括自拿破仑战争时期的欧洲银行挤提至最近一次国际金融危机。他们发现，汇率高估、短期外债过多及经常账户逆差是预测金融危机的三个最佳指标，而资本账户开放与金融危机并没有必然联系。格利克（Glick，2006）利用 69 个发展中国家 1975 年至 1997 年数据，研究发现，资本账户开放国家不容易受到投机性攻击。最新的研究（Valencia 和 Laeven，2012）发现，在统计的 129 次货币危机中，在危机前 5 年内开放资本账户的只有 31 例，79 次危机发生在资本管制阶段，其余的 19 次危机发生在资本账户完全开放后多年。在 108 次银行危机中，在危机前 5 年内开放资本账户的有 36 例，46 次危机发生在资本管制阶段，其余的 26 次危机发生在资本账户完全开放后多年，其中 19 次发生在 2007 年后的欧美各国。

正反两方面经验表明，如果经济运行平稳、汇率没有明显高估、短期外债占比较低、经常账户保持顺差并且金融体系基本稳健，资本账户开放并不会导致金融危机。目前，我国经济发展前景良好，经常账户持续顺差，人民币汇率长期仍有升值压力，外汇储备数额巨大，监管体系比较健全。而且我国金融市场容量巨大，能有效缓冲资本账户开放的风险。

当然，越是推进资本账户开放，越应该主动防范开放的风险。资本账户开放与风险防范并不是对立的或相互排斥的，而是统一的和相互促进的。资本账户开放的程度越高，风险防范的意识就应该越强，防范风险的政策和措施就应该越有力。一是要协调推进利率、汇率改革与资本账户开放。利率、汇率改革和资本账户开放没有固定顺序，应该协调推进，成熟一项，开放一项。二是要优化资本账户各子项目的开放次序。基本原则是，对我国经济发展越有利的项目（如直接投资和企业及个人对外投资）越早开放，风险越大的项目（如短期外债）越晚开放。三是推进资本账户开放并不意味着对跨境资金流动、金融交易放松监管，而应根据国内外经济金融变化，实行灵活、有效的政策措施，包括采取临时性特别措施。资本账户开放要谨慎推进，相机决策，遇险即收。

（作者系中国人民银行调查统计司司长）

加快推进资本项下简政放权

孙鲁军

近年来，国家外汇管理局抓住有利时机，充分发挥改革创新精神，积极转变管理理念，以稳步推动人民币资本项目可兑换进程为目标，以简政放权、促进开放为突破口，不断深化资本项目外汇管理改革，主动转变政府职能，在重点领域和关键环节取得显著成效。

资本项下简政放权势在必行

资本项下简政放权是促进经济转型升级、保持经济持续健康发展的迫切需要。当前，全球经济结构进入再平衡的重要历史时期，我国经济转型面临重大机遇和挑战。在这一关键阶段，以简政放权为突破口，提升资本项目可兑换程度及含金量，有利于打通国际国内两个市场、两种资源，有效解决实体经济面临的"融资难""融资贵"问题，提升我国利用外资质量和结构，同时更好地支持国内企业"走出去"。

资本项下简政放权是激发市场主体创造活力、完善社会主义市场经济体制的迫切需要。减少对跨境资本交易不必要的行政审批，将对市场主体的"有罪假设"转变为"无罪假设"，将管理法规体系从"正面清单"逐步过渡到"负面清单"，充分尊重市场的首创精神，有利于激发发展活力、促进公平竞争、加快创新，发挥市场配置资源的基础性作用，为经济发展和转型提供内生动力和源泉。

资本项下简政放权是改善政府管理、促进国际收支平衡的迫切需要。2007年全球金融危机发生后，国际国内经济形势复杂多变，跨境资本流动波动性明显增强，对提升资本项目管理的有效性提出了更高要求。因此，通过简政放权，把跨境资本流动管理的重点逐步从事前审批转到事后监测分析和建立逆周期的宏观审慎监管上来，把管理方式从单一的行为监管转到综合的主体监管上来，将该放的权力放掉，把该管的事务管好，有利于改善宏观调控，切实履行好维护国际收支平衡的职责。同时，也有利于切实处理好政府与市场的关系，使政府和市场"各司其职"，将行政权力约束在法律和制度框架内运行。

资本项下简政放权应遵循三项原则。一是按照应减必减、该放就放的原则，厘清和明确资本项目管理的边界，力争做到该放的坚决放开，该管的切实管好，做到管理"不越位、不缺位、管到位"。二是将简政放权和防范风险有机结合，既要做到简化便利，又要守住风险底线，做到说得清、监测到位，不失控。三是积极推进资本项目行政许可规范化建设，做到行政许可有法可依，进一步促进行政许可的规范化、制度化和透明化。

资本项下简政放权取得了积极成效

根据资本项目可兑换的总体进程安排，外汇管理部门切实贯彻党的十八大提出的"将改革创新精神贯彻到治国理政的各个环节"的重要方针政策，坚持改革整体渐进和局部突破相结合的原则，有重点、分阶段、分层次地协同推进资本项目简政放权工作。

积极推进行政审批改革

近年来，外汇管理部门主动对资本项下行政许可项目"做减法"，取消和下放行政审核、简化管理流程以及改进管理方式等多种手段"并驾齐驱"，切实为企业、银行等市场主体减负、松绑，更好地激发市场活力。

一是取消不必要的行政许可，大幅简化业务管理流程，形成以登记管理为核心的新的资本项目管理框架。先后对外商直接投资、对外直接投资、企业外债、境外上市、国有企业境外商品期货套期保值、中央企业境外衍生业务、银行本外币交叉理财业务以及境内个人参与境外上市公司股权激励计划等资本项目业务的外汇管理流程进行了大幅简化，除保留个别必要环节的真实性审核外，其他有关账户、汇兑等环节的行政许可全部取消。据初步统计，自 2009 年以来，资本项下行政许可项目由原来的 59 个子项减少至 22 个子项，下降了 63%。

二是不断改进管理方式，下放管理权限，探索"管住宏观、放开微观"的新管理模式。2010 年，为支持境内机构"走出去"，满足境外投资企业对境内信用支持的政策需求，大幅改进对外担保管理，将境内金融机构提供融资性对外担保由原来逐笔核准的方式改为余额管理，同时大大降低相关资格门槛，简化管理流程，取消履约核准等。2012 年，进一步将部分金融机构融资性对外担保指标的核定权限下放至地方分局。目前，在境内金融机构短期外债、双向跨境证券投资（包括 QFII、RQFII 和 QDII）以及境内机构提供对外担保等领域，均已基本形成"主要通过规模管理手段防范国际收支失衡的宏观风险"的管理模式，而有关账户、汇兑等方面的微观限制均已基本取消。

上述简政放权措施取得了较好的社会效果。首先，大大减少了企业业务办理时间，节省了企业经营成本，有力地促进了投资便利化。其次，有力地促进了市场竞争，优化资源配置。过去，外商来华直接投资开立外汇账户需要到外汇局进行逐笔审批，账户个数和开户银行均受到一定限制，且不允许异地开户。2012 年，这些限制和相关核准均被取消，极大地激发了银行拓展资本金账户业务的积极性，有利于形成"银企双赢"局面。再次，行政效率得以显著提高，为加快资本项目管理理念转型、管理重点转型及管理方式转型创造了重要条件。

加快资本项下重点领域开放

一是探索跨国公司外汇资金集中运营管理。2012 年底，在北京、上海开展跨国公司总部外汇资金集中运营管理试点，允许试点企业集中管理其境内和境外外汇资金，轧差净额结算，企业集团内部共享外债和对外放款额度，为国内大型企业集团充分利用国际国内两个市场、两种资源提供了便利，激发市场主体的内在创造力，同时也为外汇管理加强综合监管、稳步推动资本项目可兑换积累经验。2013 年 5 月，试点范围进一步扩大，新增 5 个地区、19 家试点企业，国内一些知名的民营企业（如美的集团、华为公司、万向集团、阿里巴巴、三一重工、海南航空等）均被纳入试点。

二是改进中资企业融资管理，为中资企业营造公平的融资环境，有力地推动了跨境信贷项下可兑换进程。为逐步改善中资企业的融资渠道，拉平中、外资企业外债管理政策待遇，自 2009 年起，积极推动中资企业借用短期外债、中资企业境内借用贷款接受境外担保（"外保内贷"）和中资企业外汇质押人民币贷款等融资三项外汇管理政策。目前，已在全国范围内允许中资企业在外汇局核定的指标限额内直接从境外借用短期资金，利用经常项目外汇资金质押人民币贷款，在一定额度内办理外保内贷业务。

三是积极支持民营经济和小微企业发展。贯彻落实《国务院关于鼓励和引导民间投资健康发展的若干意见》（国发［2010］13 号），简化境外直接投资资金汇回管理和境外放款外汇管理，适当放宽个人对外担保管理，允许境内个人作为共同担保人对外提供担保，有力地支持了民营资本境外投资健康发展。在天津、辽宁、四川、北京开展外商投资小额贷款公司外汇资本金结汇改革试点，缓解中小企业融资难，支持小微企业发展，同时发挥了外汇支农作用。同时，在近年金融机构短期外债余额指标核定中，重点向中西部地区和服务于小微企业的中小银行倾斜。

四是稳步推动资本市场改革开放与发展。近年来，不断完善合格投资者证券投资外汇管理制度，先后放宽对特殊类型 QFII 机构投资额度上限、QDII 资金来源以及相关汇兑方面的限制，大大提升了双向跨境证券投资的便利程度。同时，合理把握投资额度审批节奏，QFII 投资额度重点向保险基金、养老基金以及主权投资基金等中长期机构投资者倾斜，并加强与银监会、证监会、保监会等部门的政策沟通和监管协调，充分满足市场主体的 QDII 额度需求。此外，自 2011 年底引入 RQFII 制度后，资本项目外汇管理部门配合有关部门推动该项制度稳步发展，不断规范和完善管理手段。截至 2013 年 7 月底，外汇局累计批准 210 家 QFII 机构投资额度 450 亿美元、34 家 RQFII 机构投资额度 1219 亿元人民币、113 家 QDII 机构投资额度 866 亿美元。

着力推动法规清理和系统整合

一是清理法规，就是要在简政放权、促进开放的基础上，对原有法规进行合并、废止，最终形成一套完整、简明、清晰、透明的资本项目管理法规体系，将行政权力切实纳入法治轨道。自 2011 年以来，该项工作已取得重要进展。特别是自 2012 年底以来，合计废止了资本项目规范性文件 56 件，有效提高了法规的透明度和清晰度，一定程度上改变了资本项目外汇管理法规量多形散、不成体系的状况。

二是系统整合，就是要为简政放权、促进开放提供强有力的保障，做到"放心地放，有效地管"。经过两年多的研究论证，资本项目信息系统于 2013 年 5 月 13 日在全国推广。它充分考虑了资本项目管理改革的未来趋势和资本项目进一步改革的需求，按照主体监管的思路，通过流程再造、缩短和简化业务环节，将六类主体（即境内/外金融机构、境内/外非金融机构、境内/外个人）的全部资本项目交易均纳入监管视野，构建起一个面向主体的、全流程动态监测跨境资本交易和流动的平台，从而为资本项目实现主体监管、进一步推进资本项目可兑换及防范跨境资本流动风险夯实了基础。

加大资本项下外汇管理改革创新

李克强总理指出："改革不仅要取消和下放权力，还要创新和改善政府管理，管住管好该管的事。放和管两者齐头并进。"因此，下一步，资本项目外汇管理部门将认真落实这一指示精神，继续以改革创新精神，深化资本项目外汇管理改革，切实转变工作重点和工作方式，不断释放改革红利，从以下两方面出发，积极推进资本项目可兑换。

一是继续围绕推进人民币资本项目可兑换目标，加大改革力度。一方面，要在继续做好"存量"改革的同时，加大"增量"改革力度，促进投资便利化。积极推动外商直接投资外汇资本金结汇制度改革；积极搭建外债和对外担保管理宏观审慎监管框架；研究跨境担保外汇管理整体思路和改革办法；积极研究两地市场互联互通、基金互认和原油期货市场开放，推动资本市场稳步开放。另一方面，要严格按照国务院有关设立行政许可的"三个严格"和"四个一律"的指示精神，继续深化相关行政审批制度改革，减少事前核准和行政审批，严控新设行政许可。

二是建立起有效的事后监管机制，强化主体监管和监测预警，防范跨境资金流动冲击风险。随着改革的不断深入，资本项目外汇管理的事前核准和行政审批逐步减少，但维护国际收支平衡、防范跨境资本流动冲击的监管责任并未放松。为此，下一阶段资本项目外汇管理部门要切实将管理理念从主要防范市场主体的微观风险转变为主要防范国际收支宏观风险，将管理重点从事前转向事后，将管理方式从行政审批和条线管理转变为强化监测、非现场核查和落实主体监管。一方面，依托有关信息系统，全面、及时掌握跨境资本流动形势，做到"心中有数"；另一方面，尽快探索形成一套行之有效的资本项目事后监管机制和方法，对违规跨境资本交易保持高压态势，不断提升资本项目管理的有效性。

（作者系国家外汇管理局资本项目管理司司长）

深化人民币资本项目可兑换改革

黄志强

人民币资本项目可兑换的改革是一个系统性工程。从广义层面看，资本项目可兑换需要放在国内宏观经济金融改革中统筹考虑；从狭义层面看，资本项目可兑换本身各子项目开放的先后顺序也需要结合本国特点稳妥推进。当前，我国深化人民币资本项目可兑换改革已经提上议程，在制订操作方案的过程中，需主要考量以下几个方面的问题。

第一，资本项目可兑换与利率、汇率市场化改革次序问题。利率、汇率市场化和资本账户可兑换改革三者中每项都是系统性工程，又都包括很多子项目。虽然真正改革到位仍有很长的路要走，但实际来看，目前其中不少子项改革已在推进中，所以，当前再简单地探讨孰先孰后的问题意义并不大，更应关注如何能够做好各子项目之间的"中层设计"，循序渐进、协调推进金融改革。

第二，资本项目可兑换改革中各子项目开放的次序问题。一般而言，资本账户子项目开放应遵循的规则是先放开长期资本流动，后放开短期资本流动，先放开直接投资，再放开间接投资，以分阶段实现开放目标。当前应按照先放开流入、后放开流出的原则，重点推进商业信贷、债券类及股票类证券交易的相关改革。

第三，资本账户子项目改革要有相对规范、统一的方法论。人民币资本项目可兑换的各类细项改革应遵循公开、透明的原则。参照国际标准，对不同开放阶段的各类细项，例如，直接投资、商业信贷、货币市场工具、金融机构信贷、个人资本交易等方面制定清晰的路线图和时间表，"收"和"放"之间，方法论和逻辑要相对统一、规范，容易理解、容易整合，例如未来可以统一整合对跨境资金流动的监测。

第四，及时推进资本账户子项目改革的相关配套改革。其他国家的实践经验告诉我们，资本项目可兑换的改革进程中，各子项目改革的协调配合至关重要，与此同时，其他配套改革也非常重要，如国家外汇储备制度改革、商业银行经营管理模式的转型、中国金融市场的国际化、金融控股公司改革、清算系统等基础设施建设等。我国的改革方案制订过程中，应特别注重加强央行主导的金融监管协调，推进上海自由贸易试验区的改革试点，做好商业银行、投资银行等机构的相关配套改革工作。

第五，建立并完善市场化的、国际通用、常用的资本管制方法。资本账户开放不等于没有管制，我国仍然可以采取必要的制度措施加强管理。例如，加强反垄断审查，完善反洗钱、反恐怖融资，建立黑名单制度。对非居民存款增加准备金要求，对从国外吸收的信贷资金不支付利息、对短期资本流动征收托宾税等，以促进金融业的稳健运行。

第六，对改革中潜在的金融风险，要进一步充实应对的工具箱，要有应急计划。从国际实践来看，奥地利、匈牙利、南非、英国等国由于资本账户开放过程中各项相关政策协调有力，避免了金融危机；而墨西哥、智利等国家在资本账户开放后出现了资本大进大出、币值剧烈波动等问题。我国应未雨绸缪，积极丰富应对各项风险的工具箱，制定相关的应急预警机制或备用计划。

第七，厘清对经济、社会的外溢效应，做好外围配套改革。资本账户开放改革必将对我国经济社会带来深远的变化。应考量可能由此引发的负外溢效应，关注资本流入导致房地产市场过热，汇率升值导致经常账户逆差扩大，以及个人投资者境外投资引发的非法资金外逃、海外税收征管及移民潮等经济、社会问题，以统筹考虑、完善相关的配套举措。

在上述七个问题中，优化资本账户子项目的开放次序，是资本项目可兑换改革成功的基本条件；完善资本项目可兑换的常规管理工具，是保持经济金融体系稳定运行的必然要求；做好资本项目可兑换的外围配套改革，是减小其负面溢出效应的有效保障。下面就围绕着这三个重点问题进行进一步的分析。

各子项目开放的次序问题

人民币资本项目可兑换关系经济金融体系的稳定，因此要渐进、稳健、有序地推进。优化资本账户各子项目的开放次序，总体来看，要尽量实现流入流出的双向动态平衡，要有足够的压力推动相关的改革开放，从原来

"管中放"变为"放中管",坚持"三先三后"的原则:先长期后短期,先直接后间接,先资本市场后货币市场。

之所以坚持上述原则,是因为人民币资本项目可兑换会增大跨境资本流动规模,对实际利率变动和人民币汇率波动产生较大冲击,影响经济主体的风险偏好和资产配置,对政府的宏观调控能力带来一定的挑战。坚持这些原则不仅有利于平衡人民币资本账户,也会协调与利率、汇率市场化改革的关系。只有经常账户和双向资本账户都基本开放时,人民币汇率才能真正地实现市场化,人民币才能真正地实现国际化。

如表 1 所示,就人民币资本账户各子项目的开放次序而言,首先,要放松有真实交易和贸易背景的直接投资管制和商业信贷管制,鼓励企业"走出去",助推人民币国际化。跨境直接投资和贸易信贷相对更为稳定,放松管制的风险较小。随着我国经济实力的增强,对外投资需求不断扩大,巨额外汇储备为此提供了充足的资金,我国可抓住有利时机争取占据国际投资和贸易的主动地位。

表 1   人民币资本项目可兑换的次序

次序	资本项目	开放风险	开放时间
1	直接投资	与真实投资需求相关,风险较小	近期
2	商业信贷	与真实贸易需求相关,风险较小	近期
3	股票类交易	与真实经济需求相关,风险中等	近期
4	债券类交易	与真实经济需求相关,风险中等	中期
5	不动产交易	与真实经济需求相关,风险中等	中期
6	个人资本交易	监管难度大,风险较大	中期
7	与资本交易无关的金融机构信贷	衍生的需求,风险较大	中长期
8	货币市场工具	衍生的需求,风险较大	中长期
9	集合投资类证券(如基金、信托)	监管难度大,风险大	长期
10	担保、保证等融资便利	监管难度大,风险大	长期
11	衍生及其他工具	监管难度大,风险大	长期
12	与资本交易无关的外汇汇兑交易	监管难度大,风险非常大	长期
13	投机性很强的短期外债项目	监管难度大,风险非常大	不开放

其次,在完善境内资本市场建设、增强市场活力的同时,依次审慎开放股票、债券和不动产市场。股票市场的开放已经有一定基础,国际板的推出经过了相当长时间的讨论和准备,QFII、RQFII 以及 QDII 经过了前期的操作,可在此基础上进一步稳步扩大规模,完善相关制度和法律法规。与此同时,可以建立个人投资者境外投资制度,鼓励企业和居民"走出去"

进行投资，分散风险，获取回报。

当前我国债券市场发展较为滞后，市场规模不大，且企业债券没有形成统一规范的市场，政府债券市场也有待进一步发展，只能在部分成熟的债券市场逐步扩大对外开放。不动产市场调控压力较大，满足居住需求的成本越来越高，难以区分投资性需求和投机性需求，宜谨慎放开，降低相关风险。

最后，剩下的项目按照风险程度依次为，个人资本交易、与资本交易无关的金融机构信贷、货币市场工具、集合投资类证券、担保保证等融资便利、衍生工具等资本账户子项，可以择机开放。与资本交易无关的外汇兑换交易自由化应放在最后。投机性很强的短期外债项目可以长期不开放。

建立市场化的、国际通用的资本管制方法

随着资本项目放开，资产价格和汇率波动加大，可能引发投机性资金的大进大出或急进急出，从而加剧国内经济波动，威胁国家金融安全。对跨境资本流动进行必要的管理已成为国际社会的共识。作为一个发展中国家，我国在推进短期资本项目开放的过程中，汇兑环节的限制和行政性管制手段应基本取消，使得合理的跨境资本活动不受限制或受到较少限制，保留的管制主要是针对跨境资本流动的风险管理，减少不合理的、投机性资金的大规模流动。根据这一原则，可以借鉴发达国家曾经采用的操作经验，结合我国资本项目开放步伐，有针对性地采取必要的资本管制和审慎管理措施。

实行差别化的存款要求。对本币和外币存款、居民和非居民实施非对称的约束，例如，对外币存款设置较高的存款准备金，或者限制对短期外币存款支付利息。

设置最低期限要求。对资金的持有期限做最低期限规定，以抑制短期资本流动。例如，可以规定投资于国内证券的非居民的证券持有期限，并要求证券出售后获得的收益在汇回母国之前必须持有一定期限。另外，对非居民向居民提供的贷款设置最低期限，鼓励长期贷款。

合理安排税收措施。例如，设置托宾税，对现货外汇交易课征全球统一的交易税，以减少纯粹的投机性交易。对持有证券的境外投资者征收退出税，即随着证券持有期限的延长而下降的资本利得税，以此减少短期套利资金的流入。另外，对短期外币存款征收利息税，或者是对低于最低期限的贷款额外征税。

规范对衍生工具的使用。鉴于金融交易的复杂性和高杠杆性，需要对

衍生工具相关的风险进行充分管理。例如，对非居民衍生工具风险的大小加以限制，或者要求居民在获得本国政府批准后才能从事海外衍生品交易。

做好外围配套改革

一系列的资本项目可兑换改革举措必将对我国经济环境带来结构性的变化。改革带来的好处是显而易见的，如增强金融部门的活力、提高资源配置效率以及实现企业、居民投融资多样化等。但是我们必须看到，改革也会对宏观经济金融的稳定运行产生一定程度的负外溢效应。在这里重点关注以下三方面：

导致房地产市场过热。随着资本账户可兑换改革的推进，境外资本可以通过包括贸易、投资等越来越多的途径流入境内。如果这些资本为了寻求高额回报，大量流入房地产市场，直接推高房地产市场价格，这将使民生问题更加突出。

增大汇率升值压力，导致经常账户逆差扩大。在浮动汇率制下，资本流入通过名义汇率变动引起汇率升值；在固定汇率制下，资本流入将导致国内通货膨胀，进而引起本币实际汇率升值。实际汇率升值使进口增长，而出口增长则受到影响，经常账户容易出现逆差。逆差的累积导致货币贬值压力增大，进而产生严重的对外不平衡，甚至引发货币危机。这是资本流入期间发展中国家比较普遍的现象。

银行可贷资金迅速增加，不良贷款急剧上升。随着资本的流入，商业银行的可贷资金迅速增加，而经济的高涨，以及私人部门对外投资需求的扩张，将会导致贷款的需求增加。如果监督管理不到位，将给今后不良贷款反弹埋下隐患。

为应对负外溢效应，需要开展相关的配套改革，可从以下几方面入手：

积极建立健全宏观调控机制。应建立健全逆周期调节的宏观审慎管理机制，保持宏观经济稳定。逐步减少对行政手段的依赖，更多运用市场、法律的手段，以及汇率、利率、税率等价格工具调节经济活动，提高宏观调控的前瞻性、针对性、透明度和公信力。应该在加强跨境资金流动监测的基础上，针对可能出现的不同情形充实政策和工具储备，完善应对跨境资本过度流入和集中流出的紧急预案。

大力发展国内金融市场体系。健康的金融体系是抵御资本流动冲击的第一道防线。要建立健全多层次多元化的金融市场体系，提高市场深度和广度，提升市场流动性，增强市场抗冲击能力。健全法制，明晰产权，促进社会资本的形成。在扩大开放中要培育具有国际竞争力的境内金融机构，改善公司治理，建立有效的激励约束机制，不断优化对外投融资的风险管理水平。

进一步加强和改进金融监管。转变监管理念，逐渐由合规性监管为主，转向宏观与微观相结合的审慎性和风险性监管。在现有分业监管模式下，充分发挥人民银行牵头的金融监管协调部际联席会议的作用，加强本外币、机构和产品等金融监管政策的协调，同时进一步增强金融监管部门与其他涉外经济管理部门之间的政策协调和信息共享，填补监管空白，减少监管重叠，从而进一步提升监管合力。

发挥试验区政策优势，开展先行先试。建立中国（上海）自由贸易试验区，对促进贸易和投资便利化，推进人民币资本项目可兑换改革具有重要意义。通过推行一系列人民币资本项目可兑换的改革措施，包括改革试验区的外汇管理体制，全面放开人民币跨境使用，建设在岸的离岸金融市场等，中国（上海）自由贸易试验区将为人民币资本项目可兑换改革探索一条稳妥的区域发展路径，这有利于积累深化改革的宝贵经验，对加强境内外资本流动监管、维护国家金融安全提供重要的借鉴。

（作者系中国银行国际金融研究所所长）

推进资本账户渐进有序开放

闫 敏

我国金融改革和开放的核心内容包括利率市场化、汇率形成机制改革、资本账户开放等，当前应抓住有利时机，积极推进资本账户渐进、有序、适度开放，为人民币进一步国际化和国际收支趋向平衡创造条件。

人民币资本账户开放改革的进展

资本项目可兑换，主要指在国际收支经常性往来中，允许居民与非居民持有跨境资产及从事跨境资产交易，实现货币自由兑换。经过近年来的不断努力，我国资本项目可兑换取得较大进展，开放程度正在逐步提高。

国际对资本账户开放标准在不断调整

国际社会不断呼吁减少资本管制，实现资本项下可兑换，但不同时期对于资本账户开放的标准在不断调整。1996 年前，国际货币基金组织《汇兑安排与汇率限制年报》定义表示，只要没有"对资本交易施加支付约束"，就表示该国基本实现了资本账户开放。1997 年亚洲金融危机爆发后，国际货币基金组织将原先对成员国资本账户开放的单项认定细分为 11 项（包括 7 类 11 项 40 子项），认为如果一国开放信贷工具交易，且开放项目在 6 项以上，即可视为基本实现资本账户开放。2007 年国际金融危机爆发后，部分国家尤其是发展中国家开始实施资本管制以应对跨境资本流入，国际上对于资本账户开放标准进一步放宽。2011 年 4 月，IMF 明确表态新兴市场经济体为管理国际资本流入可以采用资本管制，并提出管理资本流入的政策框架。

可以认为，资本账户的开放并不是完全放任跨境资本的自由兑换与流动，而是有管理的资本兑换与流动。实际上，即使包括美国、德国、英国等在内的发达经济体，其资本账户也不是绝对开放。这些国家对于短期国际资本流动监管一直没有放松。一方面，大部分国家在取消资本账户中主要子项管制的基础上，依然可以对部分子项实施管制，另一方面，根据国内外经济与金融市场变化，也可对部分已经取消管制的资本账户子项再度实行管制。

我国资本账户开放程度正在不断提高

1978 年以来，我国启动了渐进的、审慎的资本账户开放进程，加入世界贸易组织后，我国资本项目改革步伐有所提速，资本项下可兑换范围逐步扩大，开放程度不断加深。按照 IMF《汇兑安排与汇兑限制年报》（2011年），我国不可兑换项目存在 4 个子项，占比 10%，主要是非居民参与国内货币市场、基金信托市场以及买卖衍生工具等。部分可兑换项目有 22 项，占比 55%，主要集中在债券市场交易、股票市场交易、房地产交易和个人资本交易四个方面。基本可兑换项目 14 项，占比 35%，主要集中在信贷工具交易、直接投资、直接投资清盘等方面。根据中国证监会研究成果，认为我国资本账户开放的实际情况好于 IMF 评估结果。我国目前在直接投资、直接投资清盘、信贷业务、不动产交易等大类上已实现基本可兑换甚至完全可兑换；在资本与货币市场工具可兑换方面也取得了显著成绩，不仅全部兑现了加入世贸组织时承诺的证券业开放五项内容，且先后推出 QFII、RQFII 和 QDII 制度。即使是 IMF 等机构评估的不可兑换的 4 项，在实践过程中，实际上已经实现了部分可兑换，但由于居民原则与国民原则使用不同，导致评估结构存在偏差。总体而言，相对于发达经济体，我国资本账户管制的程度仍然较严格，资本账户进一步开放，实现可兑换仍有较大空间。

人民币资本账户改革面临的风险

随着我国影响力快速上升，经济运行基本稳定，外汇储备规模庞大，对外贸易与投资规模日益扩大，资本账户开放的条件不断改善。但是，人民币资本项目可兑换面临的风险与挑战也不容忽视。

资本账户开放的风险仍需高度重视

资本账户开放有可能放大资本市场波动。国际金融危机后，各国竞相实行货币宽松政策，外部流动性过剩与国际短期资本冲击风险对我国资本项目进一步开放带来威胁。目前随着经济全球化、金融深化和金融自由化趋势的发展，资本流动速度越来越快，国际短期资本的大量流动，将导致资产价格大起大落，货币汇率异常波动，金融危机频繁出现。国际游资以各种高流动资产形态出现，从短期资本流入的途径看，主要表现为政府债券、企业债券、商业票据、股票、大宗商品期货合约以及金融衍生工具。以上内容正是我国当前资本账户管理较为严格以及开放程度较低的领域。由于我国金融产品开发滞后、金融体系较为脆弱，一旦以上项目放开，当国际游资蜂拥而入或迅速退潮时，将对金融体系正常运行带来严重冲击。因此，在资本账户开放过程中，需要建立有效的投机监控和风险防范系统。

资本账户开放的配套改革措施仍不到位

资本账户开放、人民币国际化与利率市场化、汇率形成机制改革等金融体制建设和配套改革相辅相成，是下一阶段我国金融体制改革的核心内容。人民币资本项目可兑换不是孤立的政策，而是涉及利率汇率、金融市场乃至实体经济等方方面面的政策调整。当前，我国利率、汇率形成机制尚不完善，一旦资本项目实现可兑换，在目前的全球货币体系下，将造成大量热钱涌进我国，导致套利机会增加和资本交易波动，从而对人民币汇率、国内利率、资本市场等领域造成冲击，并将对宏观政策产生不利影响。尽管金融改革已经启动，但目前我国利率体系与汇率体系基本上均表现为有管理的浮动制度，并非以市场为基础形成的均衡利率和汇率。金融制度的不完善，将给资本项目可兑换带来难度与挑战，如果贸然实现完全可兑换，也很容易爆发金融风险。

国内外对人民币资本账户进一步开放的要求不可忽视

一是世界新一轮贸易谈判要求人民币资本账户开放。传统的世贸组织多边贸易框架进一步推进受阻走向衰落，新一轮贸易自由化浪潮正在兴起。不同贸易体系下的谈判内容更加侧重贸易与投资并重、服务贸易和投资协定相关联。而我国资本项目未能全面实现可兑换，尤其是对证券投资限制与管制仍然较为严格。如果对于国际自由贸易发展的新趋势、新标准和新规则判断不清，延迟资本项目可兑换时机，将影响我国与国际新标准、新规则的接轨，进而影响我国国际贸易自由化的谈判，使我国对外开放进程受到制约。二是国内资金对境外直接、间接投资需求加大。我国目前资本项下开放程度不足，影响对外投资的便利性，不利于分享国际金融成果，阻碍人民币国际化进程，不利于投资者对外投资需求的释放。

资本项目可兑换改革措施应逐步推出

资本项目可兑换改革应为渐进式改革，在条件成熟的前提下，逐步推出不同阶段的改革措施，同时注重资本项目可兑换与宏观经济及汇率政策相配合。此外，资本项目可兑换并不意味着跨境资本流动完全自由，资本项目可兑换后，仍然可以从金融稳定的角度对投机资金、外债、短期资本流动等进行宏观审慎管理。

资本项目可兑换目标侧重点

在支持实体经济发展、促进经济转型升级和有效防范金融风险三者的平衡中，人民币资本项目的开放与改革应以有效防范金融风险为首要目标，在此基础上，同时兼顾其他目标。

资本项目可兑换时间表

根据中央银行公开发表的研究报告，曾经认为我国在 2020 年左右完全实现资本项目可兑换较为稳妥。但是由于国内外经济形势发展、金融形势变化、贸易自由化要求以及投资需求扩大等方面因素，当前对于资本项目实现完全可兑换的要求更加迫切，时间应适当提前，同时考虑利率汇率市场化的制度建设、资本市场完善、金融机构改革、部分项目开放难度等因素，建议资本项目完全可兑换时间提前至 2015—2017 年较为稳妥。

政策选择

第一，充分考虑国际规则与标准，逐步放开人民币资本项目。我国在资本项目实现可兑换过程中，必须充分考虑吸纳当前国际主要贸易谈判的规则，增加对外贸易和投资的便利性，争取新一轮自由贸易谈判的主动性。

第二，针对不同合作伙伴，提高资本项目开放程度。目前，我国资本项目可兑换改革根据不同地区发展程度与情况，部分开放政策在有关区域实施了前期试点工作，如个人投资者开展境外直接投资、跨境人民币贷款等。在国际层面，也可适当考虑对不同国家和地区采取不同的资本账户开放政策。

第三，以证券投资为重点，有计划、有步骤地取消资本项目管制。一是放宽金融机构外资持股比例限制。下一阶段，也应逐步提高外资持股比例，落实国民待遇原则，最终取消外商投资于中国金融业的持股比例限制。二是完善 QFII 与 RQFII 机制。未来，可以考虑有计划、有步骤地逐步扩大投资主体资格，提高外资持股比例，如每年提高若干个百分点等，直至最终取消 QFII 等相关临时过渡政策的限制。三是鼓励境内民间投资者进行跨境投资。四是完善资本市场跨境投资制度。推动人民币成为更广泛的交易和结算货币，推行股票市场国际板、境外发行熊猫债等，形成以人民币定价的国际资产，并在条件基本许可时加大试点和推广力度。

第四，重视金融改革配套体系建设。资本账户开放与所谓的"前提条件"并不是简单的先后关系，而是循序渐进、协调推进的关系。积极推进资本账户开放，同时必须进一步加快利率市场化和汇率形成机制改革与金融市场体系建设。

（作者单位：国家信息中心经济预测部）

C HINA FINANCE 中国金融

专题精选
2013—2014

资本新规实施路径

2013年起，全球银行业进入巴塞尔协议Ⅲ时代，开始实施一套更为严格的监管制度。中国银监会于2012年先后发布《商业银行资本管理办法（试行）》《关于商业银行资本工具创新的指导意见》，我国银行业资本工具创新工作由研究论证阶段步入实质性实施阶段。监管标准的提高将给商业银行建立完善的风险文化和业务发展模式带来新契机，长期来看必然将促进商业银行改革发展，但短期内可能会对我国经济金融产生较大冲击。

释放资本管理的正能量

岳　毅

通过总结国际金融危机经验教训，金融稳定理事会（FSB）和巴塞尔银行监管委员会（BCBS）出台了包括 Basel Ⅲ 在内的一揽子监管改革方案，世界各国也主动加强了对银行业的监管措施。中国银监会于 2012 年 6 月正式发布《商业银行资本管理办法（试行）》（以下简称《办法》），目前已经基本完成对新协议实施银行的监管验收，并于 2013 年初正式实施。《办法》对商业银行风险管理、资本要求以及业务转型都提出了更高要求，如何适应，值得思考。

《办法》实施是商业银行发展的新机遇

虽然《办法》的正式实施时间是 2013 年，但中国银行业早于 2007 年就正式启动了新资本协议实施准备工作。六年来，商业银行跟进国际先进实践，完善风险治理，建立内部评级体系，深入成果应用，夯实数据 IT 基础，较短的时间内在风险管理领域实现了跨越式发展，全面提升了风险管理水平和核心竞争力，已经具备了《办法》实施条件。

从《办法》的内容上来看，其保留了已经较为成熟的 Basel Ⅱ 中商业银行内部评级法用以计量风险，同时也结合金融危机的教训，增加了 Basel Ⅲ 的要求和语言，全面覆盖商业银行经营管理，银行业的改革发展正面临着新形势、新机遇。

有利于商业银行转型发展

《办法》的实施将极大地推动商业银行业务发展模式的转变。相比现行做法，《办法》在原有资本充足率框架下，增加了资本留存超额资本、反周期超额资本和系统重要性银行附加资本三项总体资本要求。这些因素都将增加银行资本压力，资本对银行业务发展的引导作用日益显著，依靠资产规模扩张的传统增长方式将受到冲击。同时，新资本协议成果应用逐步深入，特别是通过违约概率（PD）、违约损失率（LGD）和违约风险暴露（EAD）等参数对风险进行精确评估，使商业银行有能力在业务发展、风险和收益之间找到平衡，统筹业务发展计划和资本规划，根据可用资本规模"量体裁衣"确定业务调整方向和发展重点，建设资本节约型银行。

《办法》有力地促进了风险管理对前线业务的引导，其蕴含的新资本协议理念就是将资本作为业务发展和风险管理的纽带。为了计量资本，银行需要对业务面临的各种风险进行识别和计量，区分预期损失和非预期损失。其中预期损失需由拨备覆盖，直接影响商业银行的盈利状况；非预期损失需由资本覆盖。股东根据该银行的风险偏好，对业务所占用的资本提出资本回报要求，这也将直接反映在业务的定价之中。最后，商业银行通过使用 RAROC、EVA 等风险收益参数，对分行和业务条线进行绩效考核。通过对资本在各分行、各业务条线之间进行有序分配，最终目标是对业务发展偏好进行有效引导。由此可见，《办法》的实施不仅仅是银行风险管理的变革，而且有力地促进了风险管理要求向前线业务的传导，在银行业务、风险、资本和收益之间建立起传导纽带。

推动商业银行风险管理升级

一是从定性到定量的转变。传统风险管理模式注重操作层面，重点在流程中控制风险，表现为单笔业务管理，风险管理基本等同于单笔授信审批，而且多依赖于专家经验。而 2013 年《办法》的正式实施，标志着商业银行将采用敏感度更高、更加精细的内部评级法对业务中所面临的风险进行量化。从定性到定量，由人工到模型，商业银行在风险管理上拥有了一系列风险计量工具和管理手段，通过加强对各项成果在商业银行宏观、中观和微观层面的应用和优化，既在单笔或组合业务层面提升了风险计量的精细化水平，也在不同业务条线间建立了具有可比性的量化评估手段。

二是从事后到前瞻的转变。实施前后商业银行风险管理的切入点发生了较大变化。传统的风险管理理念着重于强调对当前面临风险的控制，也就是我们常说的"做了算"。但经济形势的多变、外部市场环境的不确定性逐步增强，使基于事后管控的传统风险管理面临严峻考验。通过《办法》的落实，借助模型、IT 系统和资本计量工具，商业银行已经可以将风险管理关注的重点由事后逐步向前端转移，从"做了算"进化到"算了做"。

三是从被动到主动的转变。传统的风险管理着眼于被动控制风险，在风险成为事实之后才能采取补救措施。《办法》的实施使风险管理提升成为商业银行经营管理的标尺，甚至是获得盈利的途径之一，增加了银行计量和管理风险的主动性。风险管理的目标从控制风险，转变为识别、计量、监测、缓释和控制风险，促进了商业银行由被动承受风险向主动承担、有效转移风险的思路上转变。同时通过对各类风险的分析和判断，制定对应的产品、业务发展策略，实现业务的主动转型发展。

为商业银行实现战略目标服务

随着风险计量方法的逐步精细化，风险管理的服务对象也不断升级，由日常业务流程管理上升到为银行战略目标服务。通过制定在战略层面的风险偏好，新资本协议使银行日常业务经营与发展战略管理相结合，为银行改进风险管理提供了广阔的空间。同时，通过"业务经营—风险度量—资本占用—资本配置—业务经营""自上而下"的偏好传导和"自下而上"的信息反馈机制，使银行战略目标以量化的形式传导到分行，也使业务一线面临的风险情况能够及时反馈至银行管理层和董事会。最后，《办法》要求加强在绩效考核方面的实质应用，通过将风险资本分配到各业务条线和各分支机构，引导全行优化业务结构，为业务一线理解和执行战略目标提供了方法和数据，架设了银行日常业务经营与发展战略管理的桥梁。

商业银行落实《办法》面临的巨大挑战

对商业银行经营管理理念的冲击

实施《办法》并不是一件短期工作。由于涉及商业银行运营的各层级，《办法》落地实质上是对商业银行原有政策、业务流程、信息系统和日常职能的变革，这些变革不可避免地会给商业银行传统经营管理理念带来一定冲击。《办法》通过严格银行资本要求，使得资本在银行经营管理中的稀缺性也日益增加，促进银行经营管理理念由传统的"拼规模、抢市场"的粗放模式向"轻资本、抓内控"方向转变。通过风险偏好、绩效考核等在前线业务中的应用，风险管理在银行业务发展中将逐步占据更重要的角色，由单纯的信贷审批，到综合考量风险、收益和资本占用。新协议全面性、前瞻性、定量化的风险管理文化也将逐步影响业务前端，在给予传统商业银行经营理念以冲击的同时，也构建了商业银行平衡业务发展和风险管理的新风险管理文化。

对商业银行专业化管理的挑战

一是对风险管理提出挑战。相对于传统风险管理的关注范围更多集中于信贷业务所产生的信用风险，《办法》搭建了商业银行全面风险管理的框架。该框架全面覆盖了第一支柱信用、市场和操作风险，对第一支柱下未覆盖的风险，《办法》将其纳入第二支柱管理范畴，并且对不同风险明确了对应的管理要求和计量规则。除此之外，《办法》要求统筹考虑外部监管环境和系统性风险，重视不同风险种类之间的相关性、传染性，加强对间接风险、交叉风险的识别和管理。通过对风险的识别、计量、控制等各环节提出明确要求，指明未来风险管理发展的新方向。更重要的是，这种转型既促使风险管理更趋专业化，又将各风险融合为不可分割的一体，推动银行从战略高度、从整体上进行管控。

二是对资本管理提出挑战。"资本"的概念随着《办法》的逐步落地有较大改变。在传统商业银行理念中，资本仅作为资产负债表中组成部分，与商业银行风险管理没有本质上的联系。但随着风险管理水平和方法的日新月异，特别是随着新协议应用的深入，资本已经从前期单纯资产负债管理的简单平衡和"充足率"的达标，逐步转变为风险管理指标，甚至是覆盖整个经营管理的工具和指标。这使监管对资本充足率的压力向业务一线传导，对商业银行资产负债管理提出更高的要求，使风险管理、资本配置和业务经营能力相匹配。

对商业银行数据 IT 基础的挑战

商业银行在落实《办法》对银行业务进行模型建设、资本计量和风险报告等工作中，都需要海量和精确的业务数据进行支持，这给商业银行数据 IT 建设工作带来了巨大的挑战。自从新协议实施以来，国内商业银行通过数据差异分析、数据清洗、IT 系统群建设等工作，在数据 IT 方面取得了飞跃式发展。虽然相比国外先进同业，由于应用时间短、缺少完整经济周期，国内商业银行在数据基础上还存在一定的差距，但经过多轮评估和整改，已基本满足了《办法》实施的基本要求。同时我们也需要清醒地认识到，由于历史基础薄弱，风险管理职能较为分散，目前风险数据散落在各个应用系统中，其应用和存储的方式各不相同，导致了风险数据的缺乏或相关信息系统不完善。目前难以做到在一个 IT 系统中，由一个部门集中实现对所有风险的实时识别和管理。这些都是未来国内商业银行在数据 IT 方面努力的方向。

对专业人才的挑战

《办法》实施的关键在于应用，而将新资本协议成果应用到银行日常经营管理中，需要对最新的风险计量方法和技术有较好的理解，技术性很强，对新协议成果应用的迫切需求，也对商业银行员工，特别是业务一线员工的专业性和全面性提出了挑战。现代经济金融环境的剧烈变化加大了银行的经营风险，银行不仅要准确识别计量其所面临的各类风险，而且还必须对经济金融环境的风险变动保持高度的前瞻性和敏感性，这也需要高素质的风险管理专业人才的参与。以上这些商业银行内外部环境的变化，预示着未来商业银行风险管理的发展必然是趋于专业化。而专业化建设更要求银行在关注自身业务发展的同时，持续加快专业人才的培养力度，以应对挑战。

充分发挥实施《办法》的正能量

实施《办法》将给商业银行建立完善的风险文化和业务发展模式带来新契机，长期来看必然将促进商业银行改革发展，积累正能量。目前，为确保《办法》实施的平稳过渡，还需要重点加强以下几方面的工作：

提升风险管理能力，主动转型发展。商业银行实施《办法》不应当局限于合规达标，而应积极利用《办法》实施过程中产生的正能量，有效提高银行风险管理能力和水平，实现主动转型发展。传统的业务经验必须与数量分析和现代信息技术相融合才能更好地发挥作用，这需要进一步深入应用，将新资本协议的各项成果，转化为在宏观、中观和微观层面提供各种量化工具和技术。要加强基于新工具和计量方法的预测性风险分析，提高风险管理的前瞻性和预测性。扩大新协议各类技术方法的应用程度，使违约概率（PD）、违约损失率（LGD）、违约风险暴露（EAD）等风险参数成为风险定价、资本计算的重要工具。通过强化 RAROC、EVA 等工具在风险偏好和绩效考核中的使用，为风险管理决策提供更加科学有效的依据，释放新协议成果给商业银行带来的正能量。

加强监管政策支持，为正能量释放创造条件。除了商业银行自身转型发展，对银行业的监管也应该加强创新。《办法》提升了对商业银行资本充足率的要求，虽然从短期来看，国内商业银行在资本充足率上均满足监管要求，但在中长期还是面临一定的资本压力，因而迫切需要满足《办法》要求的创新资本工具。目前对创新资本工具的研发工作已经起步，但发行机制面临多头监管和投资主体缺乏等问题，也缺少相关法律支持。希望监管部门能加强对各相关部门的协调，积极创新探索，加强对创新资本工具的研发，建立更加市场化的资本工具发行机制，为正能量的释放创造前提条件。

强化外部市场环境建设。从外部环境上来看，为确保《办法》在过渡期内平稳落地，需要进一步加强市场配套建设，完善法律环境，以促进商业银行转型发展。首先要加强对银行业创新方面的政策支持，鼓励商业银行积极引入先进的风险管理和资本管理的方式方法，例如研发创新资本工具、完善信用风险缓释管理等，为《办法》的落地铺平道路。其次要加强对商业银行的政策指导。《办法》实施后商业银行将通过公开渠道，向投资者和社会公众披露更详细的新协议定性、定量信息，可能对市场产生一定影响。这种情况下需要加强对《办法》框架下信息披露内容的指导和规范，尽快明确一致的披露细则，确保资本市场的稳定性。最后要完善市场法律环境，积极和国际法律环境接轨，以鼓励商业银行探索新的业务发展和风险管理模式，为《办法》落地创造和谐的市场环境。

（作者系中国银行副行长）

新规的核心是防范系统性风险

黄志凌

2013 年起，全球银行业进入"巴塞尔协议Ⅲ"（Basel Ⅲ）时代，开始实施一套更为严格的监管制度。与此同时，金融危机恢复的过程十分艰难，银行业的经营将面临雪上加霜的境地。在这种背景下，一度对 Basel Ⅲ 达成的共识又被重新提出来讨论。根据笔者对此轮金融危机的实践观察与思考，总的感觉是实施 Basel Ⅲ 利大于弊，因为 Basel Ⅲ 是全球各国深刻反思金融危机而提出的全新监管制度，通过全面强化的资本纽带，构建了更为有效的微观审慎和宏观审慎监管框架，能够提高银行发展的稳定性，从而保证全球经济发展的质量。

Basel Ⅲ 是全球政经首脑反思
金融危机提出的制度改进框架

从历史来看，1987 年发布的"巴塞尔资本协议 I"（Basel I）草案，是十国集团针对自身问题的银行监管安排，资本充足率监管标准较简单，仅是一个针对银行信用风险的粗糙框架。基于 Basel I 的局限性，1999 年提出的"巴塞尔资本协议 II"草案（Basel II），在很大程度上是全球领先银行基于自身成熟风险管理体系而提出的一套银行业风险管理技术方案，由于技术的复杂性和银行的利益博弈，引发争议的时间之长和技术讨论的细致程度，远超人们想象，以至于到 2004 年才正式发布技术文件的最终稿。Basel II 在 Basel I 架构的基础上实现了监管资本计量技术质的飞跃。

　　与 Basel I 和 Basel II 不同，Basel III 是全球各界，尤其是政经首脑，对于金融危机的全面反思和快速反应。2009 年，G20 匹兹堡峰会上明确提出全球监管改革的相关议题。此后，国际金融稳定理事会（FSB）与巴塞尔委员会（BCBS）密切合作，在已完成的 Basel 2.5（Basel 2.5 是巴塞尔委员会公布的过渡性方案，改进了 Basel II 中有关市场风险内部模型法的监管资本计算方法，增加极端市场环境下风险价值资本、信用估值调整的资本，提高了再证券化资产风险权重，但资本充足率要求仍遵循 Basel II 框架）的基础上，组织各方面力量，详细分析金融危机所暴露出来的金融制度性缺陷，提出了宏观审慎和微观审慎相结合的全球统一监管制度。2010 年 12 月，G20 首尔峰会正式审定 Basel III，前后时间不到两年。不难发现，Basel III 从提出到发布，一直是在 G20 峰会的高度关注与强力推动下实现的。

　　同时，就框架而言，Basel III 由一套监管文件构成，也不再仅仅是一个资本充足率的概念。针对资本充足率虚高、资本吸收损失能力明显不足的缺陷，Basel III 提高了资本质量标准，撤销了三级资本概念，上调了资本充足率下限；面对银行体系的亲周期性问题，Basel III 提出了动态拨备和资本缓冲体系来修正；针对银行体系过度杠杆化引发金融泡沫的问题，Basel III 引入杠杆率指标来进行监控，作为资本充足率的附加支持性措施；对于压倒一些重要银行的"最后一根稻草"的流动性风险，Basel III 提出了流动性覆盖率（LCR）和净稳定融资比率（NSFR）两个新指标，以其为核心重构了银行业流动性风险监管框架；针对"大而不倒"现象，Basel III 要求具有系统重要性的银行增持额外的资本，同时建立全球系统重要性定期评估机制，充分识别可能影响全球金融体系稳定的重要银行机构。

　　2010 年在 Basel III 中提出但未具体明确的监管改革仍在继续推进。《有效银行核心监管原则（修订）》《中央交易对手银行敞口的资本要求》《金融集团监管原则》《交易账户基本架构重检》和《系统重要性金融机构有效处置》等一系列监管文件和报告陆续发布，涉及银行公司治理、交易对手信用风险、恢复处置等机制体制的改革和监管，这些工作也都是在 G20 峰会和全球央行及监管机构领导人小组（GHOS）直接领导下开展并定期公布进展情况。Basel III 不再是一份简单的由专家主导的技术标准，而是由全球主要国家首脑达成共识并全力推动的革命性制度改进。

Basel III 核心是系统性风险的防范

　　金融风险迅速从个别金融机构传导到一个国家，从一个国家传染到全球，从经济体系扩散到整个社会，正是此次金融危机的一个显著特点。尽管从微观环节来看，每个市场个体的决策都符合市场原则，但从整体来看，次级贷款业务，已经将消费者、商业银行、投行、对冲基金、保险公司、评级机构等社会经济单元联系在一起，整个金融体系和经济体系受共同风险因素的影响越来越明显，而这个共同因素又是高风险资产，这就形成了系统性风险。正是存在这种系统性风险，监管机构又未能及时识别并有效监管，最终集中爆发形成灾难性后果。

意识到系统性风险的危害性，国际监管机构对传统监管体系进行了反思，认为把系统性风险作为重点，建立宏微观审慎监管机制，才是维持金融体系稳健运行的长久之计，Basel Ⅲ由此应运而生。仔细阅读巴塞尔委员会发布的一系列 Basel 文件，围绕系统性风险强化监管的思路跃然纸上。

一是限制银行的经营范围，降低关联性。大幅提高业务链条较长的再证券化的资本要求，将场外交易的复杂衍生品通过中央交易对手集中交易、统一清算，提高市场透明度，降低双边结算容易诱发的交易对手违约风险，这些要求的核心是降低银行与其他机构的关联，防止风险传染。

二是构建损失吸收缓冲垫，以丰补歉，促使银行稳健经营。Basel Ⅲ提出的资本留存缓冲，在最低资本要求之上增加 2.5% 的核心一级资本要求，是对银行业过度追求短期利益、高比例分红的纠正和制约。资本留存缓冲的目的在于提高银行自身资本积累的质量和数量，加强银行在经济下行期的损失吸收能力并维持正常放贷能力，避免对实体经济融资"供血"不足。

三是建立整改监管处置框架，削弱"大而不倒"金融机构的系统性影响。单个大型金融机构成为风险肇端和扩散链条是本次危机的一个显著特点，"大而不倒"金融机构成为金融体系系统性风险的重要来源，加强对这些"系统重要性金融机构（G - SIFI）"的监管成为系统性风险防范的重要环节。Basel Ⅲ对系统重要性银行提出了附加资本要求，建立了评估标准，同时也建立了恢复处置框架，最大限度地降低救市成本，妥善化解银行经营失败对经济体系的冲击。

四是完善逆周期管理，探索解决银行体系的亲周期问题。Basel Ⅲ首次提出逆周期管理，旨在减轻银行经营与经济周期的"共振效应"。巴塞尔委员会发布逆周期监管的操作指导原则，确定逆周期的管理机制，为抑制银行经营的亲周期性提供了现实的管理工具和方法。

除此之外，Basel Ⅲ通过对银行公司治理机制的改进，平衡长短期经营激励，降低银行经营的道德风险。同时，改进信息统计和披露管理，增加复杂产品交易数据收集，增加市场透明度，维护市场信心。此外，强化跨境合作监管等做法和措施，都是围绕系统性风险管理进行的制度改革，目的就是重构稳健经营的银行体系，持续发挥对实体经济的支持作用。

Basel Ⅲ突出的是银行体系
风险覆盖的全球性和全面性

本轮国际金融危机是在经济全球化和金融市场一体化的大背景下发生的，全球主要经济体基本无一幸免，直接或间接都受到了伤害，尤其是作为震源的欧美等发达国家。银行业的问题已经成为全球经济体系稳健运行的焦点问题，单一银行出现问题会形成多个国家共输的局面，这也是 Basel Ⅲ能够受到广泛重视并由 G20 峰会直接推动的原因。

Basel Ⅲ并不一定是针对个别国家的"限制"方案，之所以出现争议和争论，这是由全球经济发展不均衡，金融机构受损程度不同引发的。欧美等发达国家的银行机构损失惨重，一度徘徊于破产边缘，目前仍处于去资产负债表修复过程中。巴塞尔委员会的定量测算结果显示，2009 年底国际活跃银行核心一级资本缺口约 6000 亿欧元，到 2011 年底也有近 4000 亿欧元，与 Basel Ⅲ要求相去甚远，实施压力巨大。反观发展中国家，由于国际化程度相对较低，涉足证券化、衍生品业务较少，损失轻，资本压力较小。各国实际情况有差异，自然对待 Basel Ⅲ的态度会有差异，都希望按照最有利的监管规则经营发展。

发展中国家的银行业要实现国际化，实行 Basel Ⅲ是一条现实的道路。Basel Ⅲ是领先银行经验教训的总结，对于银行经营管理的"质量"要求较高，这在长期上对依靠规模扩张增长的发展中国家形成制约，但这不能成为不实施的借口。从近几年欧美银行的经营情况来看，大部分银行能在风险加权资产零增长的情况下保持盈利，资本充足率水平甚至提升到 20% 左右，这与自身经营管理的能力和水平密不可分。只谈 Basel Ⅲ的资本压力，看不到对内部管理的促进改善，如何能在波谲云诡的国际金融市场竞争中安身立命、谋求发展？如果遇到类似本次的金融危机，是否能够平稳度过且恢复正常的经营水平？

Basel Ⅲ对交易对手信用风险、证券化等危机暴露的问题强化了监管，短期来看，该类银行资产及业务占比高的发达国家实施的压力比发展中国家更大、阻力更高。反过来说，这也是发展中国家充分利用国际规则提升国际市场话语权的重要机会，同时，面对未来错综复杂经济形势和风险形态，发展中国家银行乃至监管机构更需要有效的工具和方法来建立健全全面风险管理体系以及系统性风险的监管架构，实施 Basel Ⅲ 有着重要的现实意义。

Basel Ⅲ 落地允许因地制宜

Basel Ⅲ 只是巴塞尔委员会成员国的共识，是对未来银行监管改革指导性原则，并不具有法律效力，实施与否、能否按期达标并不会对各成员国产生实质性的限制约束。事实上，Basel Ⅲ 允许甚至鼓励各国根据自身法律、会计和金融制度的特点，另行制定具体、细致、可适用本国银行业的法律法规，只要能与 Basel Ⅲ 宏观审慎监管的基本准则相一致，都是允许的，不存在所谓的银行监管主权问题。巴塞尔委员会倡导各个监管机构根据各自情况，实质性地加强银行监管，并非仅仅盯住资本充足率和时间期限。

巴塞委员会在推动 Basel Ⅲ 实施时，为各国监管机构也留出操作空间，可以按照 Basel Ⅱ、Basel 2.5 和 Basel Ⅲ 要求阶段性推进工作，殊途同归就可以。就其内在逻辑和核心要求而言，Basel Ⅲ 与 Basel Ⅱ、Basel 2.5 并非相互排斥或者替代的关系，而是全面的发展和深化。全面实施 Basel Ⅲ，还必须先或者同时完成 Basel Ⅱ 和 Basel 2.5 的实施。简单地说，Basel Ⅱ 的三大支柱和风险权重方法，是实施 Basel Ⅲ 的基础。正是基于此，巴塞尔委员会在 Basel Ⅲ 的实施进度报告中，同时评价 Basel Ⅱ、Basel 2.5 和 Basel Ⅲ 的进展。

由最新进展情况来看（见表1），全球绝大多数监管机构 Basel Ⅱ 的监管法规已经正式生效，进度明显快于 Basel 2.5 和 Basel Ⅲ。同时，绝大多数成员遵循先 Basel Ⅱ、后 Basel 2.5 到最后 Basel Ⅲ 的实施模式。除了时间上的先后顺序外，从 Basel Ⅱ 到 Basel 2.5，再到 Basel Ⅲ 是一个持续深化的过程，尤其是在监管资本计量高级方法、数据等方面，前者更是后者的基础。可以看到，即使 Basel Ⅲ 进程相对落后的阿根廷、印度尼西亚、韩国、南非等，Basel Ⅱ 和 Basel 2.5 也都有实质性的进展。从中国的情况来看，中国采取的是"Basel Ⅱ、Basel Ⅲ 同步实施"模式。尽管巴塞尔委员会发布的进程中标示不同，但实际上中国一直坚持 Basel Ⅱ、Basel Ⅲ 同步实施的模式（中国没有明确提出 Basel 2.5 的概念），在 2012 年之前，Basel Ⅱ 和 Basel 2.5 并没有真正实施。

表1　　　　巴塞尔委员会成员 Basel Ⅲ实施进展情况

实施情况 法规生效情况	Basel Ⅱ		Basel 2.5			Basel Ⅲ
	实施完毕	实施中	实施完毕	实施中	未实施	
未发布法规草稿					阿根廷、印度尼西亚、墨西哥	阿根廷、土耳其
已发布法规草稿				俄罗斯		欧盟、美国等20个成员
已发布正式法规				沙特、美国		澳大利亚、中国、印度、日本、沙特、瑞士
法规已生效	澳大利亚、比利时等23个成员	阿根廷、中国、印度尼西亚、俄罗斯、美国	澳大利亚、比利时等21个成员	中国		

来源：《Progress report on Basel Ⅲ implementation》，国际清算银行，2012年10月。

资本办法并非简单照搬 Basel Ⅲ要求

中国实施 Basel Ⅲ并未简单照抄硬套相关要求。结合中国国情，监管机构制定了《商业银行资本管理办法（试行）》（以下简称《资本办法》），在征求社会意见并经国务院常务会议专题讨论审议后，确立了 Basel Ⅲ的中国监管规则，可以说《资本办法》是中国版的 Basel Ⅲ。《资本办法》整合了 Basel Ⅱ、Basel 2.5 和 Basel Ⅲ的相关要求，是对中国银行业过去实施情况和监管实践的总结，体现了国际监管改革的基本趋势，应该说是合理务实的。

《资本办法》充分吸收了国内银行业和社会公众的意见，体现了中国的特点。相较于初期的征求意见稿，变化是非常明显的。比如，操作风险基本指标法比例原定为18%，最后征求各方意见后下调为15%，达标过渡期由原先的两年放宽至6年等。《资本办法》有对中国国情的深入思考。比如，下调小微企业、住房抵押贷款风险权重，引导银行发展民生相关业务，服务实体经济。对超额拨备计入资本方式进行调整，过渡期内超过贷款拨备100%的部门可计入二级资本，对银行的资本补充压力进行缓解。同时，发布了资本工具创新指导意见，以解决银行融资渠道单一的问题，发布了资本充足率达标过渡期安排，平滑达标带来的冲击效应。

《资本办法》相关标准要求参照了多轮定量测算结果和监管实践，并非最苛刻的规则。在《资本办法》制定的过程中，监管机构组织了多轮的定量测算和反复分析，各项指标标准都有定量依据。2010年银监会投入使用的"腕骨"指标体系，就已经涵盖了全部 Basel Ⅲ 的指标要求，且具备 3 年的实践运用基础，资本充足率体系基本与 Basel Ⅲ 一致，仅核心一级资本充足率增加 0.5 个百分点。比如达标过渡期安排与 Basel Ⅲ 步调一致。像前面所说的二级资本计入方式调整及出台资本工具创新指导意见，都是对 Basel Ⅲ 相关要求的宽限调整。

实施《资本办法》是有准备基础的。早在 2007 年银监会就发布了实施 Basel Ⅱ 指导意见，2008 年至 2010 年陆续发布了 14 个 Basel Ⅱ 监管指引，对银行应具备的公司治理、政策流程、计量模型和数据 IT 条件进行了全面规定。同时，于 2009 年至 2012 年底对工行、农行、中行、建行、交行、招行六家银行进行了三轮验收评估，积累了监管经验，也对中国银行业实施 Basel Ⅱ 的现实情况进行了摸底。根据这些监管实践，《资本办法》对银行进行分类，根据最低资本要求、储备资本要求、逆周期资本要求、系统重要性银行附加资本要求以及第二支柱资本要求的达标程度，安排不同的监管措施，以有效推动银行全面达标。

（作者系中国建设银行首席风险官）

监管新规实施效应分析

张瑞怀

巴塞尔银行监管委员会（BCBS）和国际清算银行（BIS）研究结果均表明，实施巴塞尔Ⅲ将给经济带来正面的长期效应。毫无疑问，我国实施巴塞尔Ⅲ监管新规，有利于银行体系的稳健和持续经营，有利于宏观经济健康平稳发展，对经济金融发展长期而言是正面的和积极的。但监管标准的提高，短期内可能会对我国经济金融产生较大冲击，在当前经济下行压力加大背景下，基于巴塞尔Ⅲ的监管新规实施带来的挑战，应该引起高度关注。

对银行经营管理的影响

商业银行资本补充压力大

首先，资本质量的提高将导致现有各类资本充足率下降。巴塞尔委员会于 2010 年 12 月发布的《综合的定量测算结果》表明，按新规计算，133 家样本银行核心一级资本充足率下降 2.9 个百分点，总资本充足率下降 2.5 个百分点。有专家对我国上市银行测算，14 家上市银行平均一级资本充足率下降 0.72 个百分点，其中有 6 家将低于新的最低监管标准要求。其次，长期资本补充压力较大。作为发展中国家，我国经济增长远远高于发达经济体，加之我国融资以间接融资为主，贷款增长远高于经济增速。因此，我国银行信贷的快速扩张，必将导致我国银行资本补充压力大于发达经济体。近年来我国商业银行加权风险资产年均增长率超过 20%，我们保守地按照未来年均增速分别为10%和15%两种情形估计，2018年达到我国银行监管新规要求，两种情况下我国银行业分别需要补充核心一级资本达1.72万亿元和4.39万亿元。同时，我国杠杆率监管标准要求相对较高，达标时间早，加之随着金融创新和表外业务发展，我国银行业杠杆率势必降低，杠杆率限制将导致我国银行业需注入更多资本。再次，资本补充难度增加。一方面，中长期我国经济将处于周期性底部，由此带来上市融资难度增加，尤其是当前未上市的中小银行更加明显。最近中国人民银行长沙中心支行座谈调查，地方法人金融机构对此反应强烈，普遍认为资本补充压力很大；另一方面，我国银行业一级资本以普通股为主，而欧美国家以留成收益为主，说明我国银行业自身造血功能相对较弱。同时，随着我国利率市场改革推进，银行利差将明显缩小，我国银行业长期依赖利差收入的背景将发生改变，银行依靠留成收益补充资本困难增加。

贷款投放将受较大影响

一是贷款总量问题。一方面，如果资本市场不能提供足够资本，必然导致银行被迫收缩资产，以达到资本充足率监管要求，引起信贷紧缩。另一方面，监管新规将表外业务纳入监管范围，对表外业务监管日趋严格，必然导致银行表外融资减速。最近，中国人民银行长沙中心支行对湖南省银行机构调查显示，九成以上银行反映资本约束作用越来越明显，经济资本对贷款投放约束作用增强；接近六成银行认为今后杠杆率将对贷款投放的影响较大。二是结构问题。监管新规框架下，商业银行为降低风险资产，在贷款规模有限的情况下，可能会将贷款更多投放于风险度低的经济发达地区、行业，对"三农"等薄弱环节领域信贷投放力度可能减弱。我国监管新规尽管对小微企业、个人贷款的风险权重由以前的100%下调至75%，但毕竟只能照顾到点。调查显示，当前各银行对小微企业支持力度开始明显加大，而对"三农"介入意愿普遍不强。三是价格问题。资金来源成本提高，必然导致银行利率定价提高，进而影响企业融资成本。而银行利率市场化后，存款成本也可能显著提高，由此可能形成资本监管改革与利率市场化改革效应叠加，共同推动贷款成本提高。四是产品问题。拥有较大比重衍生品交易和证券化产品的银行在计算现金流入时被赋予较低的折扣因子和较高的流失比例，新的流动性风险监管安排，在一定程度上抑制了投资银行业务和结构性产品的发展。西方发达国家存在金融创新、表外业务发展过度等问题，而对于我国却是发展不足。因此，针对美国次贷危机设计的监管新规可能会给我国银行业产品创新带来抑制过度问题。

银行盈利面临经营成本上升压力

监管新规中通过设置流动性覆盖率和净稳定融资比率两项指标，分别从静态和动态两个不同角度强化商业银行流动性管理。一方面，商业银行为满足流动性覆盖率，需要持有更多优质的流动性资产，比如留存更多的流动性备付金，增持政府、中央银行债券等，这无疑会增加银行机会成本。另一方面，为满足净稳定融资比率要求，商业银行将调整自身资产负债的期限结构，增加长期债务的比重，支付更多的期限风险溢价。

对货币政策的影响

影响货币政策传导，一定程度上抵消扩张性货币政策效果。商业银行资产负债表左边是贷款等资产，右边是存款和资本，银行信贷投放将受两个方面的约束，一个是央行法定存款准备金；另一个是监管当局的最低资本要求。由于巴塞尔Ⅲ推出时间包括过渡期，我国经济正处于一个中长期的周期性下行区间，而实施监管新规、提高监管标准，实际上是一个顺周期操作，由此将抵消逆周期扩张性货币政策的效果。一方面，提高资本、流动性监管标准等会导致银行信贷的收缩和利率的上行，由此抵消宽松货币政策的效果。根据我们的简单测算，假设存款准备金率调整与资本充足率调整都完成传导到贷款的情况下，资本充足率提高1个百分点，将抵消存款准备金下降1.16个百分点的效果。另一方面，在经济衰退期，由于银行信贷损失较大，导致资本充足率下降，而上市、增发等资本调整补充难度加大，资本约束机制更加刚性，顺周期的监管措施传导效应乘数要大于逆周期的货币政策操作，监管新规实施对信贷收缩作用的效果可能更加明显。

货币政策调控的难度将有所加大。一是金融创新可能带来新的挑战。虽然监管新规将商业银行表外业务纳入表内监管，有利于货币政策调控。但在监管新规的"高压"之下，商业银行将会寻求更为隐蔽复杂的表外业务等金融创新活动，规避监管从而提高收益，这无疑将进一步加大货币政策调控的难度。二是流动性监管可能冲击市场利率。由于监管新规对流动性提出了更高要求，商业银行将留存更多的流动性，且在流动性需求上出现趋同性，从而导致市场流动性收紧，利率大幅波动，对央行采取对冲性操作的力度、时机，以及货币政策工具创新等方面，均提出了更高要求。三是货币政策风险体系重新架构导致政策操作空间减小。随着流动性比率的提高，加之监管新规对流动性资产的定义较之前更为狭窄，因此商业银行将持有更多的再贴现、再贷款等央行流动性资产。而在申请时，需向央行抵押政府债券、公司和银行债券等，由此导致央行所持有的资产数量提高、风险评级降低，央行的不良资产占款可能增加，从而影响我国货币政策操作空间。

对宏观经济的影响

巴塞尔协议Ⅲ实施对宏观经济的影响主要通过信贷和利率两个渠道两种途径实现。其一，更加严格的资本充足率要求、新增的杠杆率和流动性风险监管要求将直接影响银行信贷供给的减少，进而影响微观企业投资紧缩、生产资金面紧张，从而减缓经济增长。其二，由于股本成本高于债务，提高资本要求将导致银行加权平均资本成本上升，银行为维护股本回报率，将提高贷款利率，引起贷款有效需求的下降，导致经济产出下降。

同时，巴塞尔协议Ⅲ的实施时机对宏观经济也有影响，在经济衰退过程中实施监管新规，对经济的冲击更大。主要是在经济下行周期，银行资产质量降低，面临的风险提高，作为资本充足率的分母——加权资产扩大；而作为分子的资本因在经济下行期补充更加困难，因此银行即使维持原有贷款增长水平，资本充足率也将呈下降趋势。而监管新规实施将导致资本监管标准上升，这一降一升，必然导致资本的约束作用增强，从而抵消货币政策调控效果。

利率市场化改革背景下，可能导致两大改革效应的叠加，加剧对经济的影响。一方面，利率的放开，将导致银行存款资金成本提高，进而影响贷款利率；而资本监管标准提升也将导致贷款利率上升，贷款利率的上升，最终将影响投资需求，带来产出下降。另一方面，利率市场化将缩小银行利差，影响银行资本补充。而在银行资本监管更严的情况下，必将导致银行收缩信贷，影响经济增长。此外，巴塞尔协议Ⅲ杠杆率监管要求，将表外贸易相关项目采取100%的信用风险转移因子视为表内资产处理，这将导致银行降低贸易融资意愿，影响外贸发展。

（作者系中国人民银行长沙中心支行副行长）

资本工具创新路线图

——解读《关于商业银行资本工具创新的指导意见》

刘　鹏　辛华

　　2012 年 12 月，中国银监会发布《关于商业银行资本工具创新的指导意见》（以下简称《指导意见》）。作为《商业银行资本管理办法（试行）》（以下简称《资本办法》）的配套性政策文件，《指导意见》提出了商业银行资本工具创新的基本原则，明确了合格资本工具的认定标准，并对商业银行提出资本工具创新的工作要求。《指导意见》的发布，标志着我国银行业资本工具创新工作由研究论证阶段步入实质性实施阶段。

《指导意见》出台背景

资本工具创新是适应国内外金融监管规则、增强银行损失吸收能力的需要

　　本轮国际金融危机表明，西方银行业过于复杂的资本结构严重弱化了银行的损失吸收能力，扩大了危机的负面影响，也暴露出在银行资本合格标准方面的严重缺陷。2010 年 12 月，巴塞尔委员会发布了《第三版巴塞尔协议》（以下简称"巴塞尔Ⅲ"），确立了"资本质量与资本数量同等重要"的原则，提出了强化资本工具损失吸收能力的一系列监管规则。巴塞尔Ⅲ将监管资本重新划分为一级资本和二级资本两大类，并确立了更为严格的合格认定标准。例如，对于其他一级资本工具，巴塞尔Ⅲ要求应为无固定期限、非累计性、不设赎回激励机制，且在触发事件发生时以强制转股或

减记的形式参与损失吸收。对于二级资本工具，巴塞尔Ⅲ要求其在银行不可持续经营的情况下以强制转股或减记的形式参与损失吸收。

2012 年 6 月，银监会发布了《资本办法》，充分借鉴巴塞尔Ⅲ的相关规定，明确了资本定义及资本工具的合格标准，适度提高了资本工具的损失吸收能力，有助于增强银行体系稳健性。从目前的情况看，我国商业银行尚未发行符合巴塞尔Ⅲ以及《资本办法》规定的新型其他一级资本工具和二级资本工具。如何借鉴国际银行业成功经验，探索发行符合我国实际情况的新型资本工具是摆在我国商业银行面前的重要课题。

资本工具创新是适应我国银行业发展进入新阶段、增强服务实体经济能力的要求

近年来，与国民经济的持续快速增长相适应，我国银行业的总体规模不断扩大。截至 2012 年第三季度末，我国银行业金融机构资产总额 126 万亿元，比 2011 年同期增长 19.6%；本外币贷款 65.5 万亿元，比 2011 年同期增长 16.4%。但与此同时，银行信贷在支持实体经济方面仍然发挥着重要作用。2012 年前三个季度，银行信贷资金占社会融资规模的比例约为 75.2%。银行体系承担着为实体经济增长提供信贷支持的重要功能，维护银行的信贷投放能力对于实体经济具有重要意义。

银行的资产规模不断扩张可能会加大资本消耗，加大资本补充的压力。在《资本办法》实施后，我国银行业将面临更为严格的资本监管要求。《资本办法》不仅明确了资本工具的合格标准，也将从银行资本中逐步剔除不合格资本工具。银行业的经营战略转型不是一朝一夕可以实现的。从客观实际出发，在坚持引导商业银行走资本节约型的发展道路、不断提升内源性资本积累能力的前提下，引导商业银行积极推进资本工具创新，持续拓展资本补充渠道，是增强银行服务实体经济能力的现实选择。

资本工具创新是稳定资本市场运行、支持我国金融体制改革的需要

近年来，我国资本市场不断发展壮大，金融工具品种不断丰富。但受到美国等发达国家经济复苏前景不明、欧洲债务危机久拖未决等因素影响，加之国内经济不确定性因素有所增强，当前我国资本市场仍然面临困难和挑战，上证综合指数一度跌破 2000 点关口。在此市场环境下，A 股市场的持续融资能力有所下滑，而过多的股权融资也不利于资本市场的稳定运行。与此同时，债券、股票等其他资金占社会融资规模的比例仅为 25% 左右，直接融资占比较低，直接融资市场仍不成熟。国际银行业实践经验表明，

银行发行新型资本工具涵盖非普通股权益工具、债务工具等多种产品，潜在的市场创新空间较大。多元化的新型资本工具产品及发行渠道将改变银行过度依赖资本市场股票融资的局面，从而有助于缓解股权融资对资本市场运行的压力，维护资本市场稳定。加快商业银行资本工具创新，也有助于丰富我国金融工具产品和投资者选择，对促进直接融资市场发展、培育多元化投资主体具有积极意义。

资本工具创新是完善国内银行资本结构、强化市场约束的需要

与西方银行业资本工具过度复杂化、结构化相反，我国商业银行的非普通股资本工具相对匮乏。现有银行资本补充的产品主要包括次级债券、可转债和混合资本债等形式，并均用于补充二级资本。至 2012 年末，国内银行已发行的存量二级资本债券约为 9000 亿元。根据《资本办法》的规定，由于上述债券不包含巴塞尔Ⅲ规定的"强制转股或减记条款"，将被认定为不合格的资本工具，从 2013 年起分十年逐年退出。与此同时，西方银行业大量发行的优先股、无期限资本债券等其他一级资本工具产品在我国尚属空白，导致在《资本办法》实施后商业银行的核心一级资本充足率和一级资本充足率事实上是同一指标数据，倒逼银行通过利润留存和增发新股等形式补充其他一级资本，制约了商业银行的盈利空间和支持实体经济能力。多元化的资本补充渠道将有利于商业银行优化资本结构，适当降低融资成本，强化来自银行股东以外的其他利益相关者的市场约束，改善商业银行公司治理机制。

商业银行资本工具创新的基本原则

资本工具创新是涉及监管法规调整、市场机制完善、投资者群体拓展的系统性工程，需要相关市场主管部门、商业银行、投资者及市场中介机构的共同参与。当前，商业银行发行新型资本工具在我国尚无经验可循，也面临着一定的困难和障碍：一是法规依据不充分，现有法律体系对优先股缺少明确规定，无到期日、强制转股或减记等新型资本工具的属性特征与现有监管法规体系尚未实现充分衔接。二是配套监管政策不到位，对于新型资本工具发行的行政许可的基本要素和审核流程尚需进一步明确。三是会计处理不确定，现行会计准则对于各类新型资本工具的会计处理方式还有待进一步明确。四是发行渠道与投资者群体有待拓宽，新型资本工具在境内外各类市场的发行机制尚未明确，新型资本工具的投资者资质受到一定的限制。

在当前的经济金融环境下，资本工具创新所面临的问题难以采取"自上而下"的方式一次性全部解决，需要调动来自市场和政府等各方面力量，循序渐进地逐步突破。同时，资本工具创新是一个多元化范畴，不同类型的资本工具可以选择不同的发行条款、发行市场及会计处理方式，应当允许区别对待、有序推动。为此，《指导意见》明确提出了资本工具创新的三项基本原则，通过市场的主导作用，按照轻重缓急循序渐进有序加以推动。

首先，坚持市场化的驱动路径。国际银行业实践表明，银行的资本工具创新应是市场选择的结果，商业银行应当成为资本工具创新的推动者和受益者。巴塞尔Ⅲ出台后，欧美主要银行纷纷启动资本工具创新，积极研究设计发行方案，主动加强与投资者及监管当局的沟通，成功发行了一系列新型资本工具。各国监管当局也顺势而为，充分调动市场主体的作用，在坚持资本工具合格标准的同时以开放的态度容纳银行创新。作为市场化的推动主体，我国商业银行不应被动地等待政策惠及，而应充分发挥自身能动性，综合考虑法律法规、监管标准、投资者需求、融资成本以及市场反应等多方面因素，科学设计符合自身实际需求的发行方案，并主动开展与监管部门、投资者的沟通协调，积极推动资本工具创新工作开展。商业银行资本工具创新主体地位的确立是我国市场化改革方向的重要体现，对巩固改革成果、深化商业银行市场化经营均将产生积极影响。

其次，坚持先易后难、稳步推进。资本工具创新作为银行与市场、投资者博弈的过程，存在一定的不确定性。西方银行的经验表明，由于监管标准存在差异，不同属性、不同特征的新型资本工具发行的现实可行性也存在显著差别。在我国现有法律框架及市场环境下，附减记条款的二级资本工具与现有次级资本债券差别不大，期限固定，债券属性清晰，发行难度相对较小，短期内发行的可行性较高。而发行附转股条款的资本债券以及权益类的资本工具则面临诸多方面的制约因素，需要待相关外部条件具备后由商业银行实施发行。国内商业银行可率先在法律环境宽松、审批程序清晰明确、发行市场相对成熟的新型资本工具产品上取得突破，并为后续的资本工具创新奠定基础。在稳步推进的前提下，商业银行可以不断扩大发行范围，并推动外部政策法规等问题的解决，逐步建立并完善全方位的新型资本工具发行体系。

再次，坚持先探索、后推广。巴塞尔Ⅲ出台以来，国际主要银行积极探索，在期限、损失吸收、触发事件等方面不断创新，通过发行优先股、无期限资本债券、含转股或减记条款的资本工具进行资本补充。2012年11月，英国巴克莱银行完成10年期30亿美元含全额永久减记条款的二级资本票据发行。2012年12月，花旗集团完成了7.50亿美元永久、非累积、可取消优先股发行，用于补充其他一级资本。澳大利亚西太平洋银行、澳新银行、昆士兰银行等均已发行或正在发行一系列符合巴塞尔Ⅲ监管规定的优先股，而欧盟及新兴市场国家部分银行则通过发行无到期日的资本债券补充其他一级资本。与此同时，一些银行在资本工具发行方面采取了较为灵活的条款。例如，瑞士信贷于 2012 年 6 月发行 38 亿瑞士法郎的含强制转股条款的资本债券，并约定于发行日后 8 个月强制转为普通股；韩新银行曾发行 30 年期债券，规定到期后将自动循环为下一期 30 年债券，以此满足无期限要求。实践表明，资本工具创新需要鼓励银行主动探索各类型产品，积极尝试各种发行可能性。

进一步明确资本工具的合格标准

为进一步提高合格认定标准的操作性，《指导意见》进一步明确了新型资本工具发行的法律合规形式，细化了触发事件、损失吸收方式等标准，以便更有针对性地指导资本工具创新工作。总体来看，《指导意见》坚持审慎性与灵活性相结合，以国际监管规则为重要依据，充分考虑我国银行业的现实情况，在有效提升银行资本的损失吸收能力的同时，保持必要的政策弹性。

首先，明确新型资本工具的合规形式。关于发行非普通股资本工具如何加入强制转股或减记条款，巴塞尔Ⅲ允许采取法律明确规定和合同约定两种形式。从各国的监管实践情况看，欧盟、瑞士、加拿大等国家将采取法规形式加以明确，有些国家则采用了合同约定的形式。考虑到我国银行业实施资本工具创新的现实法律环境，《指导意见》明确以合同约定的方式发行新型资本工具。在满足巴塞尔Ⅲ及《资本办法》相应的资本工具合格标准的前提下，发行银行可与承销商、投资者等市场主体自主签订合同文件，按照民法的意思自治原则，加入强制转股或减记条款并明确契约双方的权利义务关系。

其次，明确新型资本工具的损失触发事件。《指导意见》对其他一级资本工具和二级资本工具的触发事件分别予以明确。关于其他一级资本工具损失吸收的触发事件，《指导意见》在充分征求业内意见建议的基础上，最终采纳了巴塞尔Ⅲ的底线要求，将触发事件设定为核心一级资本充足率降至 5.125%（或以下）。这一规定既符合国际监管规则的底线要求，也充分考虑了我国银行业的实际情况，最大限度地消除市场对于拟发行资本工具达到触发点并进行损失吸收的各种顾虑，增强新型资本工具对于投资者的吸引力并降低商业银行发行成本。事实上，一些国家监管当局将触发事件设定为高于巴塞尔Ⅲ规定的 5.125%，如印度将触发事件设定为 6.125%，新加坡设定为 7.0%，瑞士设定为 7.5%。对于二级资本工具的触发事件，《指导意见》借鉴巴塞尔Ⅲ的规定，未设置具体的量化指标，由监管部门和相关部门进行审慎判断，以保持监管政策的灵活性。

最后，明确新型资本工具的吸收损失方式。《指导意见》采纳了巴塞尔Ⅲ的规定，要求在触发事件发生时，其他一级资本工具和二级资本工具以本金减记或转股的方式参与损失吸收。所谓"减记"，是指冲减对资本工具持有者的银行负债，并相应增加银行的所有者权益。所谓"转股"，是指资本工具持有者对银行的债权相应转为对银行的普通股投资。《指导意见》明确提出，对于其他一级资本工具的减记或转股可采取部分减记或部分转股方式。同时，结合国际监管规则的实际情况，《指导意见》对暂时性减记、暂时性转股等较为复杂且未最终确定的创新条款未明确规定，为商业银行将来根据形势变化自主设计发行留出政策的弹性空间。

《指导意见》为商业银行资本工具创新提供了政策依据，并拓宽了商业银行资本补充渠道。商业银行应秉持务实灵活的态度，实施资本工具品种创新、发行条款创新、发行渠道创新与发行机制创新，在丰富投资品种的同时有效满足来自市场的多元化投资需求，通过拓宽资本补充渠道有效增强银行体系损失吸收能力，提升银行服务实体经济的能力。

（作者单位：中国银监会国际部；中国工商银行）

发挥资本约束扩张的作用

陈忠阳

2013 年 1 月 1 日，新的资本管理办法正式生效，标志着我国银行业资本管理和全面实施巴塞尔协议进入了历史性的新阶段。然而，多年来我国银行主要靠政府注资和不良资产剥离来摆脱低资本运行状态，近年中国式银行规模扩张再次暴露了银行业强烈的扩张冲动和内在自控机制的缺位。在此情况下，人们对通过实施新的资本管理办法来帮助中国银行业建立起与市场经济理念相契合的资本约束机制，既满怀期待，也难免存有疑虑。

银行资本作用的机理及其重点

在现代的银行资本管理和资本监管运行体制下，银行资本发挥作用的机理需要从两个方面来加以认识。一方面，资本作为股东投入的权益性资源来吸收银行经营所产生的损失，从而防止银行破产，缓冲银行经营波动对银行债权人的影响，乃至对整个金融市场和经济体系的影响；另一方面，通过资本数量的充足性来限制银行的业务规模和要求银行提升风险管理能力，从而在事前减少银行产生损失和遭致破产的可能性。这两方面的作用机理显然有很大的不同：前者是一种事后机制，作用于对损失的事后处置和风险隔离；而后者是一种事前机制，作用于对银行业务规模和风险（损失的事前状态）的控制，进而能产生事前防范损失和危机的效果，应该成为我们关注银行资本作用的重点。

从表面上看，用资本来约束银行的规模扩张是通过资本数量上的充足要求来实现的，但由于在资本充足数量计算过程中加入了风险调整因素，使得原来会计概念上的资本计算变成经济意义上的风险计算，即利用银行内部计算风险和经济资本的方法来计算银行的监管资本充足水平，这样，从本质上看，所谓资本充足要求实际上是通过资本数量和风险管理两个方面的充足要求来最终实现其约束银行规模的作用，这其中既包括事后资本金来吸收损失的能力，更包括事前全面的风险管理控制和缓释风险的能力。这也直接体现了银行是经营和管理风险机构的本质特征。

因此，资本约束业务规模的逻辑并非一种简单的资本数量上的充足要求，而是一种风险管理能力上的充足要求，这实际上反映了在任何管理领域的一个基本原则，即有多大的资源和能力办多大的事情。数量上的充足性本质上反映的是能力上的充足性。这种能力上的充足性逻辑上可以从两个维度来满足。一是提高会计意义上的资本数量，即分子维度，该维度反映的是银行在资本资源规模及其支持的事后吸收损失的能力；二是提高银行的风险管理能力，即所谓分母维度，该维度反映的是银行的管理资源和控制及转移风险的能力。显然，巴塞尔协议 II 的重点在于分母维度，即增加资本充足率计量对于银行实际风险水平的敏感度；而巴塞尔协议 III 在金融危机的特定背景下强调了分子维度，即通过提高资本的数量要求（尤其是核心一级资本）来提高资本的质量，即资本吸收损失的能力。

银行风险管理的机制可以分为传统的内部控制机制和现代的经济资本配置机制，前者是依靠流程管理发挥作用，后者则是依靠资本进入决策层面发挥作用。因为，风险产生于操作流程，更来源于业务决策，尤其是业务规模和方向决策。内部控制机制天然适用于流程风险的控制，关于规模和方向的决策风险传统上依赖于决策者的经验判断，而现代则越来越多地利用充满技术和科学应用的资本管理和对冲管理。这种资本的管理作用与资本所有者直接干预经营业务决策的作用有本质区别，它不是替代管理者直接进行业务决策，而是为管理者在以风险换收益的经营活动中确立风险回报的标准，指出风险承担的方向，提供业务规模和定价决策的依据，从而体现出资本所有者的风险偏好和资本回报要求。

如何看待我国银行资本的作用

在近些年我国实施巴塞尔新资本协议的过程中，一个备受关注的问题就是在我们这样一个社会主义市场经济国家，资本对于银行有什么作用。有人担心和怀疑我国实施资本管理能否真正帮助银行，在遭受严重损失时银行资本能否真正起到吸收损失、防止破产的作用。其实，这种担心和怀疑不是没有道理，而是没有抓住重点。因为历次金融危机表明，即便是西方发达市场经济国家，当发生严重的系统性金融危机时，仅靠银行资本本身也难以抵御汹涌而来的流动性和偿付能力危机，需要强大的国家力量的干预和支持。即便是在非系统性的个体银行危机中，高负债经营的银行往往也难以用有限的资本应对声誉和流动性丧失所带来的支付危机，而这种支付危机最终往往会转化为彻底丧失资本的清偿能力危机。因此，现代资本监管以资本数量充足性要求为逻辑起点，但却并不以此为重点，更不以此为终点，其重点在于银行风险管理能力相对于其业务规模及其风险水平的充足性，终点在于整个银行体系的安全稳健运行。因此，我们真正应该关注的是我国银行资本的事前作用，即能否有效对银行的业务规模和风险控制产生作用，从而降低银行发生损失和倒闭的可能性。

与成熟市场经济体系的银行相比，我国银行资本的作用，无论是吸收损失作用还是控制业务规模和风险的作用，都是有限的，更多的是象征性作用。这不仅表现在多年来我国银行一直依赖国家资本来吸收和处置规模较大的损失，也表现在一直以来难以遏制的信贷规模高速扩张的冲动。其根本原因就在于现行经济和金融体制造成的对银行的多重保护：一是国家多年来对银行的信用支持和破产保护（即所谓隐性担保，造成了银行对国家资本甚至流动性的依赖），二是管制利率体制下的利差保护，三是银行市场准入的竞争保护（主要是指对更加注重管理竞争力的民营资本的准入限制），四是多年经济持续发展的总利润空间保护。这些保护一方面是损失和破产保护，另一方面是盈利和竞争保护，从风险既是损失可能性也是盈利可能性的双重性质角度看，可以视为风险保护，这实际上形成了政府和体制给予银行业的一个期权优势，即在不利的经济形势下遭受损失后有政府注资保底，而在有利的经济形势中可以享受无限的盈利空间。在这种过度的风险保护机制下，银行自然难以建立起自我约束规模和风险的内在动力和机制，也难以成为真正注重资本作用、具有市场经济本质内涵的商业银行。

然而，从历史发展角度进行的纵向比较会让我们有不同的感受。这种比较让我们看到，我国商业银行从20世纪80年代中期以前那种具有反市场经济和反资本作用的计划经济体制中一路走来，90年代中后期开始认识和注重资本的作用，并开始从资本数量、公司治理和风险管理三个方面全面调整和逐步发挥资本的作用，这些年来所取得的进展是有目共睹的。市场经济的核心是金融，而金融的核心应该是风险和资本。面向市场经济核心机制的理念转变、制度构建和技术方法体系建立都不可能是一蹴而就的事情。我国银行资本作用这种不断改进的线路更加符合我国渐进式改革的特征。这样看来，我国银行资本当前这种有限的象征性作用也具有重要意义，因为，它象征着我国重视资本作用的市场化改革方向。

如何让我国银行资本发挥更大的作用

首先，从银行外部环境看，要让银行资本发挥其在市场经济中应有的作用，最重要的是要继续深化改革经济体制和金融体制改革，为银行经营和管理营造真正具有市场经济特征的外部环境。市场经济的本质在于反垄断的自由竞争、市场价格自由形成、市场参与主体在破产规则下的资本约束及优胜劣汰机制。为此，我们应该按照市场经济的规则破除对银行的过度保护。一是尽快建立有效的银行破产机制，因为没有破产就没有真正的风险管理，也无法建立起资本对风险承担的硬约束；二是进一步实施利率市场化，破除对银行的盈利保护，促使银行建立真正的市场竞争力；三是在银行业引进民营资本，增强银行体系的竞争性，并将民营企业专注专业的管理精神融入银行的资本管理过程。

其次，从监管推动的角度看，监管部门要在资本数量充足性监管的过程中体现风险管理能力充足性的资本监管本质要求，这就不是单纯看银行资本数量是否达标，还要看银行为满足资本监管要求而开发的风险计量方法和管理制度是否真实地应用于银行的业务规模和风险管理过程。为此，监管当局甚至可以考虑更多地将商业银行有效风险管理能力的提升折算成合格的监管资本增量，这一方面可以提升银行加强风险管理的积极性，激励银行在风险管理方面的实质性投入，另一方面也减少了对财务性资本的依赖，缓冲了银行资本监管对市场的影响。

最后，从银行内部策略和管理角度看，要以风险管理为本来开展资本管理体系建设和监管达标推进的工作，并以此为契机发挥资本的管理作用，促使银行风险管理由传统的流程管理向现代的决策管理发展。对实施巴塞尔协议和新资本管理办法，一定要区别资本在银行经营中事前管理风险的作用和事后吸收损失的作用，将工作的重点放在利用资本事前管理和控制风险，尤其是业务规模过度扩张所带来的风险。因此，与其说要让资本通过吸收损失来防止银行倒闭，不如说让资本成为风险管理日常工作的"抓手"，来减少银行倒闭的可能性。这就要求银行为实施资本管理办法而建立的风险量化体系不能仅仅用于计量监管资本和满足监管要求（这样容易让风险管理建设陷入主要是满足监管要求的花瓶作用的境地），更重要的是要

资本新规实施路径
■

145

用于经济资本计量和配置，让银行的前台放贷者使用，满足他们更好地识别、控制和监测客户风险的需求，从而构建起风险管理支持业务发展，业务发展依赖风险管理的良性互动的前中台关系。

（作者单位：中国人民大学财政金融学院）

自贸区金融服务

国务院《中国（上海）自由贸易试验区总体方案》颁布后，"一行三会"先后出台自贸区相关政策与管理办法。特别是2013年12月2日，中国人民银行公布《关于金融支持中国（上海）自由贸易试验区建设的意见》，勾勒出一幅自贸区金融改革路线图。而在具体实践操作层面，自贸区金融服务创新空间有多大、如何防范资本大举流入风险等则成为各界普遍关注的问题。

自贸区的银行服务创新

陈四清

对外贸易是我国经济增长的重要引擎和支柱。中国（上海）自由贸易试验区（以下简称自贸区）建设是我国的一项重大决策，其中心任务就是通过改革试点，促进贸易、投资的便利化。以自贸区建设为契机，通过金融创新有力支持我国对外贸易发展，是商业银行履行社会责任的重大课题，也是实现自身业务发展的重要机遇。助力自贸区金融创新实践，商业银行贸易金融业务空间广阔，大有可为。

自贸区建设对我国对外贸易发展战略意义重大

受制于外部需求疲软、人民币升值以及劳动力成本升高带来的产业外移及结构调整，我国对外贸易增速逐步放缓，贸易对经济增长的带动作用减弱。在国际贸易格局持续变化的大环境下，我国亟须通过改革，逐步适应国际规则变化、转变贸易增长方式、提升贸易便利水平和增长活力。在现阶段全力推进自贸区建设、深化贸易及投资便利化改革，对推动我国对外贸易发展，充分发挥贸易对经济结构调整、产能过剩的调节作用，具有重要战略意义。

设立自贸区是应对国际贸易格局变化的战略选择。近年来，以美国为首的发达国家积极推进跨太平洋战略经济伙伴关系协定（TPP）、跨大西洋贸易与投资伙伴关系协定（TTIP）谈判，制定符合发达国家利益的全球贸易新标准。目前，我国主要贸易合作伙伴均已参与有关谈判，我国如游离在体制规则之外，必将在一定程度上削弱对国际贸易规则的话语权，面对新的贸易与投资壁垒，甚至面临在国际贸易中再次边缘化的风险。通过设立自贸区，我国可以在一个相对可控的范围内，通过推进投资管理和服务业开放的试点改革，探索与国际规则接轨的发展机制，逐步形成应对国际贸易规则变化的缓冲区和示范区，从而有助于我国进一步提升应对 TPP 和 TTIP 的主动性，为未来融入国际贸易新机制，推进贸易发展积累经验。

自贸区是我国推动贸易便利化的试验场。国际贸易便利化程度的高低，直接影响到一个国家国际贸易的效率、质量和规模，而贸易便利化水平的提升，在很大程度上依赖于贸易监管政策的简化和完善、贸易企业活力和创造力的有效释放。自贸区将促进贸易、投资便利化作为中心任务，以行政管理体制改革作为制度保障，努力转变政府职能，促进政府妥善处理好与市场、与社会的关系，力求减少行政管理成本。其中，减少对海关监管、资金流动、投资准入等事项的管制，将切实提升自贸区贸易的便利化水平，相关监管模式一旦成熟，可以很快向全国复制、推广，成为提升全国贸易发展水平的助推器。

自贸区建设是我国助推人民币国际化的新引擎。自贸区以金融创新和改革为抓手，试点推进利率汇率市场化改革、资本账户开放，一方面有利于扩大人民币在贸易、投资、保险等领域的运用，加速人民币对外流动；另一方面有利于企业更方便地运用人民币资金进行各种支付清算、外汇兑换、投资保值等交易，为境外人民币回流提供更加多样化的运用渠道，最终形成"出、转、回"相互促进、良性互动的人民币资金循环。到 2013 年第三季度末，境外非居民人民币存款达 1.2 万亿元，境外人民币存量已经初具规模，自贸区试点政策无疑为人民币更大规模的跨境使用和流转提供了有力的支持，从而使人民币国际化成为我国对外贸易发展的新驱动力。

自贸区将全面带动上海国际贸易中心建设。上海国际贸易中心建设是借助上海独特区位优势、发挥龙头作用带领全国贸易发展的重要布局。上海建设国际贸易中心具备良好的自然条件与经济基础，但服务水平、管理能力与发展机制等软实力与全球重要的贸易中心仍有较大差距。自贸区建设将有效突破上海国际贸易中心发展面临的软实力瓶颈，逐步形成上海国际经济、金融、贸易、航运中心建设的联动机制，以层次更高、功能更加完善的国际贸易平台，带动全国贸易的持续发展。

自贸区金融创新政策引领国际贸易发展方向

国务院《中国（上海）自由贸易试验区总体方案》（以下简称《总体方案》）颁布后，"一行三会"先后出台自贸区相关政策与管理办法，2013

年12月2日，人民银行公布《关于金融支持中国（上海）自由贸易试验区建设的意见》（以下简称《意见》），进一步明确了自贸区的金融监管原则与方向。从发布的各项政策看，自贸区金融创新深度契合企业国际贸易发展的诉求，顺应国际贸易发展的趋势变化，为未来我国国际贸易发展引领了方向。

第一，探索投资便利化，以跨境投资带动贸易规模提升与贸易方式转变。自贸区在投资便利化上实现重要突破。根据《总体方案》，外商投资企业实施负面清单管理，对负面清单之外的领域，按照内外资一致的原则，将外商投资项目由核准制改为备案制；自贸区企业到境外投资开办企业，实行以备案制为主的管理方式，对境外投资一般项目实行备案制，大大简化了审批手续。同时，《意见》也明确跨境直接投资与前置核准脱钩相关政策，简化了跨境直接投资跨境收付、兑换业务流程。自贸区投资便利化程度的加深，有效契合了境外企业、国内"走出去"企业拓展投资领域、提高投资效率的需求，跨国企业入区投资与国内企业"走出去"的步伐有望加快，区内贸易方式从一般货物贸易向转口贸易、服务贸易的转变也将提速，贸易活动将更加活跃，自贸区与境内外更高层次、更加广泛、更大规模的投资及贸易活动空间将有效打开。

第二，建立自由贸易账户体系，资金跨境流动助推总部经济。建立自由贸易账户体系是自贸区金融创新的一大亮点。根据《意见》，自贸区在坚持"一线完全放开，二线有效管住"原则的前提下，可通过分账核算管理的方式，允许试验区内居民开立居民自由贸易账户，非居民开立非居民自由贸易账户，上海地区金融机构设立试验区分账核算单元，从而构建起"三位一体"的自由贸易账户体系。自由贸易账户体系的建立，实质上在自贸区内形成了一个与境内其他市场有限渗透、与国际金融市场高度融通的区内金融市场体系。借助该体系，跨国公司可以更加便利地实现资金在境内、区内、境外机构间的灵活调拨与归集，上海作为跨国公司集团总部的吸引力将进一步提升，有力助推总部经济发展；贸易合同双方也因为有更多的账户开立选择，可以广泛利用更加便捷、成本低廉的银行跨境支付结算渠道，提高进出口贸易的效益与效率。

第三，提升跨境人民币使用便利，推动人民币结算向人民币计价逐步过渡。自贸区跨境人民币使用政策的突出特点是强调便利性。一是结算流程的便利性，除经常项目跨境人民币结算外，直接投资项下跨境人民币结算流程也将进一步简化；二是资金归集便利性，允许企业在商业银行开立集团内双向人民币资金池，开展经常项下集中收付业务；三是渠道的便利性，允许商业银行与第三方支付机构合作，提供货物贸易与服务贸易项下

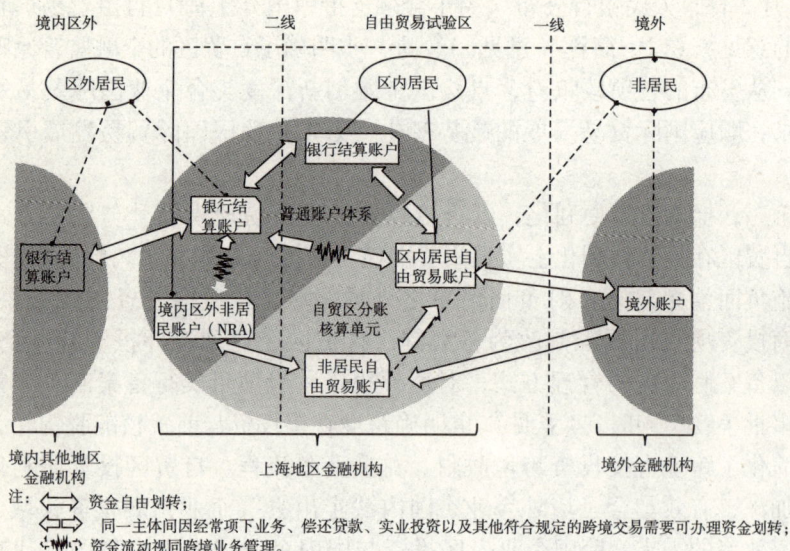

注：⇨ 资金自由划转；
⇔ 同一主体间因经常项下业务、偿还贷款、实业投资以及其他符合规定的跨境交易需要可办理资金划转；
〜〜 资金流动视同跨境业务管理。

图1　自贸区自由贸易账户体系关系图

的跨境电子商务；四是融资的便利性，允许区内金融机构和企业在一定使用条件下从境外借用人民币。人民币跨境使用便利性的提升，将增强企业和金融机构的人民币跨境使用意愿，扩大人民币结算的业务规模。同时，通过资金池资金归集与区内企业境外借款，既打通了人民币回流的渠道，又丰富了人民币跨境使用的功能。更为关键的是，以人民币计价的跨境金融产品将越来越多，人民币的国际地位和我国企业在国际贸易中的话语权将不断提升。

第四，打造大宗商品贸易平台，大宗商品贸易及相关的服务贸易前景广阔。大宗商品平台建设也是自贸区金融创新的重点。一方面，大宗商品交易平台建设正在有序推进：《总体方案》提出允许金融市场在试验区内建立面向国际的交易平台，扩大完善期货保税交割试点，拓展仓单质押融资等功能；《意见》提出探索在区内开展国际金融资产交易；上海期货交易所已于2013年11月22日设立上海国际能源交易中心，承担推进国际原油期货平台筹建工作。另一方面，自贸区也出台了持仓单货物直接入区、进境检疫放宽检验、货物海关特殊监管区域间跨区便捷流动等便利大宗商品贸易开展的海关监管政策。自贸区大宗商品交易平台的搭建与货物监管政策的便利化，将有助于上海建设面向国际的多层次大宗商品交易市场，并扩大人民币在国际大宗商品交易中的使用范围。

商业银行贸易金融业务大有可为

贸易金融是商业银行支持贸易发展最主要的工具和渠道。相比其他对公银行业务，贸易金融直接服务于企业国际贸易活动，与国际接轨的程度更高、产品组合创新的灵活性与空间更大、具备自偿性因而业务风险更低，更加能够适应并充分运用自贸区推动开放、鼓励金融创新的监管政策空间，帮助商业银行在促进自贸区贸易投资便利化的同时，实现自身业务发展。特别是海内外一体化贸易金融、跨境人民币、大宗商品融资、供应链金融、全球现金管理等综合性贸易金融业务，在自贸区将大有可为。

海内外一体化贸易金融——更广阔的企业跨境金融服务平台。自贸区自由贸易账户体系的建立，使自贸区与境外完全打通、境内有限渗透，为商业银行提供了自贸区、境内区外、境外三个市场平台。允许区内机构从境外借入人民币、自由贸易账户有条件自由兑换等政策的出台，进一步拓宽了海内外一体化贸易金融合作的创新空间与客户渠道。商业银行可以更加充分地利用三个市场资源，加强与联行、代理行的合作，有效克服境内资金与融资规模瓶颈，为企业提供成本更低、效率更高、更有效规避汇率风险的结算、表内外融资、避险保值、资金管理、财富管理与增值等方面的一体化综合服务，从而为区内外企业搭建内外贸联动发展的跨境金融服务平台。

跨境人民币业务——人民币国际化的主渠道。使用人民币进行跨境结算可以帮助企业防范汇率风险，锁定财务成本，降低进出口交易成本、提升效率、丰富资金跨国调配的选择，越来越受到企业的青睐。自贸区跨境人民币便利化政策的出台，将提升自贸区企业办理跨境人民币结算业务的积极性，并在此基础上，进一步驱动跨境人民币业务创新。未来，商业银行在海外人民币资金跨境融资、跨境电子商务结算、"直接投资"项下跨境结算简化服务、个人跨境投资、人民币熊猫债发行等业务领域创新和发展的空间广阔，跨境人民币业务作为人民币国际化主渠道的作用将进一步强化。

大宗商品融资综合服务——大宗商品贸易的金融管家。上海国际能源交易中心成立和原油期货上市将有效带动上海地区大宗商品贸易的发展，并带动贸易商旺盛的资金周转、套期保值需求。商业银行可以通过质押期货交易所标准仓单，为贸易商提供短期贸易融资和期货保值业务组合产品；还可以针对以交易中心为纽带的大宗商品客户群，为交易中心、会员及交易商提供包含账户管理、资金结算、保证金存管、托管、理财等在内的商业银行、投资银行一体化综合服务方案。

供应链金融——释放总部经济的增长活力。一系列支持自贸区发展总部经济和新型贸易的政策措施出台，必将加快试验区跨国公司总部或财务中心聚集，并相应带动以跨国企业为核心的供应链上下游中小企业和各类服务业的集中，形成大量基于供应链条的中小企业应收、应付融资需求。供应链金融可以通过对全链条物流、信息流、资金流的有效匹配与控制，应用应收、应付类的集成式银行融资产品，整体降低核心企业与上下游企业的资金运作成本，从而有效释放自贸区总部经济的增长活力。

现金管理——集团企业资金高效运营的有效工具。现金管理是商业银行通过为集团客户构建科学有效的账户管理体系来提供的一站式收付款、流动性管理及投融资服务，可以有效提升集团企业的资金运营管理效率。现金管理不是传统意义上的商业银行贸易金融服务，但与贸易金融业务的关系日趋紧密。汇丰、渣打等国际一流银行已将贸易金融业务与现金管理高度整合，建立用于服务跨国公司国际贸易活动的全球交易银行业务；在国内，集团企业境内总部利用人民币现金池开展的境外放款业务也已经纳入人民银行的跨境人民币结算统计，成为跨境人民币业务的一部分。自贸区进一步放宽了商业银行建立集团客户本外币资金池的政策限制，集团企业通过在自贸区设立财务总部、以现金池方式实现本外币资金集中管理和高效运作的需求将更加迫切，商业银行现金管理服务将因此面临更大的发展空间。

全面提升商业银行自贸区业务的经营管理一体化水平

商业银行参与自贸区金融创新、大力发展贸易金融业务涉及大量的政策调整、产品优化、制度创新、信息系统完善工作，远不是商业银行在上海地区或自贸区设置的一两家分支机构或者单独一两个产品条线能够实现的。商业银行必须举全行之力，全面提升业务经营管理的一体化水平，逐步形成可在其他地区复制、推广的贸易金融业务模式。

产品创新研发一体化。自贸区金融环境复杂多样，单一功能的银行产品很难有效满足客户差异化的需求，必须加强贸易金融产品组合研发。一是加强不同贸易金融产品之间的功能搭配和嫁接，尤其要特别重视现金管理业务与供应链金融、跨境人民币等业务的组合研发，将现金管理业务作为贸易金融产品与客户财务体系准确对接的桥梁和纽带。二是加强贸易金融业务与金融机构业务的组合研发，充分利用自贸区同业业务资源。三是加强贸易金融业务与商业银行、投资银行、券商、保险公司、金融租赁公司等不同业务平台的联动，努力为客户提供多元化的综合服务方案。

客户营销拓展一体化。一是自贸区分支机构要做好区内客户的营销拓展，把握客户需求，并有针对性地配套产品。二是境内其他地区分支机构要与自贸区分行密切配合，了解在自贸区注册、在自贸区外开展实际经营活动的企业客户业务需求，加强客户拓展。三是商业银行总行要建立与集团总部或地区总部设在上海的跨国公司及大型集团企业的联动营销机制，通过总分行联动营销、海内外机构一体化营销，全面掌握集团企业的自贸区相关业务需求，提供全面综合性的产品服务方案。

资产负债管理一体化。《意见》明确自贸区业务计入其法人银行的资本充足率核算，流动性管理以自求平衡为原则，同时允许自贸区金融机构有条件地在境内境外市场筹措资金。在自贸区资产负债业务规模有望逐步放大的情况下，商业银行要不断提高资产负债的一体化管理能力，从集团层面做好自贸区业务规模、资金的合理摆布，妥善处理好自贸区与其他地区的资源配置关系，确保自贸区相关业务的持续发展。

风险内控管理一体化。随着自贸区改革深入，客户信用风险、利率汇率风险、合规风险、法律风险、流动性风险等各类银行经营风险将进一步显现。商业银行要尽快建立更为完善的自贸区风险内控模式与管理方案，不断增强自贸区与境外、境内区外业务风险的联动防控能力，创建具有自贸区特色、可复制、可推广的"自贸区风险管理新模式"。

信息平台建设一体化。信息科技是商业银行未来业务发展的核心竞争力。商业银行在建设自贸区分账管理系统的同时，要做好与现有业务系统的对接和同步更新，特别要重点做好电子银行渠道、现金管理系统平台的功能完善工作，使系统功能有效满足监管和客户的需求。

（作者系中国银行行长）

上海自贸区的金融改革

郑 杨

建设中国（上海）自由贸易试验区，是中央统筹国内国际两个大局、顺应全球经贸发展趋势，在新形势下推进改革开放的重大举措。试验区不同于传统的自由贸易园区，具有鲜明的中国特色，必须坚持中国道路，以开放促改革，打造具有国际高水准的制度创新高地。金融是现代经济的核心，是试验区制度创新的重要内容。当前，应统筹试验区与上海国际金融中心建设两项国家战略的机遇，协同推进、有机联动，为下一步全面深化金融业改革开放探索新途径、积累新经验。

建设试验区的重大战略意义

近年来，发达国家主导的跨太平洋战略经济伙伴关系协定（TPP）、跨大西洋贸易与投资伙伴关系协定（TTIP）、服务贸易协定（TISA）谈判，以及美国近年来力推的双边投资协定（BIT），为未来全球贸易谈判提供了新的指导性框架。上述贸易投资新规则所引领的自由贸易新趋势，正在重塑国际贸易、投资和世界经济新格局。包括我国在内的新兴市场和发展中国家，面临内部经济结构调整和外部竞争规则变化的双重压力，机遇和挑战前所未有。

党的十八届三中全会通过的《中共中央关于全面深化改革若干重大问题的决定》要求，"适应经济全球化新形势，必须推动对内对外开放相互促进、引进来和走出去更好结合，促进国际国内要素有序自由流动、资源高效配置、市场深度融合，加快培育参与和引领国际经济合作竞争新优势，以开放促改革"。

从国家战略的背景看，试验区的定位是应对国际经济形势变化、进一步深化改革开放的"试验田"。试验区不是政策洼地，而是机制体制创新的高地，要以开放促改革，形成可复制、可推广的体制机制。作为一项国家战略，试验区建设有利于我国参与国际经济治理、提升国际话语权，进一步推动国内经济体制改革。

对外有利于参与国际经济治理。目前，我国经济总量已跃居世界第二，但经济大国不等于经济强国。只有使我国由规则接受者成为规则制定者，才能实现向经济强国的跨越。我国业已签署的多项自由贸易区协定和投资协定多属于低层次的自贸协定。如果我国在国际经济治理结构方面被边缘化，就会丧失国际竞争主动权。中央做出的重大决策是全面参与国际经济治理，试验区建设就是这一重大决策的落实和体现。试验区可在小范围先行推动部分领域的高标准开放试点，形成与国际通行规则相互衔接的基本制度框架，成为中国进一步融入经济全球化的重要载体，并为主动参与国际贸易投资新规则制定积累经验。

对内有利于以开放促改革。试验区的制度、管理、服务将坚持高水准，以国际标准作为标杆。投资管理方面，试验区将从正面清单转变为负面清单，强调"法无禁止即可为"。制度创新方面，试验区将从注重事前审批转为事中、事后监管，形成安全审查机制、反垄断审查机制、企业年度报告公示制度、信用管理体系、综合执法体系和部门监管信息共享机制等六项可复制、可推广的事中事后监管基本制度，强调全过程跟踪、管理和监管。这些更具开放性的制度安排都与国家层面的改革紧密衔接，有利于培育我国面向全球的竞争新优势，拓展经济增长的新空间，打造中国经济"升级版"，也给上海提供了一次更好地服务全国发展、实现"创新驱动、转型发展"的良好机遇。

试验区具有鲜明的中国特色

一是功能超越传统自由贸易园区。传统的自由贸易园区（FTZ），通常由单个国家（或地区）在其境内设立，在企业经营、货物贸易、资金流动等方面具有较高的管理自由度和较多的经济政策优惠，实行"一线放开、二线管住"的管理模式，转口贸易、出口加工、仓储展示、物流分拨、离岸金融业务等区域功能比较发达。目前，世界上约有1200个国内自由贸易园区，已成为所在国家和地区发展自由贸易、推行贸易政策的重要工具。试验区在提升传统自由贸易园区功能的基础上，要放眼全球，集聚国际国内资源，形成后发优势，将着重扩大现代服务业开放，加快从货物贸易为主向货物贸易和服务贸易并重转变，从传统的一般贸易出口加工、仓储物流等传统行业为主向总部经济和新型贸易业态为主转变，从贸易为主向投资贸易兼顾转变。

二是以制度创新为核心任务。与功能超越相比，更为重要的是，试验区实质上是我国进一步推进改革开放的"试验田"，将致力于加快政府职能转变，扩大投资领域开放，推动贸易转型升级和深化金融领域开放创新。我国的经济金融体制机制不同于成熟市场经济国家，目前市场准入、投资管理等制度尚未与国际规则接轨，利率、汇率市场化尚待完成。在这些制度创新上，试验区需要突破的较多，就要先行先试。试验区借鉴了国际通行做法，但核心任务不是政策优惠，而是着重突出投资管理、贸易便利、金融创新和综合监管等方面的体制机制突破。

三是不能视同境外。试验区通过扩大开放、深化改革，将形成我国参与国际竞争新的比较优势。建成一个开放度和国际化水平更高、具有国际水准、与境内有机关联的试验区，才能开枝散叶、释放改革红利，发挥示范带动、服务全国的积极作用。因此，试验区在与境外打通的同时，不能搞区内区外的隔离。以金融为例，试验区金融服务、资金流动与境外是打通的，如果与境内区外完全隔离，试验区就变成了"外来外去"的离岸市场，和内地市场就不通了，既容易引发资金、价格的双重套利，又不利于金融政策在全国范围的复制与推广。试验区金融改革要支持经济结构调整和转型升级，以服务实体经济发展和促进投资贸易便利化为出发点和落脚点，稳妥、有序、可控地先行推进。既不能将试验区搞成纯粹的金融试验区或"金融飞地"，也不能把试验区搞成完全投机、寻租、逐利的地方。试验区对境外完全开放，对境内区外有限度开放。如有限度开放区内和境内区外的资金流动通道，一方面允许区内符合条件的企业通过资本项下到境内金融市场进行融资交易；另一方面允许部分境内区外的主体参与区内金融市场平台的融资与交易。根据上述定位，在试验区内组织开展的金融业务应立足在岸市场，兼顾离岸业务，坚持"一线放开、二线管好、适度渗透、有效监测"，充分发挥试验区的腹地优势与辐射功效。同时，做好监管方面的配套制度安排，切实管理好风险，始终防范、打击洗钱、恐怖融资、逃税等行为。这些也是上海国际金融中心建设的题中应有之义。

坚持试验区金融改革的中国道路

坚持市场化的改革方向。2013 年，党的十八届三中全会通过的《中共中央关于全面深化改革若干重大问题的决定》进一步提出：紧紧围绕使市场在资源配置中起决定性作用深化经济体制改革；经济体制改革是全面深化改革的重点，核心问题是处理好政府和市场的关系，使市场在资源配置中起决定性作用和更好地发挥政府作用。试验区是中国特色社会主义和社会主义市场经济体制机制的重要探索，具有鲜明的中国特色，也将彰显"中国优势"。试验区金融改革，关键是要紧紧围绕市场在资源配置中的决定性作用，厘清政府边界，解放和增强制度活力，以放松管制、鼓励创新为重点，进一步转变监管理念和方式，减少乃至终结行政审批，从重行政审批转变为重监测分析，从重微观管制转变为重宏观审慎管理，从"正面清单"转变为"负面清单"，激发金融领域的改革创新动力。

把改革和开放结合起来。改革开放已成为当代中国最鲜明的特色，是决定当代中国命运的关键抉择，是党和人民事业大踏步赶上时代的主要法宝。目前，我国仍处于发展的重要战略机遇期，要继续抓住和用好这个战略机遇期，必须与时俱进，进一步放开目前还存在过多限制的领域，更大范围、更广领域和更高层次上参与全球资源配置、规则制定和治理，坚定维护好"战略机遇期"的平稳延续。试验区金融改革，要扩大对内对外开放，更好地利用境内外两个市场、两种资源。按准入前国民待遇和负面清单的原则，扩大金融业高标准对内对外开放，使外资金融机构和民间资本可以在平等的市场环境下提供金融服务和参与市场竞争。进一步减少资金进出的管制，降低投融资成本，促进资本的自由流动。资本是经济的血液，没有资本的输送营养，就不会有经济的自由与动力。要推动资本市场双向开放，有序提高跨境资本和金融交易可兑换程度，加快实现资本项目可兑换。

坚持正确的改革策略。从我国已经取得的经验看，改革取得成功，一靠坚持循序渐进，二靠坚持"自上而下"和"自下而上"双轮驱动。为使试验区金融改革形成可复制、可推广的经验，既要做好金融改革顶层设计，自上而下地部署推动；也要积极探索和试点，不失时机地抓住改革时间窗口，在重要环节上取得突破，通过自下而上积累经验、完善推广。在推进步骤上，要服务国家金融改革的总体战略，对部分市场影响较大的措施按照全国统一部署审慎实施，对条件基本成熟的可率先组织实施；在风险管理上，采取宏观审慎监管为主的综合措施，以切实维护金融稳定，牢牢守住不发生系统性和区域性金融风险的底线。

协同推进"四位一体"的试验区金融改革

目前，人民银行已出台金融支持试验区建设的"金改三十条"，银监会、证监会、保监会分别推出支持试验区建设的多项政策措施。为落实中央关于建设好、管理好试验区的重大决策，更好地推动相关金融改革规划取得实效，我们应在实现贸易投资进一步便利化的前提下，以市场为导向，以化解国内金融改革的瓶颈为己任，面向全国、放眼世界，充分考虑国家改革大局和全球经济发展态势，与上海国际金融中心建设有机联动，形成一个整体、系统、协同的改革框架，避免改革的碎片化。具体来讲，就是围绕金融市场化、国际化、法制化三大支柱，形成利率与汇率改革、金融市场开放、人民币国际化、资本项目可兑换"四位一体"的协同推进格局，实现金融重要领域和关键环节改革的"破冰"，全方位推动我国货币金融体制机制改革。

金融市场化、国际化、法制化，是我国金融改革的瓶颈所在，是上海与领先国际金融中心的主要差距，也是试验区金融改革必须坚持的基本方向。唯有持续不断地推进金融市场化、国际化、法制化，才能使金融改革成为"一着棋活、满盘皆活"的改革，才能渡过湍流与险滩，走向胜利的彼岸。

金融市场化，包括金融市场的金融资源配置能力、投融资效率和金融基础设施水平。要与上海国际金融中心建设有机联动，进一步拓展试验区金融市场的广度和深度，优化市场结构，推动产品创新，发展衍生工具以对冲市场风险，提升市场规模与服务质量，加快形成分层有序、互为补充的市场体系。着力发展在岸市场，适度发展离岸业务，与在岸市场形成优势互补。加快建设现代化金融基础设施体系。

金融国际化，包括金融市场开放度和在国际金融市场中的话语权等。扩大金融业对内对外开放，是改变我国金融弱国形象、建设开放型大国经济的必由之路，是完善社会主义市场机制的内在要求，更是提升试验区金融业整体竞争力的迫切需要。扩大试验区金融业对内对外开放，关键是为企业利用境内外两个市场、两种资源创造政策环境，建设透明的治理体系，把培育金融国际化功能与拓展金融创新空间相结合，形成与国际规则相接轨的金融制度体系，以求最终与国内、国际金融市场融为一体。

金融法制化，包括金融法律、监管、税制等金融生态环境的国际竞争力等。要突破不合理的法律规则，进一步巩固试验区金融创新成果，完善相应的管理办法，及时修订负面清单，推动试验区金融立法，建立多元化纠纷解决机制，改善金融执法和司法机制，厘清政府边界，处理好创新与监管的关系。按照国际惯例和全球新的贸易投资规则，在管理体制和法制方面先行先试，加快形成具有国际竞争力的法制与监管环境。

围绕上述方向，利率及汇率改革、金融市场开放、人民币国际化、资本项目可兑换是试验区金融改革要重点推动与有所突破的主要领域，这一"四位一体"、旨在促进贸易投资便利化的金融改革路径已日益清晰，实践中应是协调推进、相辅相成的。总的来看，要处理好上述四方面改革与审慎监管的关系，注意把握好节奏，循序渐进，"成熟一项，实施一项"。同时，制定出切实可行的预案，完善相应的监管手段。

一是利率、汇率改革。试验区利率、汇率改革是既有改革成果的进一步深化。利率是资金成本，利率市场化必然需要整体市场的参与，不可能仅在试验区完成。利率改革应按照宏观审慎金融管理原则，根据服务区内实体经济发展需要、金融市场主体培育目标以及市场环境建设情况，结合金融抗风险状况，稳步推进。近期可在试验区进行一些探索与准备。汇率改革应以发挥市场供求在配置外汇资源和人民币汇率形成中的决定性作用为出发点，在试验区发展外汇市场，丰富外汇产品，拓展外汇市场的广度和深度，更好地满足企业和居民的需求。

二是金融市场开放。试验区要在集聚、配置全球资源方面发挥引领作用，金融市场必然要与国际接轨。要按准入前国民待遇和负面清单的原则，扩大金融市场高标准双向开放，相关交易不仅要对境内、境外机构开放，也要对机构、个人开放，进一步方便国外投资者和国内投资者双向开展在境内外金融市场的投融资行为，为人民币国际化提供市场基础。

三是人民币国际化。《"十二五"时期上海国际金融中心建设规划》明确提出，要抓住人民币跨境使用进程加快的历史性机遇，不断增强上海金融市场的国际内涵和全球影响力，力争到2015年，基本建成上海在全球人民币产品创新、定价和交易、清算中心的地位。过去几年人民币国际化的主要推动力量来自贸易结算，试验区应着重推动跨境交易人民币计价和人民币在岸市场深化，为人民币国际化提供新动力，不断提升人民币的国际地位，将人民币国际化推向新的高度，使境内外企业和个人更加灵活使用人民币进行跨境交易、投资。

四是人民币资本项目可兑换。贸易投资便利化必然要求资金自由流动、支付结算便利并减少汇率风险，也就是要求可兑换。大量研究表明，我国已基本具备资本项目可兑换的条件。在试验区内先行试验资本项目可兑换，应在实行分账核算管理的前提下，有序提高跨境资本和金融交易可兑换程度，建立健全宏观审慎管理框架下的外债和资本流动管理体系，在试验区探索形成尊重和保护消费者财产所有权，并与资本项目可兑换相适应的外汇管理新框架，为全面实现人民币资本项目可兑换积累管理经验。

（作者系上海市金融服务办公室主任）

自贸区金融服务

防范自贸区资本流入风险

连 平

上海自贸区金融改革路线图日渐明朗，自贸区内资本和金融账户开放、利率市场化改革及拓展跨境人民币业务的推进步骤清晰可见，各项改革措施在未来两年内有望成熟一项推进一项，对全国范围内的金融改革起到示范和促进作用。但对于自贸区建设中资本大举流入境内的风险，应高度关注并加以有效防范。

自贸区建立不应大幅增加资本流入压力

从 2005 年以来，由于境内外利差、投资收益差以及汇率升值等原因，境外资金通过多种渠道流入境内的规模巨大；即便在严格的政策管制下，资金流入仍然保持了体量大、增速高的特点。上海自贸区的成立将在我国境内形成一个实质上的离岸金融区域，区内机构及企业与境外主体的投资贸易活动所受管制将大幅减少，区内和境外的资本流动壁垒将基本消除，境外资本在自贸区的流入流出将成为常态，自贸区有可能成为境外资金渗透到境内寻求套利机会的跳板。从这个角度看，自贸区的建立有可能增加境外资本的流入压力，资本流入为我国金融稳定带来的潜在风险应当引起足够的重视。

由于长期以来我国对外开放政策的重要目标之一就是招商引资，相关职能部门往往对大规模的外资流入持欢迎态度。在当前经济和金融发展的新形势下，有必要对外资的流入持较为谨慎的态度，也有必要认真审视自贸区在资本渗透流入的过程中扮演的具体角色。很显然，自贸区设立的主要目的并不是继续大规模引入外资，而是为了推动改革，促进投资贸易便利化和政府管理职能转变等。从设立目标和实际需要看，都不需要通过自贸区的设立打开境外资金进入境内新的"口子"，外来资本的过度流入将对我国金融体系带来多重风险。

外来资本的过度流入将加大我国的货币政策压力。现阶段我国并不存在资金短缺问题；恰恰相反，当前我国境内货币存量较大，M2与GDP之比长期高企，外汇占款规模巨大。为了应对这些问题，我国货币政策不得不偏紧实施，存款准备金率一直处于高位。外资通过自贸区过度渗透境内将进一步增加货币政策压力，对整个货币体系产生潜在负面影响。国际上许多新兴经济体由于资金缺乏而通过建立自由贸易区等方式，大量引入外来资本，我国在当前货币资金总体宽裕的情况下不能生硬地套用这些新兴经济体的做法。

外来资本的过度流入将放大我国金融体系运行的潜在风险。当前我国金融领域存在多重潜在风险，如房地产行业的局部泡沫、迅速发展的影子银行、过快增长的地方政府平台融资等，外来资金的更多流入将进一步放大这些潜在风险。资金的逐利特性意味着外来资金停留在境内金融体系的时间和周期存在很大的不确定性，未来一旦发生较大规模的"资金出走"现象，我国金融市场将受到很大的负面冲击。东南亚金融危机时期，境外资金的大量出逃对危机的恶化起到了推波助澜的作用，这其中的经验教训值得引起足够的重视。

外来资本的过度流入将增加人民币的升值压力。我国国际收支持续顺差，其中贸易顺差在2003年以后持续扩大，近年来有所收缩但仍保持每年2000亿美元以上的高水平，资本项目顺差也有扩大趋势，综合导致人民币一直在升值的轨道上运行。外来资本通过自贸区过度流入境内有可能增加资本项下的顺差，增大人民币升值压力。由此，从国际收支的局势看，外来资本的大量引入不利于扭转长期以来的顺差格局，也无益于人民币升值压力的减轻。一些新兴经济体过去曾用大规模的资本引进来解决其货币贬值、资本外逃的问题，我国目前的情况则与其刚好相反，对待外来资本的流入也就应该更加谨慎。

自贸区对资本流入区外
境内的制度安排较为谨慎

在上海自贸区成立后，相关政策在着力推动境内资本输出的同时，也在一定程度上促进了区内与境外资金流动的一体化，并开放了一些方便资金从区内流向区外境内市场的渠道，总体来看属于有限渗透。现有政策对境外资金流入到区内，以及区内资金流至区外境内两个环节都做了安排。

第一个环节是从境外到区内的资金流入。对机构及企业而言，主要有两个渠道的资金流入，即区内机构及企业的境外融资，以及区内金融机构境外的资金获取行为。总体来看，资金经由这两个渠道从境外流入到自贸区内较为顺畅。当前政策也设置了必要的条款，保证通过这两个渠道流入区内的资金不会进一步大规模渗透至区外境内。

在区内机构及企业境外融资方面，相关政策规定自贸区内机构及企业可按规定从境外融入本外币资金，且可以在上海地区的银行开立人民币境外融资专用账户，从境外融入的人民币资金将在该账户中存放，账户内资金可以参与其自身生产经营、自贸区内项目建设、境外项目建设和经常项目结算，但不得用于投资有价证券、衍生产品，也不得用于委托贷款。由此可见，人民币境外融资专用账户中的资金受到了较为严格的管制，不得用于建设区外境内项目，也不得投资到区外境内的资本市场，这就在一定程度上阻断了境外融资资金通过自贸区流入境内的渠道。

在区内金融机构的境外资金获取方面，相关政策明确规定区内金融机构可以从母行拨付初始营运资金、获取自由贸易系列账户的存款、拆入资金、发行大额可转让定期存单等渠道取得境外资金，境外资金的运用主要包括上存母行（主要用于参与境内清算目的）、自贸区内核算体系间的同业存/拆放、向境外存/拆放、对区内及境外的放款和投资等。可见，在现有规定下，区内金融机构从境外获取的资金除上存母行外，基本没有别的流入区外境内的渠道。

第二个环节是从区内到区外境内的资金流入。在当前政策环境下，自贸区内资金流入区外境内主要有自由贸易账户渠道、集团资金池渠道、金融市场投资渠道和个人投资渠道四类，即资金通过区内企业自由贸易账户参与贸易结算和贷款偿还等业务、区内企业资金加入集团资金池、区内企业通过自由贸易账户在上海地区的金融市场进行投资和交易、外籍个人开立个人自由贸易账户参与境内投资四个渠道流入区外境内。

在自由贸易账户渠道下，政策规定自贸区内机构及企业可以自由选择是否开立自由贸易账户。在开立自由贸易账户后，区内机构及企业可以保留原有账户，但须将自由贸易账户相关业务与传统业务分账核算，同一非金融机构和企业的自由贸易账户与其开立的其他银行结算账户之间可以因经常项下业务、偿还贷款、实业投资的需要办理资金划转。由此，如果能有效强化对自由贸易账户和其他账户间资金划转背景的真实性管理，区内资金作为投机资本渗透至区外境内的现象应该可以得到控制。

在集团资金池渠道下，企业集团可以开立人民币一般存款账户，专门用于办理集团内部的人民币双向资金池业务，即集团境内外成员企业之间的人民币双向资金归集业务。这实际上也使得境外人民币资金通过自贸区内集团成员企业流入到区外境内的集团其他成员企业，乃至在区外境内流至集团外部成为可能。集团资金池的流动由资金的上存与下划推动，其中资金由被归集方流向归集方为上存，由归集方流向被归集方为下划。从当前相关安排来看，参与上存与下划归集的资金应为企业生产经营活动和实业投资活动的现金流，前述第一个环节中融资活动产生的现金流是不能参与资金归集的，这就切断了非人民币的境外融资资金通过资金归集流至区外境内的渗透管道。

在金融市场投资渠道下，自贸区内金融机构及企业自由贸易账户中的资金可以进入上海地区相关金融市场进行投资和交易，且这些投资和交易的所得应返回其开立的自由贸易账户。由此可见，在允许自由贸易账户内资金依法合规自由兑换，同时又可以从境外融入资金的前提下，法人机构境外非人民币资金进入境内从事证券投资的渠道已经有限开放。不过，当前政策在为境外资金投资我国境内金融市场开拓了一条畅通渠道的同时，还对控制投资资金的本金和收益流入境内其他经济部门作出了安排。

在个人投资渠道下，在区内就业并符合一定条件的外籍个人可以在区内开立非居民个人自由贸易账户，并按规定开展包括证券投资在内的各种境内投资。这实际上意味着，区内非居民自然人只要有投资境内股市的意愿，就可以经过一定的手续实现这一目标，因为相关的门槛并不高。考虑到相对而言自贸区内非居民个人类似投资活动的规模相对较小，当前需要重点控制和防范的仍是机构和企业相关活动带来的资本流入风险。

综上可见，在资本流入区外境内方面，现行政策框架严格控制金融机构的资金渗透，而对企业等机构及个人资金流入作出了有限放开的制度安排，总体上较为审慎。这样的制度安排有助于落实"一线放开，二线管住"的政策思路，为自贸区创造一个与国际金融市场高度接轨的环境，从而促进改革创新；同时又有利于推进我国的资本与金融账户有序开放，创造经验并向全国推广；还便于监测和管控资本大规模流入的风险。

控制境外资本大举渗透的风险

已往的实践经验表明，在政策对资金流入的管制措施更为严格时，境外套利投机资金通过贸易、商业信用等渠道流入境内的现象就普遍存在且屡禁不止，对我国金融和经济的稳定运行带来了负面影响。在当前的政策框架下，境外资金可以通过自贸区内企业的自由贸易账户、非居民自然人自由贸易账户以及集团资金池等渠道有限流入境内。较以往的资金流动管制政策而言，自贸区的建立使资本和金融账户的开放向前跨出了审慎的步伐。

在这种背景下，为了保障自贸区推动的资本和金融账户开放有序、平稳实施，同时又能有效控制相关风险，未来必须落实既定政策，在确保自贸区内机构及企业合法资金流动渠道畅通的同时，严格执行相关政策中防止境外资本渗透的管理措施。如自由贸易账户与传统业务账户必须分账核算、集团资金池内参与上存和下划的资金不能包含境外融资资金、资金参与金融市场投资的收益应返回自由贸易账户等。在"一线放开，二线管住"的思路下形成"口子开大放宽，流量可测可控"的新监管模式，这要求自贸区内形成有利于风险管理的创新账户体系，以账户管理为抓手，全面有效防范境外资金的非正常、不合规的流入。在实际操作中，需要对自由贸易账户管理、人民币境外融资专用账户管理两个方面加以重点关注。

一是加强对区内机构及企业自由贸易账户的管理。总体来看，自由贸易账户体系的建立是为了使自贸区内形成与国际金融市场高度接轨，但又与区外境内其他市场存在有限隔离的金融环境。要达到这个目标，需要严格规范自由贸易账户内资金的运用，将自由贸易账户与区外境内的银行结算账户之间产生的资金流动视同跨境业务管理。进一步地，需要加强和改善对自贸区内机构及企业经常项目下资金收支活动与实际贸易行为的真实性和一致性的核验，着力强化对涉及自由贸易账户跨境资金交易的监测和分析，监测大额和可疑交易，阻止资本项目下境外资金的大规模渗透，防范洗钱和税收犯罪风险，有效切断境外和区内金融市场的系统风险向区外境内的传播渠道。

二是加强对区内机构及企业人民币境外融资专用账户的监控管理。人民币境外融资专用账户的设立目的是为区内机构及企业从境外融入的人民币资金提供独立的存放账户，进而为其生产经营、投资参与区内及境外的项目建设及经常项目结算提供人民币资金支持；同时更好地为管理部门监测境外人民币运行态势提供便利，保障人民币国际化稳步发展。监管部门应当通过商业银行确保区内机构及企业从境外融入的人民币资金都在人民币境外融资专用账户中存放，确保境外融资专用账户单独设账、单独统计、单独核算，并严格审查、追溯区外境内新增项目、新增资本市场投资及集团资金归集的资金来源，防范人民币境外融资专用账户内的资金通过项目建设投资、资本市场投资、集团资金归集等渠道不合规地渗透至区外境内。

（作者系交通银行首席经济学家）

稳步拓展自贸区金融业务

孙梅玉

上海自贸区自成立以来，因其鲜明的国际化、市场化特征而备受关注。从目前传递的政策信号来看，上海自贸区金融开放的深度和广度前所未有。发展自贸区金融业务具有积极深远的意义：

有助于深化金融开放和改革。通过在自贸区扩大投资领域的开放，推进贸易方式转变，允许居民和非居民通过开立自由贸易账户开展投融资创新业务，有助于协调推进金融对内开放和对外开放，在上海自贸区先行先试积累经验，推动国内顺利完成利率和汇率市场化、资本项目自由兑换等金融改革。

有助于推动人民币国际化进程。自贸区金融业务的发展是对人民币国际化的有力支持，通过开展跨境人民币投融资业务可以回流在周边国家流通的境外人民币，从而便于我国加强对境外人民币的监控，减少这部分人民币对国内金融市场可能带来的冲击，进一步增强金融风险防范能力，保证我国货币政策的有效实施，为人民币国际化功能的发挥奠定更坚实的基础。

有助于帮助中国企业利用全球金融资源谋求跨国发展。截至 2012 年末，我国累计引进外资 1.3 万亿美元，累计对外直接投资 3609 亿美元。无论中资企业"走出去"还是外资企业"引进来"均对全球化金融服务提出了巨大需求。自贸区金融业务可使我国"走出去"客户获得国内银行的金融支持，保障其在对外交往中的资金安全和投融资便利，同时获得国际市场的低成本资金和金融产品，改变过度依赖国外金融机构的状况。同时也可为"引进来"客户提供更加便利的投融资和结算服务。

大幅提高我国银行的国际化经营能力。通过试水自贸区金融业务，我国银行可以借鉴国外金融同业宝贵经验，为开放金融市场业务发展积累经验。同时加快与国际标准和国际规则接轨的进程，快速提升国际化经营水平。

自贸区金融业务面临的风险

自贸区金融业务自由化程度高、风险构成复杂，几乎所有类型的金融风险类型，如信用风险、市场风险、流动性风险、操作风险等均蕴藏其中，并且各种风险没有明显的界限，具有一定的共生性。自贸区金融业务风险一旦暴露，可通过价格、利率、汇率、股价等机制，以及经济主体之间的相互依赖性，产生连锁反应。因此，无论是监管当局、金融机构还是企业，均应对自贸区金融业务的风险有清醒的认识。

金融系统面临的风险

监管政策和措施不到位的风险。自贸区的金融业务尚处于探索阶段，各项政策及法律法规还未完全明确和落实，且自贸区金融业务与境内传统的银行业务具有完全不同的特点，如不能搭建完整的、与国际接轨的监管政策制度和法律法规体系，不明确市场主体准入、业务运作过程监管、货币清算渠道、自由贸易账户资金监管等具体政策，仅凭业务办理后的事后监管，则有可能使自贸区金融业务处于监管的真空地带，无法发挥监管部门的有效规范约束作用，使自贸区金融业务具有极大的随意性和不确定性。

自贸区市场资本无序流动对国内货币政策的影响。自贸区金融市场具有极高的利率、汇率市场化特点，如自贸区金融市场出现大规模人民币资金冲击境内市场，通过外汇交易、套利活动增加投机收益，或非法逃汇、骗汇、套汇行为增多，使汇率价格发生剧烈波动，打乱国内正常市场秩序，都可能带来人民币升值或贬值压力，影响我国外汇平衡，增加内地货币和资本市场运行的不稳定性。

银行面临的风险

总体经营风险。从事自贸区金融业务的银行分支机构的资产负债管理更加灵活，政策要求相对宽松。但如无法准确把握市场供需并合理安排资产负债规模，盲目进行信贷扩张或投资，可能造成银行的流动性风险，导致风险敞口扩大及现金支付能力下降，甚至触发银行本身的信用风险。同时，自贸区金融业务作为国内银行的一种全新业务模式，如何建立与境内业务完全不同的、市场化的经营模式，改变不相适应的经营管理体系，也是我国银行面临的一大挑战。

合规风险。监管部门对自贸区内银行实施"一线放开、二线安全高效管住"的监管服务新模式，在满足监管部门风险管控要求的前提下，银行办理自贸区金融业务不受境内银行监管的诸多限制，可以采取更为积极的经营策略，扩大金融创新空间。但在获得更多经营自主权的同时，从事自贸区业务的银行需要面对的经营环境更为复杂，国际惯例、国际规则和国际法又为自贸区业务划定了各种经营"红线"，稍有不慎就可能因合规风险导致财务或声誉受损。

信用风险。我国银行的传统客户为境内客户，在国内注册且有实体资产和生产经营行为。而自贸区金融业务的客户既有境内居民客户，也有非居民客户，即在国外注册，其主要资产不在本国，多从事跨境贸易和投资，甚至有可能是以避税或套利为目的成立的特殊目的公司。银行对此类客户调查成本高、把握难度大，往往无法充分了解客户的背景、经营情况、资产结构等，可能无法及时获知客户的信用水平和履约能力变化，所产生的信息缺失或不准确有可能导致信贷业务的损失。

市场风险。自贸区金融市场利率、汇率市场化程度远高于境内区外金融市场。我国监管政策允许自贸区银行探索汇率市场化和人民币资本项目可兑换等金融开放政策。在当前境内外各种资金价格严重偏离的背景下，自贸区金融市场的价格受国际金融市场价格和境内外利差、汇差双重影响，其波动频率和幅度更加难以把握。如银行对汇率、利率频繁波动产生的风险认识不足、反应缓慢，没有建立有效的风险规避和对冲机制，则会面临极大的市场风险。

企业面临的风险

自贸区高度开放的金融市场和服务将为我国企业的国际化发展带来巨大的发展机遇，但同时其风险驾驭能力也面临更大挑战。一是中国企业的国际化经营管理能力不强，防范和应对各种跨国经营风险的能力较弱，相应的内部制度建设、经营管理和风险控制、投资策略等还不够成熟。二是以投机的心态看待自贸区金融业务带来的机遇，不能正确平衡主营业务与境外投融资的关系，着眼于套利带来的短期效益，无法从长期战略发展的角度进行决策。三是对境外法律法规不了解，对自贸区业务的风险分析和风险控制手段不到位，办理自贸区金融业务不符合国际规则和法律，导致损失。

多方合力防控自贸区金融业务风险

监管机构提前构筑隔离墙，加强自贸区业务监控

一是要加强自贸区金融业务的准入管理和监管体系建设。监管部门应将所有自贸区内金融机构纳入监管范围，明确其经营范围。同时，建立健全完整的自贸区金融业务监管政策体系，使得自贸区金融业务"有法可依"。二是严格把握自贸区金融业务的风险监管。包括完善自贸区银行业务的监管指标，在现有流动性监测指标的基础上合理设定资本充足率，确定自贸区业务的规模和质量控制范围；强化对自贸区银行业务的监测和报告制度，建立自贸区金融业务的信息披露机制，提高业务透明度，降低银行违规操作风险；在信息报告基础上建立风险预警机制。三是加强国际银行业的监管合作。自贸区金融业务的全球化属性决定了我国监管部门有必要大力促进与各国监管当局的信息共享，提高监管的协调性，加强与其他国家监管机构的往来，通过互相提供监管信息加强对自贸区银行业务的监管力度，减少恶性资本流动对金融体系稳定的冲击。

银行搭建自贸区业务体系，建立风险防控机制

一是提高合规意识，确立自贸区业务经营管理和制度体系。自贸区金融业务有其特殊的经营模式和管理要求，要按照监管要求，建立相应的管理制度、业务流程和 IT 系统，提高合规经营意识。银行的自贸区业务是与境内业务并行的、相对独立的银行业务，需认真研究确定自贸区金融业务的经营管理模式和组织架构，单独制定完整的规章制度。二是严格遵循"了解你的客户"原则，防控信用风险。建立信用风险预警机制，通过境内外机构联动合作，借助国际信用评级机构、资信调查机构和信用保险机构，对客户进行定期核查，及时掌握客户履约能力、交易背景及信用风险情况的变化。三是建立有效的市场风险防范机制。银行应加强对利率、汇率市场化风险的识别和管理，通过适时调整内部资金定价政策、调整资产负债结构、建立汇率风险避险制度等措施，形成完善的风险监测体系和评估体系，建立定期报告制度，适当借助金融衍生工具规避市场风险，加强产品创新，提高风险管理的科学性。四是严格加强自由贸易账户管理。建立严格的自由贸易账户隔离制度，是我国银行探索自贸区金融业务的必要措施，对于确保银行的整体业务稳健经营，防范外部冲击有着重要意义。五是提高自贸区金融业务的办理水平。自贸区金融业务在操作层面的复杂性远超

过境内非自由贸易区金融业务，要求银行须加强对自贸区金融业务合规风险和操作风险的管理和监测，做到"了解你的业务"，做好尽职审查，提高内部经营管理水平及从业人员素质，科学设计业务流程和内控制度。

企业明确经营目标，找准自贸区业务战略定位

一是谨慎经营、稳健发展。在自贸区业务试点探索的初期，企业应采取谨慎经营的原则，严格控制境外投融资风险，切勿忽视风险、盲目扩张，片面追求自贸区业务带来的收益而忽略企业本身的风险承受能力。二是加强对自贸区金融各项政策制度的理解。目前我国仍处于自贸区金融业务发展的初级阶段，企业应充分掌握自贸区金融业务的各项政策制度，及时关注了解政策变化情况，严格遵守国家相关法律法规和政策制度，防止政策调整对自贸区业务的不利影响。三是立足实体经营提高国际化经营水平。企业应利用自贸区金融业务开放引进全球资源，服务于实体经营发展。加快开拓海外市场和海外业务，提高国际化经营能力和水平。

（作者系中国农业银行国际业务部总经理）

自贸区与资本市场互动发展

胡吉祥　姜恺妮

2013 年 9 月 29 日上海自贸区正式挂牌。上海自贸区展现了当前政府改革的新思路，是制度创新的起点。金融领域的创新是上海自贸区最大的亮点之一，本文基于国务院公布的自贸区总体方案和证监会出台的政策支持措施，探讨了构建上海自贸区与资本市场发展之间良性互动关系的可行性。

上海自贸区的发展离不开资本市场的有力支持

根据国务院公布的《中国（上海）自由贸易试验区总体方案》（以下简称《方案》），实现投资贸易更加便利、深化金融领域开放创新是自贸区的工作重点。而投资贸易的发展与金融领域的创新需要资本市场提供综合金融服务支持。

资本市场为自贸区企业提供多样化的融资渠道

上海自贸区扩大了对外开放的领域，国内企业面临的竞争加剧。而资金实力、融资效率是提高企业竞争力的重要方面。与银行融资相比，多层次的资本市场体系能为不同类型企业提供多样化的融资渠道，通过推进外币债券、资产证券化、仓单融资、人民币债券、私募融资等金融产品的创新，满足企业的个性化融资需求，从而增强企业的资金实力，提高竞争力。

资本市场能有效拓宽境外资金的投资渠道

上海自贸区鼓励跨国公司在区内设立区域性的或全球性的资金管理中

心，跨国公司的现金管理需要资本市场为其提供个性化的资产管理产品，实现财富保值增值。随着资本项目的放开，境外资金流入规模扩大，也需要资本市场协助其进行跨地区、跨境、跨货币的投资管理。

资本市场推动企业海外投资与并购，增强企业国际竞争力

近年来粗放型经济增长的问题日益突出，迫使我国在全球范围内进行产业布局。鼓励区内企业进行境外投资是上海自贸区的重要工作。资本市场通过培育专门投资于境外项目的机构投资者诸如产业投资基金、私募基金、并购基金等，为企业进行境外投资与并购重组提供有效的资金支持。证券公司通过为境外企业提供包括业务开拓、资金筹集、收购兼并等财务顾问服务，也有利于提高证券公司在海外的竞争力。

资本市场为市场参与者提供必要的风险管理手段

金融业的开放创新是上海自贸区最大的亮点，区内实行利率市场化与汇率自由化是必然趋势。利率市场化与汇率自由化虽然有利于提高资金配置效率，但是也会导致利率风险与汇率风险上升，需要资本市场为市场参与者提供必要的套期保值工具，满足其规避风险的需求。

上海自贸区将成资本市场改革发展的试验田

目前，我国的金融改革正处于关键阶段，而发展资本市场是推进金融改革的重要举措。自贸区内前沿的金融制度改革、自由开放的投资贸易、宽松的政府监管及优惠的税收政策为资本市场的改革开放提供了巨大的机遇。在区内先进行小范围的资本市场改革创新试验，形成可复制的经验后再向全国推广，可以向未来整个资本市场的改革创新提供经验借鉴。证监会于2013年9月29日发布了《资本市场支持促进上海自贸区发展的若干政策措施》（以下简称《措施》），为上海自贸区内的资本市场创新提供了政策支持。

建立国际化期货交易平台，增强全球商品的定价话语权

期货市场的价格发现功能使其成为现货市场定价的基础。当前英国、美国等发达国家的大宗商品期货市场主导了全球石油、金属、大豆等大宗商品的定价权，"纽约石油""伦敦铜""CBOT 大豆"在国际市场交易中已经得到普遍认可，成为全球石油、铜和大豆现货交易的定价基准。纵观西方发达国家期货市场的发展历程，建立国际性期货交易平台以扩大期货市

场规模、活跃期货市场交易是提升期货市场全球影响力的重要途径。而建设国际性期货交易平台需要以宽松的外汇管理、可兑换的资本项目、市场化的利率、便利的跨境投融资为前提。虽然 2012 年颁布的新《期货交易管理条例》放宽了境外投资者参与境内期货交易的门槛，但是由于 QFII 及 RQFII 的限制，境外投资者参与度并不高，我国期货市场的国际化水平仍然较低。境外投资者参与不足的期货市场难以产生具备国际影响力的定价，这使得我国在国际大宗商品交易与期货交易中一直处于被动地位。

上海自贸区内的金融制度创新使其成为发展国际性期货交易平台的最佳场所。上海自贸区可以以原油等大宗商品期货为起点，积极探索建立国际性期货交易平台。2013 年 11 月 22 日，上海国际能源交易中心正式成立，具体承担推进国际原油期货平台筹建工作。依托这一平台，可全面引入境外投资者，特别是境外产业客户和机构投资者，参与境内期货交易，这有利于提高期货市场定价的合理性，增强我国在国际大宗商品市场上的话语权。

支持境内外证券期货市场的双向投资，提高资本市场运行效率

在设立上海自贸区之前，境内外机构投资者的跨境投资具有资格和投资额度的限制。严格的外汇管理及资本项目管制使得资金的跨境投资规模十分有限。上海自贸区内对资本项目开放和人民币跨境使用进行先行先试，再加上放松的外汇管理体制使得大规模跨境投资成为可能。证监会在《措施》中指出，支持符合一定条件的单位和个人按照规定双向投资于境内外证券期货市场。这不仅有利于推进人民币国际化，而且有利于扩大资本市场的开放程度，提高资本市场运行效率。具体而言：

首先，就境外投资者而言，不用绕道香港地区等人民币离岸市场进行人民币投资，也不再受 QFII 和 RQFII 限制，而可以直接在上海自贸区内设立离岸账户实现资金跨境的自由流动，在全球范围内进行跨境、跨币种资产配置。这有利于扩大我国资本市场的资金规模、活跃市场交易。同时境外投资者尤其是境外机构投资者的成熟的投资理念也能促进我国投资者投资理念的升级，培养健康的投资文化，从而降低整个市场的投机氛围，提升市场的投资价值。

其次，就境内投资者而言，直接在上海自贸区内进行境外投资，有利于丰富居民投资手段，拓宽民间资金的投资渠道，促进居民金融资产保值增值。这可以降低民间资金通过非法渠道流向境外的可能，也便于监管机构监控和引导民间资金流向，及时防范和预警资本市场系统性风险。

最后，允许境内外双向投资将使我国资本市场直接面临发达国家成熟

资本市场对资金资源的竞争，这会倒逼我国资本市场积极进行金融产品和服务创新，增强对境内外投资者的吸引力。

发展柜台交易市场，推进金融产品创新

柜台交易市场是多层次资本市场的重要组成部分。在上海自贸区内金融自由化背景下，市场参与者面临的利率风险与汇率风险上升，对套期保值相关产品的需求也将大大增加。在此背景下，券商等金融机构有动力加快大宗商品交易与金融衍生品的创新，满足投资者多样化、个性化的投资与风险管理需求。

同时，柜台交易市场也为证券期货经营机构提供了广阔的创新空间。证券期货经营机构可根据自身能力提供差异化的金融产品和服务。相应地，监管机构可以根据各家市场机构的风险管理能力的不同对其进行分类监管，以鼓励风险可控下的金融创新。这对于提高市场机构创新能力，吸引境外投资者参与交易，推动我国衍生品市场发展成熟有重要的意义。

扩大境内人民币债券发行主体范围，深化债券市场发展

目前，虽然我国已经允许世界银行、国际金融公司等政策性金融机构在境内发行人民币债券，但是由于资本项目可兑换与外汇管制等方面的限制，目前还没有普通企业和金融机构发行人民币债券。与上海自贸区内资本项目开放、外汇管理等金融制度改革相配套，证监会提出支持区内企业境外母公司按规定在境内发行人民币债券。引入境外发行人，不仅会加快人民币国际化进程，还可优化发行主体结构，扩大债券市场的规模，丰富债券品种，活跃和完善债券市场。

（作者单位：北京大学光华管理学院、中国证监会博士后科研工作站；清华大学五道口金融学院）

自贸区建设带动保险转型

许 闲

中国已成为世界贸易与服务不可或缺的一部分。加入世界贸易组织后，保险业率先对外开放取得了丰硕成果。上海自由贸易区的开放与保监会支持上海自贸区建设的八大举措，将进一步推动我国保险业的发展和转型，全方位融入到未来深层次的服务贸易体系中。

外资专业健康保险机构

保监会支持在自贸区内试点设立外资专业健康保险机构。我国加入世贸组织以来，非寿险业允许外资保险公司设立独资公司，但是寿险业对外资寿险公司在华设立子公司仍然规定其持股比例不能超过50%。在上海自贸区的外资准入管理措施中，这一规定仍未变化，意味着外资专业健康保险机构将成为外资公司谋划的重中之重。

随着中国人口老龄化及人们对医疗卫生需求的增加，外资专业健康保险机构将在服务中国社会的同时拥有广阔的市场前景。上海自贸区的"负面清单"中并未列出禁止外资企业投资医院和其他卫生医疗机构，这意味着国外健康医疗保险机构所常用的医疗模式（保险、家庭医生、医院治疗和保健康复）有望在上海得到复制，这将进一步提高医疗服务水平，降低健康保险机构运作成本，提高利润。外资专业保险机构在上海自贸区的展业将首先惠及随着中国经济发展而迅速致富的高收入人群，而他们对医疗健康的高需求和对价格的承受能力也将进一步为外资专业健康保险公司提供良好的市场空间。

人民币跨境再保险业务

我国已经成为国际上增长潜力最大的保险市场之一。本次自贸区改革"支持保险公司在自贸区内设立分支机构，开展人民币跨境再保险业务"，可以看出国家对保险业"走出去"的支持和决心。但是，上海能否顺利开展人民币跨境再保险业务，并推动我国保险企业发展，进而实现我国保险企业"走出去"战略，却值得商榷。

保监会在支持保险机构开展人民币跨境再保险业务方面，更多的是在支付手段上给予了在境外开展再保险业的中国保险公司使用人民币作为定价货币和支付货币的便利。实际上人民币跨境再保险业务还包括另外一个业务方向，即中国原保险公司向境外的再保险公司分出再保险业务，理应也必须允许其使用人民币作为跨境的支付手段。

中国保险企业能否"走出去"更多依赖于自身实力的提升和国际竞争力的加强，而非支付手段的创新。人民币跨境再保险业务在上海自贸区的试行如果没有政府强力的干预行为的话，将可能难产。理由如下：一是人民币跨境再保险业务开展的首要条件在于中国再保险市场的发达，并且产生足够多的跨境业务，但实际仍有一段距离；二是目前人民币尚不能自由兑换，无论对于再保险跨境分入业务还是分出业务，这都将增加换汇成本，降低市场效率；三是人民币跨境再保险业务的初衷是为中国保险企业锁定汇率风险，但是实际很可能将风险转嫁给境外方，在市场经济下这部分风险会转化为价格成本，最终还需要中国保险企业分担。

巨灾保险机制

上海在国际金融中心的建设进程中，形成了相对完善的基础设施、健康活跃的金融环境和高效有序的金融秩序。这是上海具备的区别于中国其他省市的资源禀赋。目前上海自贸区内的巨灾保险制度建设，应该依托上海当前的金融优势，从而发展出有别于当前云南、深圳等地正在宣传和实践的巨灾保险模式。

考虑到我国保险业正处于转型期、保险意识淡薄和民众依赖政府救灾的惯性思维等因素，联合保险模式相较于纯商业保险模式和强制性保险模式而言更具有可行性和科学性。这就要求上海自贸区巨灾保险体系建设必须在一定程度上依托政府。由于自贸区尚处于试验阶段，巨灾保险机制也可以在小范围内进行试验后在全国进行试点。

境外投资试点

扩大中国保险企业境外投资试点，适度将源自我国境内的保险风险转移到国际上将有助于我国保险企业的稳健性，并且为中国保险企业分享全球资本市场成长的收益带来可能。但是，如何进行试点、如何推进试点却是自贸区内保险企业面临的未解难题。

目前我国允许保险公司境外投资的比例为"不超过上年末总资产的15%"，但实际上远未达到该比例。因此，如果在自贸区外保险企业境外投资15%的比例还没有达到，那么自贸区内放宽该比例的意义不大。我国保险资金境外投资不足，一方面因为中国保险企业缺乏境外投资的经验和专业人才，再加上境外经济环境发展不确定，所以投资意愿不高；另一方面则是中国保监会2012年10月发布的《保险资金境外投资管理暂行办法实施细则》中对投资委托人和受托人的资质进行了严格规定，限制了保险公司境外投资的空间。

上海自贸区内探索保险公司境外投资，首先要解决的不是扩大保险公司境外投资的比例和范围，而是应该研究如何提高我国保险公司风险管理能力，如何进行合理的人才储备，如何使中国保险企业勇于探索海外投资市场，借鉴周边新兴市场的方法，在更多的地方审慎选择投资标的，以分散资产运用途径单一和地区封闭带来的风险，保证和提高保险企业的整体投资回报率和竞争力。

国际中介机构引入

自贸区内国际中介机构引入将包括两部分内容：业务上，未来上海自贸区建设需要大量熟悉再保险、航运、特殊风险、巨灾等业务的国际专业中介机构；分销渠道上，上海自贸区建设将带动以保险经纪人为主体的中介市场发展。

上海自贸区承接了上海国际航运中心带来的海上保险及再保险、特殊风险（新能源、新技术）和巨灾保险等巨大风险保障需求，只有通过专业化的中介服务才能使这些风险得到有效分散和控制，并且将风险转移成本控制在一定区间内。国际专业保险机构将借自贸区为桥梁，成为进驻中国的通道，并且在中国保险业转型和发展中扮演着越来越重要的作用。

中国保险公司通常采用产品设计、营销、核保、理赔、风险管理、分包和投资各项业务独立完成的模式。保险中介在我国尚处于低端竞争的阶段。相对于保险代理人而言，自贸区内保险经纪人的市场空间和潜力将更加广阔。受"泛鑫"事件的影响，上海自贸区国际中介机构引入后的监管将成为重点。2013版"负面清单"中并没有出现国际保险中介机构，这意味着进驻上海自贸区的保险中介机构将执行和我国其他保险中介机构一样的监管标准。目前保监会仅针对保险中介机构设立了基本服务标准，自贸区内保险中介机构的特殊业务可能超出现有的监管框架。如何引导保险中介市场，规范中介服务范围和推动保险中介服务上海自贸区保险建设，也是保险监管部门需要重视的课题。

航运保险

　　上海自贸区将为上海开展航运保险、培育航运保险营运机构和航运保险经纪人队伍、发展上海航运保险协会提供良好的市场环境。目前上海航运保险的滞后发展与上海航运市场近年来取得的成绩显得不匹配。上海自贸区建设将为航运保险发展提供巨大市场前景和市场活力。

　　发展上海自贸区内航运保险，首先需要险种创新。自贸区内航运保险不仅包括货物保险、船舶保险、海事责任保险等，也包括沉船沉物打捞保险、新型运输人赔偿责任保险、无船承运人责任保险、仓库责任保险等创新性险种。其次是保险主体创新。除专业航运保险公司外，积极探索专业保险中介机构、船舶保险公估公司、船东互保协会等多种市场主体。再次是管理创新。航运保险要依托自贸区内建设的一体化信息平台、实行标准化操作流程和专业化服务，向客户提供海上损失管理，向托运人和承运人提供货物包装、装卸、仓储以及船舶、码头的咨询等相关风险管理和信息交换服务。

　　此外，上海自贸区航运保险应该成为对接航运市场与金融市场的服务平台。与保险企业合作是航运业这种资本密集型产业理想的融资方式之一。航运保险不仅可以助力上海国际航运中心建设，同时保险业自身也能为航运企业提供资金支持，并且通过保险产品有效转移其他金融机构在服务上海国际航运中心建设中可能存在的风险，形成上海国际航运中心、国际金融中心的无缝连接。

责任保险

　　中国保险业转型，责任保险应该成为先锋。上海自贸区鼓励不断探索责任保险服务领域，一方面是为了提高自贸区内企业风险管理能力，保障第三方的合法权益；另一方面也是为了减少自贸区内企业经营活动因为责任事故而导致的自身偿付能力下降以及财务波动的风险。

目前中国保险业普遍对责任保险重视不够，对责任保险产品的创新与开发投入不足，成为制约其发展的主要原因。保监会明确指出要鼓励自贸区内保险公司进行险种创新、开拓责任保险服务领域。

上海自贸区建设旨在开启中国新一轮的开放，开放过程中势必使得责任事故和风险变大。这为中国保险企业提供了良好的发展契机。除航运责任保险外，医疗事故责任保险、环境责任保险、安全生产责任保险、公司高管与董事责任保险、食品安全责任保险、物流责任保险、特定职业（律师、会计师等）责任保险等都需要保险公司加大研发力度，扩大供给，使我国责任保险进一步和国际接轨。

保险市场体系完善

上海作为中国经济发展的窗口和下一轮中国经济进一步开放的领头羊，在完善保险市场体系上担负着重要的责任。目前我国保险业正从粗放型的保费竞争逐步向保险回归保障功能、提高保险服务附加值的核心价值模式转变，逐渐和国际保险主流业务与核心价值接轨。在保险业实现成功转型以后，未来中国保险市场将迎来新一轮的发展机遇，上海应提前布局。

为此，上海自贸区提出建立航运保险定价中心、再保险中心和保险资金运用中心等功能性保险机构建设。通过市场发展与政策扶持确立上海在国际航运保险定价、再保险业务和保险资金运用的中心地位。政府在推进上海国际保险中心建设过程中可以为市场提供良好的政治、法律和税务等环境。实际上，保监会支持上海自贸区建设所推进的八大举措，已经为上海航运保险定价中心、再保险中心和保险资金运用中心的形成提供了前瞻性的规划，政府未来应该进一步引导保险企业进行产品创新和自身竞争力建设，规范市场行为。上海自贸区内功能性保险机构建设可以辅助性地为企业提供信息服务、法律咨询和制度保障等，从而依托市场、服务市场、助力上海国际保险中心建设。

（作者单位：复旦大学中国保险与社会安全研究中心）

新三板市场建设

　　2013年1月16日，全国中小企业股份转让系统正式成立。同年2月8日，《全国中小企业股份转让系统业务规则（试行）》及配套文件正式发布实施，全国性统一交易的"新三板"市场焕然登场。不同于已有的场内交易市场和其他场外市场，在市场制度建设方面，"新三板"市场在很多方面实现了突破，制度成效令人期待；同时，围绕着更好地服务于创新型中小企业，"新三板"的制度建设仍存在不少有待改进之处。

新三板新规解读

黄运成　江衍妙　邵同尧

"新三板"市场的历史运行情况

2006年1月16日，《证券公司代办股份转让系统中关村科技园区非上市股份有限公司股份报价转让试点办法》出台，同年1月23日，深圳证券交易所举办代办股份转让系统开盘仪式，正式启动试点。六年来，"新三板"试点初具规模，总体运行平稳，秩序良好。第一，挂牌公司数目稳步提高，截至2011年底，共挂牌102家公司；第二，挂牌企业总体运行平稳，从近年来公司披露的年报财务数据看，大部分公司的营业收入和净利润出现较大幅度增长；第三，挂牌公司大多属于战略性新兴行业，行业分布主要集中在电子信息、生物制药、新能源环保、新材料、文化传媒等；第四，股份转让系统起到了一定的孵化器和蓄水池的作用，有几家公司成功转板至A股市场。

回顾"新三板"市场过去六年多的运行情况，其扩容步伐还不快，并且存在区域发展不平衡、企业挂牌意愿不强、交投不活跃、转板实现难等情况，这些问题使得"新三板"市场对资金、企业、投资者的吸引力不够，其应有的作用未能充分发挥。

"新三板"市场新规解读

2012年10月11日，证监会正式发布《非上市公众公司监督管理办法》，"新三板"制度突破跨出重要一步。随后，一系列配套措施陆续出台，2013年1月16日，全国中小企业股份转让系统正式成立。

明确了"新三板"的法律地位和职责，初步实现厘规定矩

新规明确了全国中小企业股份转让系统（以下简称股转系统）是经国务院批准设立的全国性证券交易场所，负责组织和监督挂牌公司的股票转让及相关活动。新规对股转系统公司的职能做了详细列示，规定股转系统公司应当就股票挂牌、股票转让、主办券商管理、挂牌公司管理、投资者适当性管理等问题依法制定基本业务规则。股转系统是我国第一家公司制证券市场组织机构，具有重要的探索和开创意义。

以培育新兴中小企业为目标，重塑对接实体经济的融资功能

新规的主要目标是发挥全国场外市场服务实体经济结构转型、支持中小企业创新创业的功能，引导中小企业规范发展。新规对挂牌企业更进一步降低了门槛。

挂牌条件不设置财务指标。将原条件中的"主营业务突出"调整为"业务明确"，要求企业清晰描述公司的产品或服务、生产或服务方式、业务规模、关键资源要素和商业模式等情况，并如实披露过往经营业绩，便于市场和投资者自主判断，而不是由全国股份转让系统公司对其主营业务是否突出做出实质判断。

股东人数可以突破200人的限制。挂牌公司是经证监会核准的非上市公众公司，股东人数可以超过200人，不受股东所有制性质的限制，不限于高新技术企业，这大大增强了全国场外市场服务实体经济发展的深度和广度。

允许挂牌公司实施股权激励计划。由企业在合法合规前提下自主决策，鼓励以此吸引人才发展企业，但要充分如实披露。

积极放宽挂牌中小企业融资和再融资渠道。除允许挂牌企业定向增资外，还可以通过以公开市场转让、可转换公司债券、发行私募债及其他证券品种等方式进行再融资。

优化了"新三板"市场交易规则，提升市场的交易效率

新规优化了交易规则，以提高交易效率，如：实施做市商制度，丰富转让方式；优化协议转让方式，提供集合竞价转让服务；降低单笔报价委托最低股数单位调整为1000股；采用多边净额担保交收模式；对股票转让不设涨跌幅限制；转让信息要求公开透明，规定全国股份转让系统公司每个转让日发布股份转让即时行情、股票转让公开信息等转让信息，并根据

需要编制指数。这些措施将有利于提高市场的活跃度。

确立了市场化的运行规则，增强市场的包容度

针对创新创业型中小企业的发展特点和风险特征，在挂牌审查中坚持市场化原则，充分发挥中介机构作用，力求增强市场的包容度。如：企业挂牌不再将取得政府的确认函作为必要条件；新规将各类细则的制定权力下放至股转公司，也为后续规则制定、实施和调整留下更灵活的回转空间和更大的创新空间。此外，新规也探索了"新三板"与场内市场之间的转板机制。按新规规定：在"新三板"挂牌的企业已经由证监会核准成为公众公司，在全面具备沪、深证券交易所上市条件的情况下，可以直接向证券交易所进行上市申请，这实质上就是成熟市场的"介绍上市"模式的原则性规定。这意味着今后除了公开发行并上市之外，企业取得上市公司地位将拥有一条更市场化的途径；此外，PE/VC投资也可以获得新的退出方式。

建立了"新三板"市场的监管框架体系，实行自律和监管相结合

明确监管框架。"新三板"首先由股转系统公司对主办券商、挂牌公司、投资者和其他中介机构实施自律监管，在此基础上受中国证监会的统一监管；增加了暂停解除挂牌公司控股股东、实际控制人的股份限售的措施以及将记入证券期货市场诚信档案数据库的纪律处分。

督促主办券商勤勉执业、归位尽责。为强化市场主体的自律责任，充分发挥中介机构的筛选和督导作用，将"主办券商推荐并持续督导"作为挂牌必备条件，这也是与公司挂牌后如果没有主办券商持续督导将面临摘牌的要求做出制度呼应。

规范挂牌公司治理和持续信息披露。要求主办券商持续督导所推荐挂牌公司诚实守信、完善公司治理机制。对于信息披露，新规则考虑到中小企业的特点，在强调真实性和透明度的基础上，降低企业披露成本，实行适度信息披露原则；而股转系统对已披露的信息进行事后审查。

强化了投资者适当性管理，设置较高参与门槛

针对创新创业型中小企业风险较高的特征，股转系统实行严格的投资者适当性管理制度，并设定较高的投资者准入标准，对自然人投资者从财务状况、投资经验、专业知识三个维度设置准入要求。

对于公司挂牌前的股东、通过定向发行持有公司股份的股东等有特殊情形的投资者，可能不符合此次实施的投资者适当性管理的要求，那么就

只能买卖其持有或曾持有的挂牌公司股票；新规前已经开通挂牌公司股票转让业务的机构投资者和自然人投资者原交易权限不变。

"新三板"的新规已破冰起航，核心制度落地有助于"新三板"市场规模的进一步扩大。从境外市场情况看，以上这些制度对于提增券商业务空间、活化市场的投融资与市场交易功能都具有促进作用。

"新三板"市场发展亟待突破的问题

新规下的首批业务规则及相关配套文件仅规定了相对成熟且最基本的条款和内容，目的是明确市场预期，传递股转系统制度建设的整体思路，体现了制度建设的开放和包容。但是，为了满足全国统一场外市场的发展需求，使"新三板"进一步满足全国股份公司转型发展的需求，借鉴美国的场外市场和台湾地区兴柜市场等成熟市场发展经验，以下问题亟待研究解决。

"新三板"市场扩容有待进一步提速

目前我国共有高新企业技术开发区88个，企业约6万家，以民营企业和"三资"企业为主，行业主要集中于信息技术、生物技术、新材料等领域，从业人数超过800万人。可见，我国高新园区具有较大的发展空间。接下来，有必要加快推进高新园区试点范围，逐步扩展至全部国家级高新区。长远看，可以突破高新园区的限制，覆盖所有非上市股份有限公司，发展为更广泛意义上的全国性市场，使得"新三板"真正成为国家积极构建服务中小企业的直接融资平台。

转板退板制度有待进一步细化落实

目前我国多层次资本市场框架虽已初步搭建，但相互之间缺乏有机的结合，不同层次的市场之间尚未建立起完善的转板退板制度。从"新三板"到创业板的转板案例看，其履行的各项步骤与直接去创业板上市的企业并无明显差异，并且创业板门槛不算很高，因此很多企业宁可选择直接上市，从而抑制了一些企业在"新三板"挂牌的主动性和积极性。

应当尽快建立场外交易市场与主板市场连通机制和内部各层级可自由转板机制。坚持升板自愿、降板强制的原则，通过优胜劣汰来保证上市企业质量，增强"新三板"市场吸引力。在市场连接方面，还可以探索建立"新三板"与区域性市场"四板"市场之间的连接机制，使全国性互联互通的多层次资本市场体系真正形成。

做市商制度有待进一步细化

目前，我国"新三板"市场交易不活跃的主要原因正在于场外市场的价格信号的传导远远没有场内市场好，交易深度与广度不够，供需存在结构不平衡，并且许多投资者对市场还缺乏足够的了解。新规虽然优化了交易规则，拆细降低了每笔交易最低股数，但要真正活跃"新三板"市场，还需依靠做市商的成长。引入做市商制度，可以在为市场提供流动性的同时促进市场的价格发现。当前启动做市商制度恰逢其时。

"新三板"的法律地位需进一步提升

当前对于证券交易所，在《证券法》中有明确的规定，证监会也出台了《证券交易所管理办法》等部门规章对证券交易所的职能、组织、监管等予以细化。但同样是国务院批准的对公开发行股票进行转让的场所，全国中小企业股份转让系统的上层制度设计相对不足，其法律地位仍需提升。建议将其纳入《证券法》中关于国务院批准的其他证券交易场所的内容。

新三板市场建设

新三板的制度创新

刘纪鹏　韩卓然

2013 年 2 月 8 日，《全国中小企业股份转让系统业务规则（试行）》及配套文件正式发布实施，新规的发布意味着"新三板"业务走上正轨。"新三板"作为我国场外市场的组成部分，对建设我国多层次资本市场而言，是一项重要举措，其运行有利于打破深、沪证券交易所对中国资本市场的垄断，实现来自竞争的繁荣；对于投资者而言，"新三板"拓宽了投资渠道，使投资者有机会分享挂牌企业的发展红利；对中小企业而言，"新三板"为非上市公司搭建了一个全国性的股票交易转让平台，其定向增发功能还有助于缓解中小企业融资难问题。

但良好的制度本身还需具体的落地规则方能保证实效，创业板"播下龙种、收获跳蚤"的前车之鉴依然历历在目。此次新规的发布为"新三板"的运行提供了规则层面的支撑，总体看来，亮点颇多。

公司制股票交易所首开先河

"新三板"是中国大陆首个采用公司制的股票交易所，这符合成熟市场国家的经验，也是当今世界交易所发展的趋势，包括纽交所和香港联交所在内的诸多交易所都已由会员制转变为公司制，这些公司制交易所是以营利为目的的企业法人，甚至很多交易所本身也是上市公司。"新三板"交易所实行公司制意味着它将作为独立的法人，以盈利为目的，按照现代公司制度的要求运转，既不是依附于证监会的"派出机构"，也不是从事公益事业的事业单位。按照现代公司制组建的"新三板"交易所将具有更强的独立性和更为广阔的发展空间，在经济利益的驱动下不断拓展业务范围，提高服务质量，完善各项制度，甚至在未来公司本身也可能到主板挂牌上市。公司制交易所是"新三板"制度设计中最能体现创新的改革思路，将行政垄断下事业单位色彩浓厚的交易所转变为盈利性的公司，此举能够从根源上斩断交易所尾大不掉的"公款衙门"情结，促使其主动融入市场寻求发展，为未来中国深、沪证券交易所组织模式的变革积累经验。

新规探路发审制度改革

目前，我国无论是主板、中小板还是创业板上市实行的都是审批制，由证监会发审委对拟上市企业进行实质性审查，交易所成了监管部门的附庸，其上市部没有独立的审核权限，属于"龙套"角色。本该专司监督职责的证监会热衷于行政审批，"种了别人的田、荒了自己的地"。监审不分给中国资本市场带来了诸多问题，创业板公平与效率的缺失已经给我们留下了深刻教训，"新三板"要避免重蹈创业板覆辙，就必须打破证监会行政垄断，从"监审分离"入手，彻底解决发行审核制度的痼疾。

此次新规，企业挂牌审核权被下放到证券交易所，证监会非上市公司监管部不对挂牌企业进行审批，只负责市场监管，而证券交易所对挂牌企业也不设财务指标、不对其主营业务情况做出实质判断，其进行的只是一种程序性审查，这基本上遵循了备案制的思路。当然，备案制并不意味着放任自流，而是将重点从挂牌前的审批转移到了挂牌后的监管，公司在上市之后将面临严格监督，一旦发现业绩造假、发布虚假信息等问题，企业将面临更加严厉的制裁。"新三板"作为我国资本市场发审制度改革的探路者，其实践情况将为我国主板、创业板发审制度的改革提供宝贵经验。

主办券商制度构筑权责利统一体制

"发审委有权、保荐人有钱、投资人有险"是中国股市面临的突出问题，保荐人、承销商在"保荐＋直投"的模式下个个赚得"盆满钵满"，却极少因违规行为受到与其收益相应的处罚，这种权责利不一致的体制对资本市场造成了极大伤害。

"新三板"实行主办券商制度，其业务包括：推荐股份公司股票挂牌，对挂牌公司进行持续督导，代理投资者买卖挂牌公司股票，为股票转让提供做市服务等，这极大地扩展了券商的业务范围，给券商发展带来新的机遇。新规在赋予主办券商权利的同时，也在加大坐实主办券商责任。新规

新三板市场建设 ■

189

将主办券商的责任具体化，挂牌后主办券商要对企业进行持续督导，不得随意解约，主办券商若想与企业解约，必须有愿意承接责任继续督导责任的下一家券商，如此一来，主办券商将会更为慎重地保荐挂牌"新三板"的企业。

笔者认为，未来如果被推荐的挂牌公司出现了问题，对主办券商应给予严厉处罚，轻则警告，重则吊销券商执照，触犯刑法的则追究其刑事责任。对因造假导致企业被摘牌的，造假企业和主办券商对投资者的损失应负连带赔偿责任，除此之外，监管部门还应对其处以巨额罚款，使造假者无利可图的同时还面临额外制裁。

个人投资者门槛限制展现方法论智慧

新规向个人投资者敞开了大门，这有助于活跃"新三板"市场。但同时新规规定进入"新三板"的个人投资者资产需达 300 万元，将风险承受能力弱的投资者排除在外。原因在于，"新三板"的挂牌公司多为处于初创期的创新、创业型中小企业，创新风险、创业风险和经营风险相对较高，其挂牌的财务标准、信息披露标准也低于主板、创业板上市公司。相对于"小荷才露尖尖角"的"新三板"市场，即便是更成熟、更规范的主板、创业板市场，仍然是投资者财富的"粉碎机"，所以，设立较高的个人投资者门槛是必要的，也是对投资者负责任的表现。

尽管面临着个人投资者门槛过高的质疑，但从改革方法论的角度来看，即使在试行过程中确实因准入门槛过高而不利于市场繁荣，再下调准入门槛，相对而言，面临的改革压力较小。但是如果反过来，一开始的准入门槛太低，大量投资者进入以后再想提高准入门槛，则要面临一批投资者因达不到新标准而必须退出市场的问题，这样的改革显然将遭遇巨大阻力。目前新规还处在试行阶段，对准入门槛应"宁高毋低"，未来可以考虑从严到宽、从紧到松地适时调整投资者准入门槛，逐步探索最优标准。

做市商制度解决中小企业定价难题

做市商制度的实行是新规的一个亮点，"新三板"在保留协议转让方式的基础上，一并实施竞争性传统做市商制度，同时提供集合竞价转让服务，以完善市场交易功能。做市商制度不仅仅是一种市场交易制度，更是整个"新三板"市场运行的核心，做市商制度的引入能有效解决科技型中小企业的定价问题。由于在"新三板"挂牌的多为科技型中小企业，这类企业大多依靠股权融资,通过企业的高增长让投资者分享收益。但由于高科技成长型企业难以定价,一般投资者很难判断其价值,因而投融资双方对企业的估值会存在偏差。而做市商制度依靠公开、有序、竞争性的报价驱动机制,实行双向报价,能保证证券交易的规范和效率,为市场提供即时性和流动性。做市商制度使"新三板"挂牌企业能通过交易价格来决定融资价格,有效发现科技型中小企业的真实价值。

此外,交易制度方面,新规还将降低最低申报股份数量要求,"新三板"每笔报价委托最低数量限制从30000股降低至1000股。流动性历来是"新三板"的短板,"新三板"的流动性极为不足,换手率不到3%,而2011年深、沪两市A股的换手率则达到219%。流动性不足制约了"新三板"交易的活跃程度,无法实现资源优化配置功能,影响了企业融资。最小交易单位的调低意味着交易门槛的放宽,从而能够刺激交易数量的增加,提高流动性。

虽然"新三板"新规的制度创新有目共睹,但未来发展依然面临着诸多挑战,如投资者适当性管理制度的最佳标准是什么,"新三板"与主板、中小板、创业板的转板制度如何建立,做市商制度如何进一步规范等。"新三板"如何解决这些问题,在中国国情和国际规范之间寻找到一条正确的道路,令人期待。

(作者单位:中国政法大学,刘纪鹏系中国政法大学资本研究中心主任)

多层次资本市场的转板机制

钱康宁　蒋健蓉

2013 年 2 月 8 日，全国中小企业股份转让系统有限责任公司发布的《全国中小企业股份转让系统业务规则（试行）》明确，"新三板"挂牌公司可向中国证监会申请首次公开发行股票并上市，也可向证券交易所申请股票上市。3 月 10 日，深交所总经理宋丽萍对于"新三板"挂牌公司转创业板的规范要求进一步加以明确。"新三板"挂牌公司通过"介绍上市"的形式登陆沪、深证券交易所，可谓迈出了我国探索市场化转板机制的可贵第一步。

引入转板制度的意义

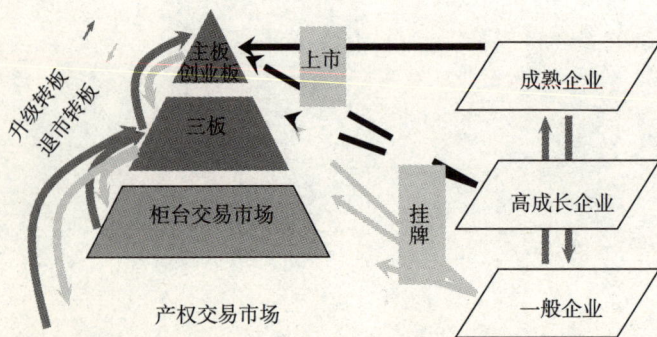

资料来源：申万研究。

图 1　转板制度的建设有利于多层次资本市场的构建

转板机制的建立有利于多层次资本市场建设成为有机整体

面对我国企业群体发展壮大并不断分化、潜在投资群体规模也日益扩张并不断分化的现状，目前层次较为单一的证券市场结构日渐不合时宜。未来我国理想的多层次市场架构，自下而上依次应是：规范统一的基层私募产权交易市场、区域及券商间柜台交易市场、"新三板"市场、创业板市场、主板蓝筹市场。而多层次资本市场体系的完善，除了加快培育"新三板"、柜台交易等基层板块外，引入优胜劣汰的升降级制度十分必要。只有各层次市场间定位明确，并且相互连接，才能形成多层次资本市场之间相互补充促进、相互连通协调的良性互动机制，才能推进资本市场"脱虚向实"，加大对经济发展的支持力度。

转板机制有利于激活"新三板"市场，改变目前交投清淡、规模不大的现状

随着一系列政策的推动，"新三板"市场 2012 年大幅扩容，当年累计挂牌企业 105 家，超过以往六年的总和，而且随着后续试点园区的进一步扩大，预计"新三板"市场规模将成倍增长。但相比规模的扩容而言，其成交情况却不甚理想。相关数据显示，平均每日仅 2~3 笔成交，年换手率最高仅 5% 左右，远不及 A 股二级市场的活跃度。2012 年成交笔数甚至较2011 年还减少 22.8%，成交金额仅放大 4.29%，2012 年换手率 2.61% 的水平也低于 2011 年的 3.21%，"新三板"流动性较差的状况没有改观。

表1　　　　　　　　　　"新三板"历年交易情况

年份	挂牌公司（家）	总股本（亿股）	成交笔数（笔）	成交股数（亿股）	成交金额（亿元）
2006	10	5.77	235	0.15	0.78
2007	24	12.36	499	0.43	2.25
2008	41	18.86	479	0.54	2.93
2009	59	23.59	874	1.07	4.82
2010	74	26.90	635	0.69	4.17
2011	97	32.57	827	0.95	5.60
2012	200	55.27	638	1.15	5.84

资料来源：巨潮资讯，申万研究。

"新三板"交易清淡的局面，一方面与挂牌上市条件多、投资者融资方式局限等因素有关，另一方面是因为转板制度的不健全。如果引入"择优即可升板"的激励机制，则有利于形成企业间良性竞争的氛围，"新三板"将发挥上市公司蓄水池作用，为创业板和主板市场输送优质资源。事实上，目前"新三板"的上市公司中很大一部分已经符合创业板发行上市的财务要求。转板制度一旦建立，挂牌企业"进可攻、退可守"，"新三板"的吸引力将极大提升，无论是板块规模还是交易投资的活跃性都将得到实质性改善。

转板制度有利于促进市场竞争，提高资本市场资源配置效率

从企业的角度而言，当其发展到符合高层次市场的条件选择转板时，对扩大投资者（尤其是机构投资者）基础、增加公司股份的流动性、提高企业知名度、优化公司股权结构等有很大促进作用。反之，当企业由于技术退步、经营不善等原因满足不了所处市场的上市条件时，选择降级或退市，则有利于降低企业的上市成本、维护市场信誉、寻求转型发展。

从资本市场建设的角度而言，转板制度有助于促进多层次资本市场成为有机整体，从资源配置角度助力产业布局调整，优化资产投向和结构，从而提高整个社会的资源配置效率。

成熟市场转板制度的经验与教训

美国转板机制的经验

以美国市场为例，严格的退市制度和转板制度能够利用优胜劣汰的机制保证纳斯达克（NASDAQ）市场的企业质量。NASDAQ 市场与纽交所（NYSE）和场外柜台市场（OTCBB）之间都存在转板机制。其中，OTCBB 的股票股东超过 300 名，价格不低于 5 美元，净资产不低于 400 美元，即可转板到 NASDAQ 市场；NASDAQ 小型市场上连续 30 日交易价格低于 1 美元，警告后 3 个月未能使股价升至 1 美元以上，则将其摘牌降至 OTCBB 报价系统，在 OTCBB 摘牌的公司将退至粉红单市场（Pink Sheets）进行交易。NASDAQ 内部各层次可自由转板，转板方式分为主动申请和强制转板，一般意义上，升板采用自愿原则，降板采用强制原则。2000—2010 年，美国共有 182 家公司从 NASDAQ 市场转板到 NYSE；同时，25 家公司从 NYSE 转板到 NASDAQ。

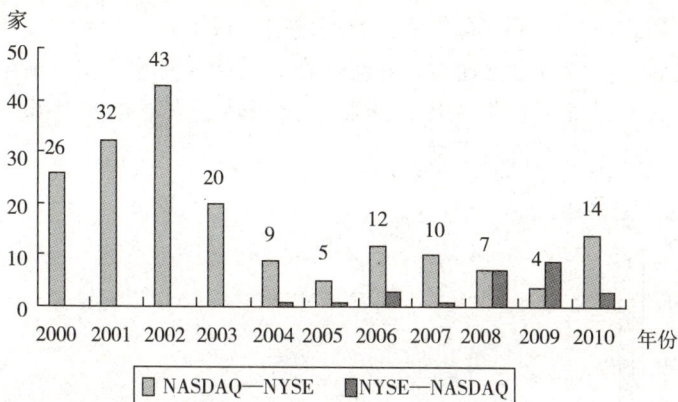

资料来源：纽约证券交易所；凤凰网；申万研究。

图 2　灵活的转板制度使得美国大量公司在科网泡沫后从 NASDAQ 转至 NYSE

德国转板机制的经验

除了成熟大企业和真正具有成长性的中小企业，可以通过升板找到适合自己的融资平台外，如果因为技术退步、经营不善等原因步入衰退的企业，也可以主动选择从高层次板块向低层次板块转移来降低市场风险。以德国为例，企业做出这种选择就非常常见，背后的原因主要集中在三方面：一是投资者对相关股票的关注较少，以至于这类企业的股票价格在公司持续盈利的情况下仍然停滞不前甚至下跌，从而对企业的声誉产生不利影响；二是股票市场价格与股票实际价值不符导致企业成为敌意收购的目标；三是节省公司因信息公开及其他义务等持续上升的费用。

香港地区转板机制的教训

成熟市场在建立转板制度过程中，有经验，也有教训。以香港地区为例，该地区创业板上市公司转到主板上市始于 2002 年，转板的目的是为了活跃交易、加大融资。在香港地区资本市场，初期转板较为有序，但 2004 年联交所修订了上市规则，降低了创业板向主板市场的转板条件，使得创业板内条件良好的公司频繁转板。而转板过快的后果是，创业板中大量条件良好的公司快速转板至主板，创业板内由于沉淀着剩余的素质较低的公司，因此整个板块的吸引力急剧下降，最终导致投资者把创业板错误地定位为公司质量不高、投资意义不大的市场。

台湾地区转板机制的教训

台湾地区的转板和下柜制度也值得关注。其上柜公司转上市公司采取批处理的形式，且必须在每年的 6 月底之前完成申请，而后由交易所整批书面审查之后，报请董事会通过，并集体在 8 月底 9 月初到交易所上市。这一政策由于人为扰乱了市场秩序，遏制了公司转板、下柜的时效，因此对其整体市场发展产生了负面影响。

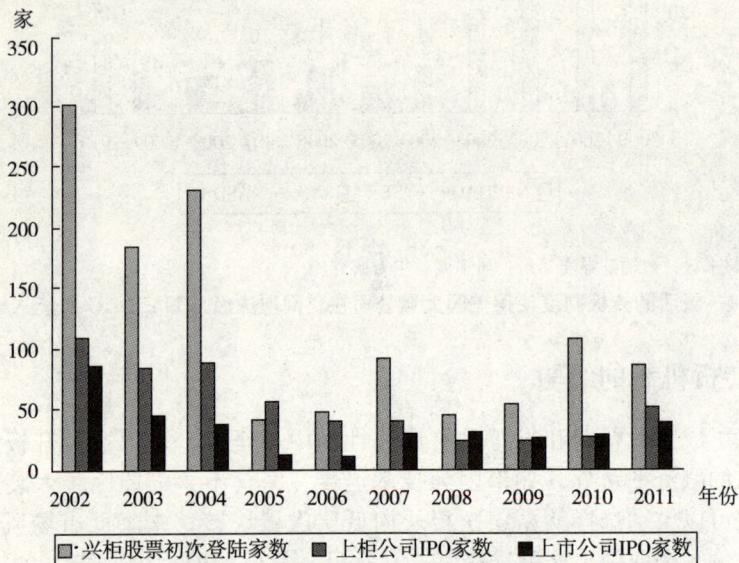

资料来源：申万研究。

图3 台湾证券市场上市 IPO、上柜 IPO 和兴柜股票状况

我国的转板机制需要分步骤推进

海外市场的经验教训表明，我国必须以多层次资本市场完善为基础，分步骤、分阶段推进转板机制的建立；要注重相关配套制度的完善，实现市场的优胜劣汰；要注重处理好沪、深证券交易所的差异化发展，实现资源的有效配置。

转板制度的建立，必须以多层次市场体系建设为基础，必须分步推进

目前我国证券市场虽已形成主板、中小板、创业板等多个层次，但从发行、上市、交易、监控到退市制度等方面的差异性并不大，使得多层次资本市场建设演变为简单的扩容，无法满足广大中小型企业的融资需求，证券市场整体对实体经济的扶持力度有限。未来，我国必须明晰上述三个板块的功能定位，通过市场性、竞争性和差异性的制度设计来理顺现板块间的关系；同时要加快培育"新三板"、柜台市场、产权交易市场等基层板块，丰富市场内涵，实现资本市场与各类企业融资需求的良性对接。

在完善市场体系的基础上，要构建合理的升降级通道，充分利用转板制度来连通协调各层次市场的有序发展。建议先在"新三板"开展尝试，通过制定细化的升板、降板标准，首先实现"新三板"与创业板的良性流通。待条件成熟后，再把转板制度拓宽到创业板与中小板、中小板与主板等市场。

要通过配套制度的建立完善，确保转板机制的效果

转板机制的推行，离不开市场化的上市和退市制度。目前我国的发行制度经历了数轮改革，在完善定价机制、促使市场参与主体归位尽责、提高中小投资者参与程度等方面取得了阶段性成效，但发行节奏缺乏市场自我调节机制、询价机制欠合理、市场定价能力不高、发行市场诚信不足等一些突出问题也仍然存在。我国未来需要通过强化信息披露，合理化发行定价机制、加强市场风险约束，进一步推进发行制度的市场化改革。至于退市制度，沪、深证券交易所均修改了实施多年的退市标准，但从目前情况而言，上市公司的退市门槛仍然较高，我国的退市制度需要再设计。退市标准的再设计，必须与上市标准相辅相成、相互呼应，只有这样才能做到互联共通、相互匹配，才能真正发挥股市的资源配置功能；退市制度的再设计，还必须坚持"多元化"标准体系，以财务类标准为主，以市场化标准及行政性标准为辅，以此构建真正有效的淘汰机制。

此外，在多层次资本市场的建设背景下，转板机制一定要注重主体下沉和风险下沉，在低层次资本市场的创建初期强调主体下沉，注重推进相关合格投资者制度发展，推进市场化改革，使得此类市场在创建之初便具备市场属性。同时，此种主体下沉的制度设计能够直接带来风险下沉，使风险分散在各层次市场之中，而不是集中在监管部门之上，进而有利于监管部门更好地回归到规则建立和市场监督的职责上。考虑到转板机制建立初期，可能出现寻租或者板块间套利的现象，出现包装三板企业进行再融资，导致转板公司质量不高、定价不合理等现象，监管层应制定相关配套制度，例如，转板企业是否在一定期间内限制再融资等，保证转板制度的顺利推行。

要注重沪、深证券交易所的差异化发展，实现资源的有效配置

虽然转板制度有利于提高证券交易所的竞争意识，但是由于目前沪、深证券交易所没有明显的层次性，因此同质化的发展可能引发市场的内耗。

上海证券交易所虽然定位为主板，上市的企业规模却越来越小，规模较大企业的上市比较少；深圳证券交易所虽然定位为创业板和中小企业板，但近年来上市的企业规模却越来越大，接近主板的标准。对此，建议对沪、深两大证券交易所的定位重新加以明确，突出差异化发展的宗旨。例如，明确上海证券交易所的服务对象主要是蓝筹企业，深圳证券交易所的服务对象主要是优质成长企业。然后通过转板制度的建立，引导目前在沪市的优质中小企业向深市的中小板块转板，引导深市的大型蓝筹企业向沪市转板，从而实现两地的适度竞争和有序协调发展，实现资源的有效配置。

（作者单位：上海申银万国证券研究所有限公司）

台湾地区场外市场的特点与启示

张承惠

台湾地区场外市场发展回顾

1988 年，为了给公开发行但未上市的股票提供一个流通的场所，特别是为解决高新技术企业及中小企业的融资问题，台湾证券商公会设立了"柜台买卖服务中心"。台湾地区股票柜台买卖市场在发展初期并不理想。在制度设计上，照搬美国的做市商制度，但台湾地区证券市场的特点是以散户为主，因此不能适应做市商制度。加之券商服务能力不足，导致市场不够活跃，5 年间上柜公司只有 11 家。在征求业界意见后，1994 年台湾证券管理委员会（以下简称证管会）对该市场进行革新，建立了公益性法人从事柜台市场运作。为此证管会组织了筹备委员会，组建了独立于券商公会的、非营利性的柜台买卖中心，中心由台湾证券交易所、台北市券商同业公会、高雄市券商同业公会和台湾证券集中保管公司共同捐款新台币 3.5 亿元，至 2009 年，加上历年累计盈余转入，基金规模合计达到 32 亿元，目前已成为台湾地区证券场外交易的中心市场。

经过 20 多年的发展，台湾地区资本市场已经形成清晰的四个层次：

第一层次：公司制的台湾证券交易所集中交易市场，采取典型的竞价制度和电子交易。

第二层次：非营利性财团法人制的证券柜台买卖中心市场，以竞价制度为主做市商制度为辅。在柜台买卖市场上柜的股票又分为主板、中小板、创业板、国际板几个板块。证券柜台买卖中心以董事会为最高决策机构，

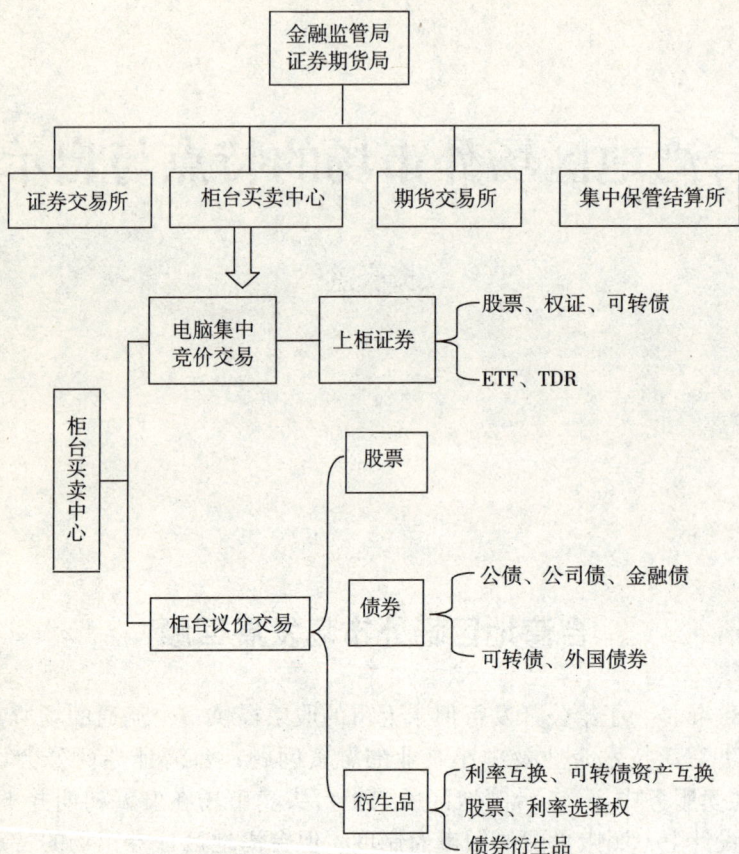

图1　台湾地区多层次公开资本市场架构

由15名董事组成，另设监察5人。董事和监察人选，除依台湾"证券交易法"规定由监管部门指派外，全部由捐助机构从捐助机构自身、专家学者和证券从业者中遴选。其中捐助机构人员担任董事、监察人不得超过三分之一，券商同业不得低于三分之一；上柜由中心内设的审议委员会决定，该委员会由柜台买卖中心总经理等7名内部成员和外部专家学者4人组成。

第三层次：兴柜市场，由柜台买卖中心代管，交易采用经纪或自营的议价成交方式。兴柜市场成立于2002年，设立目的是为未达上市上柜股票标准的股票提供流通场所，并将此类股票交易纳入制度化管理。

第四层次：盘商市场，即非公开的私人股权交易市场。以盘商（专门从事未上市股票交易经纪业务，但不具备券商资格的商人）为中介进行。这是一个非法市场，大约有几百个经纪人接受委托，通过电话、互联网等从事非上市（柜）股票的交易活动。据台湾地区业内人士介绍，兴柜市场设立以后，盘商市场明显缩小。

从市场规模看，台湾证券交易所是证券市场的核心，其无论是上市公司家数还是市值、成交金额均排在首位，2011 年，证券柜台买卖中心和台湾证券交易所的股票交易额占比为 13.23% 和 86.77%。柜台买卖中心是台湾地区的"纳斯达克"，重点为高新技术企业和中小企业提供直接融资服务。兴柜市场定位于上市、上柜的预备市场，相当于美国的场外柜台市场（OTCBB）。其设立目的，一是帮助股票发行公司提前熟悉证券市场法规和运作机制，二是提升财务信息透明度，帮助投资者了解企业，三是为上柜前股票提供流动性和价格发现服务。兴柜是台湾地区股市中唯一采用议价交易方式，并以推荐券商为交易核心（担任做市商，交易双方必有一方为推荐券商）的股票市场。尽管企业家数和企业规模有限，其地位和作用却不可忽视；盘商市场尽管不是一个合法的、受到监管的市场，但由于台湾的股份公司达到 15 万家（大陆约 2 万家，数量明显偏少），客观上存在着大量的股票流通需求，因此盘商市场的基数相当大，有人通过互联网检索，发现至少有 1 万种由盘商买卖的股票，可见该市场远远超过了柜台市场的规模。尽管流动性偏低，但确实满足了部分中小企业的融资需要。

台湾地区场外交易市场的现状与特点

现状

截至 2012 年 7 月末，台湾地区上柜挂牌股票 623 家，总市值 16233 亿元（新台币，以下同），成交量 18284 亿元；兴柜挂牌股票 271 家，总市值 5457 亿元，成交值 671 亿元。柜台买卖市场自 1994 年创办以来，累计上柜 1075 家，其中从上柜股票转为台湾证券交易所上市股票累计 304 家。兴柜市场自 2002 年开办以来，累计挂牌 1200 家，累计兴柜转上柜 529 家，累计转上市 153 家。从股票流动性看，柜台买卖中心的股票换手率达到 86.3%，远高于台湾证券交易所的 45.25% 和新加坡的 21.77%、香港地区的 19.49% 和伦敦的 25.26%，比纽交所的 42.36% 也高出一倍，显示场外市场的流动性高于交易所市场。

特点

台湾地区场外交易市场具有以下特点：

第一，交易商品丰富，涵盖了股票、债券、金融衍生品等多个交易品种。

第二，股票交易以高科技企业为主。截至 2012 年 7 月，在该市场挂牌的电子、生物医疗类企业占全部上柜企业的比例达到72%，而传统产业企业占比仅为19.9%。当月超过86%的成交值集中于高科技企业。

第三，筹资包括首次公开发行（IPO）和存量公开发行（SPO）两种方式，且以存量发行为主。由图2可见，2006—2012年7月，除了2011年外，各年度SPO筹资量均大于IPO筹资量。7年中存量发行年均筹资148亿元，为IPO（年均74亿元）的2倍。

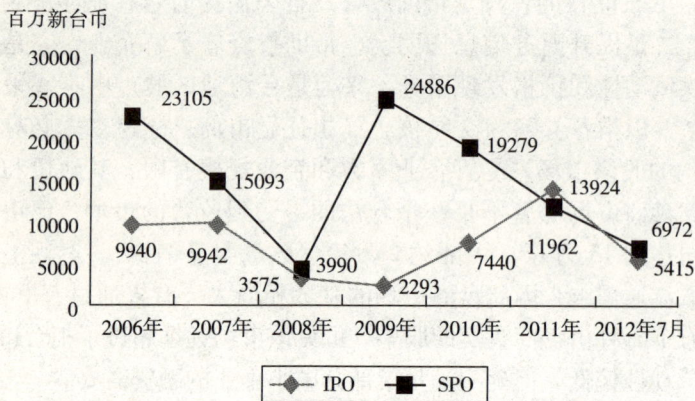

图2　2006—2012年台湾地区柜台市场IPO及SPO筹资情况

第四，有明确的转板和退市制度。兴柜市场建立之后，台湾地区逐步完善了转板制度，使得上柜公司在兴柜挂牌一段时间以后，优质股票可以转板上柜股票和上市股票。从2006年起，台湾地区规定所有股票必须先在兴柜市场挂牌后才能上市上柜市场，且必须在兴柜市场交易满6个月。同时台湾地区场外市场从一开始就建立了退市制度，至2012年7月末，由于经营不善或者合并、企业自愿等因素，累计有148只股票下柜，247只股票从兴柜市场退出。

台湾地区的股票发行条件与上柜和兴柜挂牌程序

股票发行条件

根据台湾地区"证券交易法"的规定，股票的合法发行是其进入集中交易市场、柜台市场和兴柜市场买卖的前提条件。台湾地区股票发行以注册制为主、核准制为辅。除特殊情况需证券期货局核准外（例如现金增资、合并、收购或分割发行新股等），一般股票发行均采用注册制，即只要公开说明书、财务报表、董事会决议、承销商推荐意见、律师所意见书等文件一定营业期限后便自动生效。

上柜、上兴柜程序

企业申请上柜的程序为：在兴柜市场交易满 6 个月—申请上柜—书面审查—实地考察—提交上柜审议委员会—提交柜台买卖中心董事会—同意后报证券期货局备案—公开承销—挂牌交易。一般从申请上柜到上柜审议委员会审议完毕需要 2 个月，从董事会同意到挂牌交易原则上需要 3 个月。也就是说，企业上柜需要约 1 年的时间。

企业申请股票登陆兴柜市场的程序为：公开发行—提出兴柜登陆申请—柜台买卖中心在 3 个营业日内核准并公布公司情况（包括实收资本、主要经营内容、最近 5 年损益表和资产负债表等）—至少 5 个营业日后开始兴柜买卖。兴柜申请公司从申请到挂牌最快只要 9 个工作日。

上市、上柜、上兴柜标准比较

表1　　　　　　　　台湾证券交易所、柜台买卖中心挂牌标准比较

相关项目	台湾证券交易所	上柜股票	兴柜股票
辅导期限	须在兴柜市场交易满 6 个月	须在兴柜市场交易满 6 个月	公开发行后报送最近一个月的"财务业务及资讯公开检查表"
设立年限	三年以上。但公营事业或公营事业转为民营者，不在此限	满两个完整会计年度（创新型企业不受此限）	无限制
公司规模	实收资本 6 亿元新台币	实收资本新台币 5000 万元	无限制
盈利能力（税前利润占资本比重，科技企业不适用）	最近一个会计年度无累计亏损，最近两年均达 6% 以上；或最近两年平均 6%，且最近一个会计年度好于上年；最近五个会计年度均达 3% 以上	最近一年 4%，无累计亏损；或最近两年平均 3%，最近一年好于上年，且不低于 400 万元	无限制
股份管理		在柜台买卖中心所在地设有专业股份代理机构办理股票相关业务	同左
股权分散要求	记名股东人数在 1000 人以上，其中持有股份 1000 股至 5 万股的股东人数不少于 500 人，且其所持股份合计占发行股的 20% 以上或满 1000 万股	公司内部人及持股 50% 的法人以外，股东人数不少于 300 人，且其持有的股份占发行股的 20% 以上或 1000 万股以上	无限制

资料来源：Wind。

由图1和图2的比较可知，上市、上柜、兴柜股票在上市条件方面呈现出明显的阶梯特点。台湾证券交易所集中市场各项条件均严于其他层次市场；柜台买卖市场企业以中小型企业和科技型企业为主，因此上柜条件较证券交易所低了一个层次；兴柜市场作为上柜、上市预备市场，其登陆条件极为宽松，审核主要由推荐的证券商负责，没有实质性条件。

表2　　　　　　　　　上柜股票与兴柜股票的其他制度差异

项目	上柜股票	兴柜股票
推荐券商	两家以上，需指定一家为主办券商	同左
集中保管	董事、监察人及持股10%以上的大股东应将股份全部交由专门机构保管	无限制
承销制度	1. 拟上柜股份总额的10%以上由券商承销 2. 兴柜股票交易未满两年者，券商认购股数可以从总承销数扣除30% 3. 上柜前公开承销的股份应为新股，但公营事业、参与公共设施建设的民间机构可以老股承销	1. 挂牌前不可公开承销 2. 推荐券商须认购老股3%以上且不低于50万股，但3%若超过150万股，则至少认购150万股 3. 推荐券商须认购10万股以上新股
科技企业	取得台湾经济部工业局或台湾行政院农委出具的科技企业评估意见者，不受设立年限及获利能力限制	不适用此款
交易制度	1. 委托单驱动，主要采用电脑集中竞价 2. 成交价决定：价格优先＋时间优先＋满足最大成交量 3. 撮合频率：约20秒自动撮合一次 4. 涨跌幅：7% 5. 交易时间：9：00—13：30 6. 交割周期：T＋2日 7. 开户与征信、交割：与上市共用征信系统，通过集保结算所交割 8. 信用交易：有 9. 最低交易单位：1000股	1. 报价驱动，议价交易（可以电脑点选，也可在券商营业处所议价） 2. 由投资人委托价格决定价 3. 无固定时间 4. 无涨跌幅规定 5. 9：00—15：00 6. T＋2日或T日逐笔总额 7. 同左 8. 无信用交易，投资人须先签署风险提示书 9. 1股

资料来源：Wind。

台湾地区场外市场建设的启示

第一，股票场外市场需要明确定性和定位。台湾地区经验表明，股票场外市场对台湾资本市场效率的提高起到了极为重要的作用，在各个层次上满足了不同企业的融资需求，使资本市场体系更具弹性和活力。反观大陆资本市场，柜台交易等场外市场长期以来没有得到应有的重视。近期虽然明确了"新三板""新四板"概念，但概念界定并不清晰，有关法规和制度不仅层级偏低，也不够健全，导致市场发展受限。为此，需要尽快修订《证券法》，在法律层面明确股票场外市场的地位和市场范围。

第二，股票场外市场需要与证券交易所市场建立起有机联系，实现合理分工。台湾地区的场外市场与证券交易所市场实际上是一个整体，不同市场之间分工明确，相互连通。台湾地区法律设有强制登陆要求，除公营事业以外，企业在上市、上柜前均需在兴柜市场挂牌交易满6个月。2000年之前，上柜公司达到上市标准后转申请上市的审查与非上柜公司并无不同。2000年5月，应监管部门要求，台湾证券交易所出台批量上柜转上市方案，当年即有54家上柜公司转为上市公司。2004年为配合承销新制度，台湾证券交易所取消了批量转上市制度，但在2007年，台湾证券交易所减少了上柜转上市流程，使得转市公司再度大量增加。目前在大陆股票市场，这种不同层级市场之间的联系尚未建立起来。"新三板"虽然有少量企业转A股市场，但制度性和规范性均不够。在场外市场与主板市场之间建立起转板制度，不仅可以发挥初级市场培育上市公司、增进投资者对投资对象了解的作用，还可以在兼顾上市公司品质、保障投资安全的原则下精简上市流程，降低企业上市的成本。为此，大陆股票市场需要加快相关制度建设，明确不同层级市场之间的关系，使场外市场的功能能够顺畅发挥。

第三，加快完善退市制度，健全市场化的约束机制。无论对上市公司还是券商而言，程式化的退市制度都是最有效的行为约束。台湾地区证券柜台买卖中心在设立之初就建立了退市制度，上柜公司和兴柜公司累计退市的占比分别达到13.8%和20.6%，兴柜市场因挂牌门槛低，企业素质较差，退市率明显高于柜台市场。而大陆无论是主板市场还是"新三板"和地方性股权交易所，退市制度均不健全，与挂牌数量相比，真正退市的公司占比极低。这种状况在相当程度上纵容了上市公司和券商的违法违规行为，影响了监管的有效性，需要尽快加以改进。

第四，适度放开管制，丰富场外市场交易品种。台湾地区柜台交易市场除了股票之外，还可以交易债券（包括可转换公司债、公司债、公债、金融债、外国债）、权证、指数基金以及利率互换、股票和利率期权等衍生品。推出多种交易品种，有助于活跃市场交易，增加市场的影响力，改进对投融资双方的服务。从大陆证券市场情况看，目前证券场外市场交易的品种只有股票，建议今后根据投融资双方的需要和金融体制改革的推进，酌情增加场外市场的交易品种。

（作者系国务院发展研究中心金融研究所所长）

新三板市场建设 ■

205

中国金融 专题精选
CHINA FINANCE
2013—2014

完善保险市场退出机制

　　近年来，我国保险市场退出的制度机制建设伴随着市场发展，经历了不断完善的过程。在相关法律法规建立的框架下，我国保险公司风险处置的制度基本建立。但在当前保险业转变发展方式、金融市场竞争日益激烈、保险消费者利益保护加强的客观现实下，建立科学有效的保险市场退出机制显得尤为必要和重要。近三年的全国保险监管工作会议都把健全保险市场退出机制作为监管重点工作之一。

建立科学有效的保险市场退出机制

梁 涛

保险机构作为经营风险的特殊企业，客观上始终存在由于经营失败等原因退出保险市场的可能性。建立科学有效的保险市场退出机制，实现保险机构的有序进退、优胜劣汰，是成熟保险市场的重要特征，对于有效防范行业风险、切实保护消费者利益、合理配置资源要素，具有重要意义。

近年来，我国保险市场体系逐步完善，市场退出工作的制度化、规范化水平不断提高，积累了许多实践经验和有益做法，同时也出现了一些新情况、新问题。当前，保险业转变发展方式进入关键时期，保险消费者利益保护工作深入推进，金融市场竞争日趋全面激烈，保险市场稳健运行和风险防范任务更加繁重，这些都对市场退出工作提出了新的任务和更高要求。

完善退出机制对于建设现代保险监管体系意义重大

按照广义理解，保险市场退出涉及机构、业务、股东和人员等四方面要素，其中机构是载体，是根本和核心要素。建立健全以保险机构为核心的市场退出机制，对于推动保险市场健康有序发展，提高保险监管科学化、规范化水平，具有重要意义。

退出机制是现代保险监管体系的重要组成部分

鉴于自由放任的金融制度容易引发过度竞争和道德风险，目前世界各国对金融市场普遍采取核准主义，设定必要的行政许可门槛。核准主义下的保险机构牌照具有特许价值，既能在经营过程中避免过度竞争，又能在经营失败时接受行业和政府的救济。从这个角度而言，保险市场退出的实质就是取消某一机构的保险业务特许经营权。市场退出机制与市场准入机制、日常监管机制相结合，构成完整的保险机构运行机制，是现代保险监管体系的重要组成部分。

完善退出机制是国际金融保险监管改革的重要内容

本轮国际金融危机发生以来，各国金融监管机构和有关国际组织，从加强宏观审慎监管和防范系统性风险的角度，普遍加强对金融业市场退出机制的战略性研究，制定了关于金融业风险处置的一系列标准程序。2010年，金融稳定理事会出台了《金融机构有效风险处置机制》，针对国际金融危机后的新情况、新问题，明确了风险处置资金来源、处置权力以及处置程序。2011年，国际保险监督官协会发布新版《保险核心原则》，将"宏观审慎监测与保险监管"作为一条重要的独立原则，明确保险监管机构拥有维护金融稳定的职责，并将破产清算和市场退出作为评估有效保险监管的重要内容之一。

我国保险业的健康发展需要科学有效的退出机制

2004年初，经国务院授权，保监会开始依法审批保险法人机构的市场准入，当时共有法人机构63家。截至2012年底，我国保险法人机构增至165家，保险公司分支机构7万余家，保险市场供给能力进一步增强。从整个市场供求来看，现有保险机构数量与行业发展阶段基本适应，但专业化、差异化发展水平有待提升。建立科学有效的退出机制，对于我国保险业的健康发展具有重要的现实意义。首先，果断稳妥地实施市场退出，有效发挥退出机制作为最后解决方案的功能，可以避免个别经营主体经营失败的风险造成整个保险市场的系统性风险，最大限度地保护消费者利益。其次，建立健全市场退出机制，有利于增强保险公司注重服务、不断创新的内在动力，优化保险市场的经营主体结构，创造公平竞争、优胜劣汰的市场环境。最后，建立健全市场退出机制，充分发挥市场机制在保险资源配置中的基础性作用，有利于提升保险机构的运行质量，保护优质资本投资保险行业的积极性，促进保险市场的持续发展。

我国保险市场退出机制的进展情况

近年来，我国保险市场退出的制度机制建设，伴随着市场的发展，经历了一个从相对缺乏到逐步建立、从比较零散到相对统一的不断完善过程，大致可以分为三个阶段。

1998年之前，保险市场的经营主体较少，只有人保、人寿、中再三家国有保险公司和平安、太平洋等为数不多的股份制保险公司，绝大部分保险公司进入市场开展业务时间较短。保险行业由中国人民银行监管，没有制定关于市场退出的制度规则。

1998—2009年，随着保险市场的快速发展，市场主体数量不断增加，由于资本实力、经营管理水平等原因，少数保险机构出现经营困难。根据市场发展实际需要，保监会开始着手研究建立保险市场退出机制。2002年和2009年两次修订《保险法》过程中，逐步增加市场退出的相关规定。现行《保险法》规定了保险市场退出的基本原则和制度基础：一是明确了保监会的风险处置权和处置范围；二是明确了限期整改、整顿、接管、重整、破产、清算等风险处置措施和具体程序，增加对偿付能力严重不足公司的风险处置措施，同时赋予监管机构在保险公司整顿、接管、撤销清算期间对其高管人员采取相应措施的权力；三是确立保险保障基金制度，明确风险处置的资金来源和救助措施，形成了市场化的风险自救机制。

2009年以来，保监会以世界银行和国际货币基金组织的金融部门稳定评估为契机，抓紧研究制定专项细化的市场退出制度。一是从2009年开始研究起草《保险公司风险处置管理办法》，在总结保险机构风险处置有关工作经验的基础上，立足于保监会监管职责，初步提出了风险处置的基本原则以及整顿、接管、撤销、重整和破产清算等具体程序。二是2011年10月1日起实施的《保险公司保险业务转让管理暂行办法》，确立了保险业务转让的基本原则、转让双方的基本义务、审批流程和申报材料，以在市场退出过程中更好地保护消费者利益，保持保险业务的持续性，减少市场震动。

退出路径

目前，根据《保险法》《保险公司管理规定》《保险保障基金管理办法》和《保险公司保险业务转让管理暂行办法》等相关法律、法规和规章的有关规定，保险机构的市场退出主要有三种路径：

一是解散。《保险法》第八十九条规定："保险公司因分立、合并需要解散，或者股东会、股东大会决议解散，或者公司章程规定的解散事由出现，经国务院保险监督管理机构批准后解散"，但"经营有人寿保险业务的保险公司，除因分立、合并或者被依法撤销外，不得解散。"

二是撤销。《保险法》第一百五十条规定："保险公司因违法经营被依法吊销经营保险业务许可证的，或者偿付能力低于国务院保险监督管理机构规定标准，不予撤销将严重危害保险市场秩序、损害公共利益的，由国务院保险监督管理机构予以撤销并公告，依法及时组织清算组进行清算。"

三是破产。《保险法》第九十条规定："保险公司有《中华人民共和国企业破产法》第二条规定情形的，经国务院保险监督管理机构同意，保险公司或者其债权人可以依法向人民法院申请重整、和解或者破产清算；国务院保险监督管理机构也可以依法向人民法院申请对该保险公司进行重整或者破产清算。"

具体实践

近年来，保监会依据有关法律法规要求，结合保险业发展实际和保险机构具体情况，依法审慎开展市场退出工作，进行了多方面的积极探索。

一是依法关闭国信人寿。2005年，国信人寿保险股份有限公司因虚假申报、抽逃资本被依法吊销法人许可证，成为我国保险市场退出的第一例，也是保监会成立以来撤销关闭的第一家法人机构。保监会在查实股东抽逃资本后5日内即作出了终止业务、吊销法人许可证的决定，严格按照《保险法》的有关规定处理撤销、清算和注销事宜，通过市场化方式转让业务，妥善安置员工，有效控制了风险，维护了保险市场的稳定。

二是推动瑞福德健康重组。2007年，保监会收到关于瑞福德健康保险股份有限公司股东高度关联、违规行为严重等问题的举报，在查实有关违规问题的基础上，推动对其进行市场化重组。2009年12月，安邦产险收购瑞福德全部股权，承接其全部业务，化解了风险隐患。

三是运用保险保障基金化解有关保险机构风险。2007年，在新华人寿股东矛盾激化、风险逐步显现并且开始对行业产生影响的情况下，保监会果断运用保险保障基金，收购新华人寿38.8%的股权。待公司运行平稳后，保险保障基金公司于2009年将相关股权转让给中央汇金公司，并推动新华人寿于2011年成功上市。为解决中华联合偿付能力不足问题，保监会在督促其完善内控、整顿经营、减少损失的基础上，形成了由保险保障基金公司注资重组的工作方案。2012年，经国务院批准，保险保障基金公司向中华联合注资60亿元。

总的来看，经过多年的工作实践，保险市场退出工作有了较好基础，总体符合保险业发展的阶段性要求。但由于各种因素影响，市场退出工作也还存在一些亟待改进的方面，法律和政策依据不够具体明确，没有将实践工作经验及时上升到制度层面，风险处置缺乏配套细则和政策工具，没有对市场主体形成必要的压力。

完善我国保险市场退出机制的初步思考

建立健全市场退出机制是一项长期系统工程，既要立足当前，有效解决业已存在的突出矛盾和问题，又要着眼长远，妥善应对未来的发展趋势和挑战。2012年，保监会将建立健全保险市场准入和退出机制作为重点工作之一，对今后一个时期完善保险市场退出机制的总体思路和具体措施进行了系统研究和部署。下一阶段，保监会将立足基本国情和保险业发展阶段，借鉴国际有益经验，充分发挥市场机制在保险业资源配置中的基础性作用，以建立覆盖保险系统风险识别、预警、处置全过程的制度体系为目标，以推进市场化并购重组为重点，建立多层次、多渠道、可操作的市场退出机制，丰富实施市场退出的政策工具，平稳有序实施市场退出，维护保险市场稳定。

完善风险预警机制

保险风险具有长期性、复杂性和隐蔽性，科学有效的风险预警机制是风险处置机制的重要组成部分。下一步，保监会将进一步完善系统的风险监测指标体系：一是加强风险动态监测和预警。建立健全系统性风险监测、评估、预警体系，对偿付能力不足风险、保险投资风险、流动性风险、寿险退保风险等主要风险进行量化评估，加强对跨行业、跨市场风险的监测评估。二是加强风险前置干预处理。建立保险风险定期排查制度，深入排查风险点，着眼于早发现、早干预、早处置，尽早摸清重点公司和重点地区的情况，及时对保险机构进行风险提示，督促其自我整改，制定风险处置预案。三是对可能破产的保险公司提前介入，及时采取有效措施。

规范市场化并购重组

保险公司特别是寿险公司具有经营长期负债的特性，其关闭清算牵涉面广、社会关注度高，处理不当极易引发社会问题。从国际金融监管经验来看，并购重组在优化市场结构和实施市场退出方面发挥着重要作用，可以有效减少行业震动，降低救助成本。保监会正组织专门力量，系统总结国内外有关实践案例和监管经验，对我国保险业并购重组的实际情况进行深入的动因、类型和绩效分析，梳理面临的主要问题和外部制约因素。在此基础上，按照保护消费者权益、尊重商业自愿、淡化行政干预、充分公开透明的原则，抓紧研究制定规范保险业并购重组的监管规则，以有效引导保险市场的存量调整，提升保险业的整体竞争活力，增强保险监管的效率和公信力。

健全风险处置和救助机制

第一，完善市场退出机制的制度基础。加快推动有关立法工作，明确风险处置的触发条件，丰富风险处置工具箱。第二，规范保险保障基金的筹集、管理和运用。研究制定《保险保障基金管理办法》的配套规则，不断积累和扩大保险保障基金规模，明确保险保障基金的保障对象、范围和赔偿标准，细化使用保险保障基金进行救助的具体流程、方式类型和信息披露等。第三，在确保社会稳定的前提下，对有关问题严重、风险集中暴露的保险机构果断实施市场退出，并严格落实股东和高管的行业禁入和"黑名单"制度，向整个市场发出明确的监管信号。

制定系统重要性保险公司认定标准

系统重要性金融机构的认定标准，是加强事前风险防范、完善后续风险处置和退出机制、避免"大而不能倒"问题的重要基础。2010 年 G20 韩国峰会通过了金融稳定理事会《降低系统重要性金融机构道德风险》政策建议，全球系统重要性金融机构认定工作成为相关国际组织的重要任务。第四次全国金融工作会议提出，研究提出我国系统重要性金融机构认定标准和评估框架。目前，保监会正在根据保险业发展实际，制定系统重要性保险公司的认定标准。

（作者系中国保险监督管理委员会主席助理、党委委员）

我国保险保障基金制度的发展

任建国

保险是经营风险的特殊行业，为了规避自身面临的各种风险，保险保障基金制度作为一种内生机制应运而生。保险保障基金是由保险公司按照国家有关法律规定缴纳形成，按照集中管理、统筹使用的原则，在保险公司被撤销、被宣告破产以及在保险业面临重大危机，可能严重危及社会公共利益和金融稳定的情形下，用于向保单持有人或者保单受让公司等提供救济的法定基金。保险保障基金制度的建立是我国金融领域的一项重大改革和创新，也为保险市场退出机制建设提供了有力支撑。

近年来，随着保险规模的逐步扩大，保险保障基金在建立保险行业风险防范长效机制过程中发挥的作用日益重要。2008 年 9 月，保监会、财政部、人民银行共同颁布《保险保障基金管理办法》，保险保障基金公司正式挂牌成立，保险保障基金正式踏上了公司化运作之路。笔者立足近 5 年来公司的实践与成效，着眼未来的发展与革新，对进一步发挥好保险保障基金的功能作用提出了一些思考。

建立保险保障基金制度的意义

保险保障基金制度充分体现了执政为民以及保护消费者权益的理念。为贯彻落实以人为本、执政为民的理念，保障保单持有人合法权益，促进保险业健康发展，维护金融市场稳定，保险监管机构自 1995 年起，以立法的形式推动建立了保险保障基金制度，率先在我国金融行业建立了市场化的风险自救机制。保险保障基金制度为我国保险消费者建立起一道抵御风险的坚实屏障。

保险保障基金制度是保险行业健康发展的重要稳定器。保险业经营具有高负债性、短期内的成本支付、部分保险资金投资的长期性以及未来现金流承诺等特性，具有较强的脆弱性。保险市场中的信息不对称加剧了这种脆弱性。一旦保险公司出现风险，保单持有人的悲观预期可能导致连锁反应和系统性风险。作为保险业防范和化解风险的重要防线，保险保障基金可以在风险发生时实施救济，保单利益在保险公司倒闭时也能得到基本保障，有利于妥善处置保险业风险，防范风险传递，维护行业稳定，增强社会公众对保险业的信心。同时，使用行业积累形成的基金来解决行业风险问题，可以有效减轻国家财政负担。

保险保障基金制度是保险市场退出机制的一项基础工程。保险市场退出机制是一项系统工程，退出形式和方式是多样化的，使用保险保障基金对保险行业风险进行处置是其中的一种重要方式。2008 年发布的《保险保障基金管理办法》以及正在研究制定的各项配套规则和操作手册，使得保险保障基金制度体系逐步完善，明确保障基金公司在保险公司被依法撤销或依法实施破产的情况下，参与风险处置并实施救济等职责，为建立健全保险市场退出机制奠定了坚实的基础。

保险保障基金制度的国际经验及我国的实践

目前，许多国家和地区已建立保险保障基金制度。在美国，保险保障基金以州为单位建立，并设立全国性的统一协调机构。英国的金融服务补偿计划（FSCS）为投保人提供了一个有效、公平和迅速回应的补偿机制，并帮助保险公司在财务困难时能够及时获得复原。在日本，投保人保护制度通过对破产保险公司保险合同的转移提供资金援助、对承继保险公司进行经营管理、受让保险合同、为支付补偿对象保险金提供资金援助、受让保险金请求权等行为，保护投保人利益，维护保险业的信誉。我国台湾地区设有财团法人保险安定基金，基于补助保单持有人或保险公司的基本职能，安定基金可以在救济过程中扮演接管人、清理人或清算人等多种角色。

我国保险保障基金制度经历了十多年的发展，基金规模不断增长，管理体制逐步完善，保障功能日益增强，大体经历了三个阶段。一是单独提取、专户存储的企业留存阶段。1995 年《保险法》首次对保险保障基金进行了原则性规定，此后中国人民银行和财政部先后发文对保险保障基金制度进行了较为详细的规定。二是专户缴入、加强监督的集中管理阶段。2004 年中国保监会发布《保险保障基金管理办法》，2005 年，各保险公司将已提取的保险保障基金缴入中国保监会开立的保障基金专户，保障基金实现集中管理。2006年保障基金理事会成立。三是借鉴经验、积极改制的公司化运作阶段。2008年9月，中国保监会、财政部、中国人民银行颁布新的《保险保障基金管理办法》，设立中国保险保障基金有限责任公司，依法负责保障基金的筹集、管理和使用。公司成立后，保障基金理事会自行终止。

保障基金公司的成立，标志着我国保险保障基金制度进入市场化、专业化的发展阶段。自成立以来，保障基金公司参与处置新华人寿和中华联合的风险，取得了较好成效。帮助新华人寿优化股权结构，完善公司治理，为其在A股上市打好基础，实现保险保障基金的溢价退出；对中华联合实施托管、重组和注资，并成功引入战略投资者，解决了困扰其多年的偿付能力问题。与此同时，保障基金公司不断完善收缴业务流程，及时足额收缴保障基金，逐步优化资产结构，投资收益较好，初步开展行业风险监测工作，为前移风险处置关口做了一些探索与准备。截至2012年底，保险保障基金余额382亿元，全年投资收益率超过5%。在公司运作上，保障基金公司依法建立健全公司治理结构、内部控制制度和风险管理制度，依法运营。保障基金公司虽然成立时间不长，规模不大，但为下一步发展打下了较为坚实的基础。

进一步发挥好保险保障基金功能作用的几点思考

通过五年来公司化管理的探索与实践，保障基金公司的定位以及下一步的发展方向已经逐渐清晰。保障基金公司应该是一个提供公共服务的机构，是监管机关防范化解行业风险的手段之一。保障基金公司应坚持为监管工作服务，为行业健康发展服务，为保险消费者服务的发展方向。同时，保障基金公司又是一个实行公司化管理、立足于市场化运作的机构，只有实行公司化运作，才能更加专业、更有效率地管好基金、用好基金。

未来几年，保障基金公司将紧紧围绕保险业风险管理这个中心任务，牢牢守住行业风险底线，逐步提升专业化管理，积极推进五项事关长远的重点工作。

一是逐步推进保险保障基金筹集方式的改革，探索实施风险费率。保险保障基金的筹集费率是备受行业内外关注的焦点，基金筹集费率应当在安全和效益之间寻求恰当的平衡。目前，我国执行依险种费率，即根据保险业务的保险责任及收益保证条款的不同确定了10个险种的固定费率

（0.05%～0.8%），分别按照各险种的业务收入计算缴纳保险保障基金。这种基金筹集费率的厘定主要考虑了保险业务收入的规模和保险公司的成本负担，未考虑与保险公司风险的适度匹配。按现行规定，保险公司无论规模大小、资产实力和偿付能力强弱，都按照同样的水平缴纳基金，容易导致逆向选择和道德风险。为减少可能产生的道德风险和负向激励，在条件成熟的情况下，可以考虑实施风险费率，按保险公司的风险水平确定保障基金费率。采用风险费率可以在一定程度上促使保险公司加强对自身业务风险的控制，鼓励保险公司将风险降到适当水平，遏制保险公司在业务活动中的冒险行为，促进保险公司加强经营管理。采用风险费率的关键在于对保险公司的经营风险进行评估，并以此进行风险分级。保障基金公司已经启动风险费率专题研究，积极推进相关论证评估工作。

二是不断丰富资金运用渠道与形式，提高基金保值增值能力。按照"加强保险保障基金的专业化管理"的要求，保障基金公司下一步计划做优基金管理平台，使保障基金公司成为行业健康发展的稳定器和助推器，为救助保单持有人、保单受让公司和处置保险业风险提供更加坚实的物质基础，为行业稳健发展服务。根据现行规定，保障基金的资金运用限于银行存款、政府债券、中央银行票据、中央企业债券、中央级金融机构发行的金融债券等，但债券投资所要求的发行主体和信用等级均较高，范围也较窄。目前，基金资产仍以银行存款为主，不利于保障基金的保值增值，不利于减轻保险公司的负担。保障基金公司正在向监管机构争取适当拓宽基金投资渠道的政策支持，使基金能够在经济周期的不同阶段采取不同的投资组合策略，同时借助专业投资力量，提升资金运作效益和市场参与度。

三是强化对保险行业风险监测和评估，不断提高风险识别和预警能力。防范化解保险风险，首先要对风险产生的原因和各风险之间的联系进行深入研究，做到心中有数、通盘谋划。保障基金公司下一步要做实风险监测平台，使保障基金公司逐步成为行业风险的识别器和预警器。具体来说，要建立有公信力、科学客观、具有保险保障基金公司特色的风险监测和预警指标体系，通过进一步细化、标准化行业风险评估工作，加强对先进适用的监测技术和手段的利用。同时，探索编制并发布行业景气指数、投保人信心指数，适时开展保险公司风险状况评估，为基金差别费率的厘定提供依据。此外，在做好非现场数据监测分析基础上，尝试在监管机构支持下开展针对性的风险调查，及时预警风险。通过持续监测、评估和预警保险业风险，为风险处置提供支持，并向有关方面提供决策参考，发挥好风险监测平台的服务功能。此外，保障基金公司将根据保监会要求，认真做好债权投资计划注册登记工作，配合保险债权投资产品的发行制度改革，为市场提供优质服务，同时，逐步建立起对保险资金运用的风险监测机制。

四是增强风险处置方式的科学性，探索前移行业风险处置关口。保障基金公司将继续参与研究建立完善适合我国国情的保险市场退出机制，灵活运用管理救助和财务救助等方式，降低行业风险处置成本。探索前移行业风险处置关口，使保障基金公司成为危重风险公司的起搏器和灭火器。及早对存在重大隐患的公司开展尽职调查，摸清风险底数，研究提出处理建议，避免被动救助。推动制定《保险保障基金管理办法》配套规则，细化实施风险救助的具体标准和程序，借鉴同类机构经验，明确保障基金公司担任接管人、清算人、破产管理人等职责。

保障基金公司参与风险处置的方式主要有两种：其一，在保险公司被依法撤销或者依法实施破产的情况下，使用保险保障基金按法定的标准对保单持有人和保单受让公司等个人和机构提供救助，这种方式可称为"财务救助"。其二，在保险公司存在重大风险，可能严重危及社会公共利益和金融稳定时，使用保险保障基金以注资入股、流动性支持等方式，参与对该保险公司的风险处置，推动加强公司治理，提高经营管理水平，有效化解经营风险，这种方式可称为"管理救助"。在目前阶段，保障基金公司参与风险处置可以更多地使用管理救助的方式。以中华联合保险公司注资重组工作为例，保障基金公司通过托管股权的方式介入处理，推动改选中华联合董事会，规范公司治理架构，选聘新的经营班子，改善经营管理，逐步恢复该公司常态化运营。在此基础上，使用保险保障基金60亿元对中华联合注资，引进东方资产管理公司作为战略投资者。2012年中华联合税前利润超过27亿元，实现偿付能力充足率达标，有效化解了风险。事实证明，管理救助的方式取得了良好效果。同时，保障基金公司也将积极探索合理运用财务救助的方式，确保经营不善的机构平稳退市。市场经济的基本规律就是优胜劣汰，对于经营不善的保险公司，在不影响金融稳定、不会造成系统性风险的情况下，应当允许进入破产程序。在保险公司法人机构退出的过程中，保障基金公司将依法维护保单持有人利益，确保退出工作有序推进，维护行业稳定。

五是加强保障基金功能宣传和消费者风险教育，更好地发挥助推行业发展的作用。一方面，保障基金公司将充分学习借鉴欧美、韩国、马来西亚等国家与地区经验和国内同类机构好的做法，通过平面媒体、网络渠道等方式，借助行业协会、保险公司等力量，加强对保险保障基金制度的宣传，让广大消费者更方便、更深入地了解保障基金的功能作用，提振消费者信心，助推行业发展。另一方面，公司将配合有关部门，加强消费者风险教育，提高消费者风险意识和自我保护能力，使越来越多的个人和家庭掌握和运用好保险工具，管理好个人和家庭风险，形成消费者信任和行业健康发展的良性循环。

（作者系中国保险保障基金有限责任公司总经理）

构建多层次保险公司风险处置制度

薄燕娜

保险公司风险处置是保险监管机构对出现问题的保险公司进行事后监管所采取的具体的保险监管措施，包括保险法框架下实现保险市场退出的诸如撤销、申请破产等实然性措施。有关保险监管的法律规范主要有作为保险监管重要依据的法律——《保险法》、实现依法行政所需适用的行政法规范、需要相互协调的金融领域立法以及与《保险法》配套的诸多行政法规、部门规章与规范性文件。这些法律规范的集合构建了保险公司风险处置制度的法律框架，在此架构下，我国保险公司风险处置制度基本建立。

保险公司风险处置的具体措施及监管实践

为构建多层次的保险公司风险处置机制，我国既有的保险监管措施不可谓不丰富：建立了以偿付能力为重大风险核心判定标准的风险处置行为启动机制，针对保险公司不同的风险性质和程度设置了渐进性的系列风险处置措施；有谈话、提供有关信息和资料、法定情形下保险公司股东强制转让股权等监管手段；具体的责令限期改正、整顿、接管、撤销等市场退出的前置措施；甚至有申请重整或者破产清算的保险公司关闭性措施；还有更多的措施散见于大量的部门规章中。保险监管机构对问题保险公司采取的上述诸种风险处置措施，根据目的的不同可划分为矫正性措施、控制经营与救助性措施以及关闭性措施等。

矫正性措施的立法现状

对处于问题之初、未对保险公司造成整体性威胁的风险，我国已有针对保险公司偿付能力不足在其业务、财务、公司治理结构、资金运用等方面采取限制性的处理措施。

将保险公司的偿付能力状况作为衡量和防范风险的核心监管依据，通过严格偿付能力及监管指标，对可能出现偿付危机的保险公司作出预警。早在2003年3月，《保险公司偿付能力额度及监管指标管理规定》初步建立了偿付能力监管制度框架；2008年《保险公司偿付能力管理规定》建立起以风险为基础的动态偿付能力监管体系，根据偿付能力不足造成风险大小的不同，采取不同的监管措施，为有重大经营风险的保险公司实现优胜劣汰奠定了基础。

此外，谈话、提供有关信息和资料的报告制度作为防范保险公司的经营风险、保险监管机构实施非现场监管的重要手段，在监管实践中得到了充分的运用。当保险公司出现严重违反资金运用规定、未依法办理再保险、未依法提取或结转准备金三种法定情形而采取的责令限期改正措施则是化解风险的早期矫正措施。

控制经营与救助性措施的实践难题

在我国保险监管所采取的控制经营与救助性措施中，《保险法》概括地规定了整顿、接管措施。当监管机构作出责令限期改正的决定后，保险公司仍逾期未改的，保险监管机构可决定对其进行整顿；当保险公司偿付能力严重不足或者因违法行为致使公司财务状况恶化危及其偿付能力的，保险监管机构可决定对其实行接管。整顿与接管由保险监管机构派员组成的整顿组和接管组进行。事实上，因上述原因对保险公司采取整顿、接管这些滞后的、外部的、救济性的措施，无法具体地监管到保险公司的整个运行状态，况且整顿、接管时保险公司原有业务将被限制或停止。

更需要指出的是，保险公司风险处置中的信息公开问题是在当前法律框架下难以解决的问题。《保险法》规定当保险监管机构在决定对保险公司采取整顿或者接管措施时，整顿决定以及接管决定应当予以公告。此法律规定使保险监管陷入困境。当保险公司被整顿或被接管的事实公之于众时，如何确保社会公众对保险公司保持原有的信任而实现整顿或接管救济的成功，是保险监管的尴尬所在。将保险公司风险处置的信息依法公开，一定程度上意味着向社会公布了该被处置保险公司属于出现重大经营风险的公司，会严重影响该公司业务的开展，在实务上加大了拯救问题保险公司的难度。至今，保险监管机构公开进行整顿与接管处理的保险公司只有永安财险公司、新华人寿公司、中华联合财险公司、瑞福德健康险公司等几家，而事实上出现经营风险需要依法处置的保险公司不仅于此。

关闭性措施的制度重建

我国确立了金融机构破产适用《企业破产法》的一般规则，同时授权国务院依据《企业破产法》和其他有关法律的规定制定金融机构破产的实施办法。同时《保险法》第九十条、第九十一条、第九十二条、第一百四十九条分别规定了保险公司破产申请、破产财产清偿顺序、寿险公司合同转让以及监管机构申请破产的条件等。目前国务院并没有出台金融机构破产的实施办法，《保险法》的相关规定因过于原则而缺乏可操作性，囿于我国尚无保险公司破产的个案，其适用的可行性难以得到佐证。

因保险经营具有"负债性"，当保险公司被采取接管、重整措施仍不能被"拯救"时，对出现重大风险的个别公司采取关闭性措施，是保险监管需遵循市场经济中市场主体"优胜劣汰"的竞争法则，确保保险市场"生态平衡"的必然选择。就目前的立法而言，保险公司风险处置时的关闭性措施有待重建。有关保险公司关闭性措施将采取怎样的立法技术，如何界定保险公司的破产界限、指定破产管理人、衔接处置程序与破产程序、建立保险保障制度等将是构建关闭性措施不可回避的实质问题。

对完善保险公司风险处置制度的思考

丰富与完善保险公司风险处置各项措施

在我国已有的限制性的处理措施以及责令限期改正等矫正性措施的基础上，可强化谈话、建议、要求提交报告与经营计划等措施，密切跟进指令的执行情况，不断敦促保险公司改正不良经营状况。在保险公司风险处置中需要完善行政权行使的程序，从而有效防止行政行为不当并切实保护行政相对人的合法权益。

在我国整顿与接管的监管实践中，保险监管机构通过发放监管函的书面形式对保险公司某些行为提出限制性的监管要求，接管组甚至完全取代了保险公司进行业务经营。在此方面，美国保险监督程序的制度设计值得参考和借鉴。美国《行政监督示范法》虽不直接对保险公司的行为进行限制，但将保险公司置于其监督之下，未经保险监管官或其指定人员的事先批准，保险公司不得实施特定行为。美国的行政监督程序既有效控制了保险公司恣意妄为从而避免风险扩大，又可使保险监管机构摆脱干预保险公司经营管理之嫌，为我国的制度构建提供了一种全新的选择模式。另外，还可以考虑在制度构建中增加行政重组措施，比照《证券公司风险处置条例》，采取注资、股权重组、资产重组、合并或其他方式救助保险公司。

细化保险公司风险处置措施的适用条件

由于我国保险业尚处于初级阶段，保险公司违规违法情形比较复杂，在现阶段适用风险处置措施的条件应该更加宽泛与原则，例如公司治理、不正当业务行为以及保险条款和费率等方面，均应包括在风险处置措施适用条件之内，以后随着实践的丰富和经验的积累，可逐步细化不同处置行为的适用条件。

美国保险监督官协会示范法对适用保险监管各措施、各程序的原因作出了列举性的规定；同为大陆法系国家的日本在其工作指导性文件《面向保险公司等的监管指针》中详尽地规范了每一项监管措施，包含了保险监督相关的基本思想、监督项目、评价标准、事务处理上的注意点等内容。虽然该文件声明了其所规定的监督项目及评价标准并不具有法律的强制力，但是足以凸显日本保险监管的法制化。另外，针对问题保险公司的具体违法情形，还应强化对公司控股股东、董事、高管以及直接责任人员法律责任的追究，以解决违法形式多样、成本过低的问题，遏制违法经营行为，强化公司治理监管。

建立保险公司风险处置中的权力制衡与监督机制

保险公司风险处置的适用条件规定得宽泛与原则虽可应对复杂的风险问题，但由此产生的过大的自由裁量权的行使需依赖执法人员的个人素质和能力，容易引发行政不当行为。因此，保险公司风险处置中的权力制衡和监督不容忽视。

从美国的保险公司监管体制来看，虽然立法赋予了保险监管官很大的自由裁量权，但受宪政分权制衡理论的影响，美国的立法、行政、司法三权独立，相互之间形成了有效的牵制，司法最终审查对监管官自由裁量权的行使给予一定的约束。另外，监管官在风险处置中的自由裁量权并非行政强权，行政监管干预性的措施与技术性的公司指标挂钩，将监管举措与监管标准相对应，通过高效率的立法制定庞杂细致的规则体系来指导监管官，法律制度构建本身为监管官自由裁量权的合理限制提供了很好的解决方案。中国的司法体制不同于美国，因此，可以考虑在监管机构内部建立权力制衡和监督机制。

分情形设置保险公司风险处置中的信息公开要求

依据我国《保险法》和《行政处罚法》的规定，保险公司风险处置是需要公开的。从理论上讲，信息公开对于风险处置目标的实现未必有害，但对于确需拯救的保险公司，就另当别论了。为满足中国保险监管的需要，面临两种选择：其一，修改《保险法》，删改对整顿决定、接管决定进行公告的立法要求。修法的依据可参照《政府信息公开条例》第八条中政府信息可以不公开的原理进行制度设计。此种选择，难度大，可行性差。其二，类似于美国保险监督官协会示范法的做法，为保护被拯救的公司而规定保密条款，对保密的对象、范围、时间作出了详细的规定，同时也允许法定情形下的信息公开。这种区分情形的信息公开既顾及了被处置保险公司的"声誉"，也尽可能做到了信息披露所要求的保险公司风险处置过程的公开与透明。在我国，认可风险处置信息公开的合理性，并区分情形而设置信息公开的要求，无疑是次优选择。

（作者单位：中国政法大学比较法学研究院）

《保险法》中接管措施的定位与完善

龙 翔

 《中华人民共和国保险法》（以下简称《保险法》）第一百四十五条至第一百四十九条规定的接管，是保险监管机构对具有偿付能力严重不足等情形的保险公司进行全面控制和管理的措施。我国保险业仅于 1997 年发生过一起中国人民银行陕西分行接管某保险公司的案例。随着保险市场竞争日益激烈，退出机制日趋完善，接管将来可能成为保险监管机构的一项常用措施。由于接管措施牵涉面广，触及多方面利益关系，而现行规定较为简略，有必要在对接管进行准确定位的基础上完善《保险法》相关规定，确保接管措施得到妥当而有效的实施。

对问题保险公司接管措施的定位

 国际保险监督官协会新颁布的《保险核心原则、标准、指引和评估方法》第 11 条"执行"原则指出，保险监管机构具备有效的手段解决问题保险公司管理和治理问题，包括有权要求保险公司替换董事会成员、高级管理人员、承担内控职责的关键人员、主要股东、外部审计人员或者限制他们的权力。如果有必要，监管者在极端情况下对不能满足审慎及其他监管要求的保险公司实行管理。监管者有权控制公司或者任命其他特别官员、接管人完成这项任务，以及为了保单持有人的利益采取其他措施。我国的接管措施基本符合以上原则。作为一项由保险监管机构可独立实施的行政措施，接管具有强制性、即时性等特征，使保险监管机构迅速接手有问题的保险公司的经营管理成为可能，防止缺乏操守、能力的经营管理人员继续做出不利于保险公司偿付能力充足和持续运营的举动。这是接管的基本价值。

　　根据《保险法》第一百四十八条的规定，接管终止的前提是保险公司已恢复正常经营能力，然而在很多情况下只更换经营管理人员是难以实现这一目标的。因此，接管组接管问题保险公司后，就应全面、深入地摸清公司业务、财务状况，提出下一步行动方案，包括如何恢复保险公司的偿付能力、使公司经营走上正轨等。保险监管机构可在此基础上，行使《保险法》第一百三十九条赋予其对偿付能力不足公司的监管权限，对被接管保险公司采取责令增加资本金和办理再保险、限制业务范围等措施，并授权接管组具体实施。从这个意义上说，接管与其他措施相配合，可能恢复有问题保险公司的正常经营能力，接管的价值不局限于取得公司管理权。

　　从保险公司被外部机构管理并采取措施得以重新具有清偿债务能力等方面看，接管与破产重整有相似之处。但前者为保险监管机构实施的行政措施，后者为公权力监督下的债权人自治程序，二者存在本质上的区别。更为重要的是，接管措施与破产重整程序在保险公司市场退出制度的整体框架下，应有不同的定位。

　　与其他企业相比，虽然保险公司退出市场在保护被保险人利益、维护金融稳定方面有一定的特殊性，但破产重整等司法程序也是可以适用于保险公司的。例如，日本专门制定了《金融机构再生程序特别法》。我国既然已允许保险公司适用破产重整程序，就应充分发挥其作用。下一步还可修改立法，增加更有针对性的规定，包括提高保险保障基金的参与程度、允许适当调整保险条款和费率等，使破产重整程序更加适合保险公司的特点。因此，在立法上似无必要再造一个功能与接管非常类似的行政措施，损害法律程序构造的协调性。

　　从国外实践经验看，被接管或者采取类似措施的保险公司往往难以恢复正常经营。这主要是因为，接管属于剥夺公司管理权的极其严厉的措施，往往针对偿付能力、经营管理等问题已相当严重的保险公司，其恢复正常经营本身不易。而且，保险公司被接管后声誉势必受到严重影响，很难重新获得公众信任。有学者甚至认为，在我国接管实践中，问题金融机构被接管后恢复经营的事例稀少，接管往往与金融机构清理、清算相联系。接管的立法目的与实践效果严重相悖。但即使被接管保险公司恢复正常经营能力的可能性较低，接管措施也是保险公司市场退出程序不可或缺的环节。一方面，它可确保接管组迅速接手有问题公司，缓解被保险人的恐慌情绪，并由保险监管机构依法向人民法院申请中止以该公司为被告或者被执行人的民事诉讼程序或者执行程序，防止被保险人"挤兑"、公司财务状况进一步恶化等更严重的情况出现。另一方面，接管组可以发挥专业和信息优势，在较短的时间内全面摸清公司资产负债情况，尽可能及早促成其转让保险合同、与其他公司合并等，减少被保险人的损失，减轻接下来的破产重整、清算等程序的压力，在整个市场退出环节中起到提前准备、平稳过渡的作用。总之，在保险公司市场退出方面，接管有其特殊价值，可以与破产重整等程序各司其职。

完善《保险法》中接管规定的建议

《保险法》中相关规定的完善应着眼于接管的定位，赋予保险监管机构及接管组更为明确和可行的手段，并从程序和实体上对监管权进行规制，确保接管措施在清晰的界限内高效地实施，为有序、低成本地解决保险公司市场退出问题发挥更大的作用。

一是关于接管组。《保险法》未对接管组的组成作出具体规定，而是授权保险监管机构自行组织。为适应专业而复杂的接管工作的需要，建议我国《保险法》规定，保险监管机构可以选派保险公司、保险保障基金的保险专业人员组成接管组，相关单位和人员无正当理由不得拒绝。

二是关于接管组的具体职权。第一，建议《保险法》规定，被接管保险公司的董事、监事和高级管理人员停止履行职责，由接管组行使保险公司的经营管理权。明确接管组这一职权，可防止接管组处处受到牵制而无法有效开展工作。另外，接管不同于破产重整程序，对股东权利的限制较少，接管组也不能取代股东大会。由于股东大会是公司的权力机构，如不清楚界定其在保险公司被接管后的地位，可能产生大量的纠纷。《保险法》对此可规定，保险公司根据保险监管机构的要求，转让保险合同及准备金、与其他公司合并等，按照《中华人民共和国公司法》及公司章程必须经股东大会作出决议的，应当按照有关程序办理。第二，接管组应在保险监管机构的主导下履行职责。就具体职责而言，接管组接管保险公司后主要是清查公司财产，制订并实施恢复保险公司正常经营能力的方案。原则上，接管组制订的方案可包括《保险法》第一百三十九条规定的责令增加资本金、办理再保险、转让保险业务等措施。鉴于这些措施一般涉及保险公司内外利益关系的重大调整，法律可要求接管组制订的恢复保险公司正常经营能力的方案，应当报保险监管机构批准后，由接管组负责实施。

三是关于接管的期限。根据《保险法》第一百四十七条的规定，接管期限最长不得超过两年。该规定的本意可能是防止接管期限的无限延长。但接管组一般接管的是问题非常严重的保险公司，如发现不能恢复其正常经营能力，本应及时将其转入破产重整、清算等程序。然而，在实践中接管组由于担心因保险公司破产而被问责，可能竭力寻找延长期限的借口，将接管期限上限变成常态。因此，建议法律将最长期限缩短到一年甚至半年。

四是关于接管程序与司法程序的衔接。根据《保险法》第一百四十九条的规定，被接管的保险公司有《中华人民共和国企业破产法》第二条规定情形的，保险监管机构可以依法向人民法院提出对该保险公司进行重整或者破产清算的申请。根据该条文字面含义，被接管保险公司具备破产原因，保险监管机构也可不向法院提出申请，继续进行接管。但接管措施毕竟不同于破产程序，程序性和实体性规定相对简单，未必能承担超出其性质和能力的使命。另外，已具备破产原因的保险公司长期处于行政权管理之下，导致破产程序不能正常启动，损害了法律的严肃性。因此，建议《保险法》规定，接管组发现被接管的保险公司有《中华人民共和国企业破产法》第二条规定情形的，应当报告保险监管机构。保险监管机构应当依法向人民法院提出对该保险公司进行重整或者破产清算的申请。

（作者单位：中国社会科学院数量经济与技术经济研究所）

C 中国金融
HINA FINANCE

专题精选
2013—2014

新型城镇化
融资机制

党的十八届三中全会提出"坚持走中国特色新型城镇化道路"。中央城镇化工作会议进一步明确了新型城镇化要着力提高城镇化发展质量,坚持以人为本,推进以人为核心的城镇化。新型城镇化对金融服务提出了更高的要求,也为金融机构改善业务经营结构带来了难得的机遇。在城市转型的过程中,金融系统的角色转换也同样重要,一个有效的金融系统不仅应该为城市的增长而融资,也应该为城市的转型而融资。

构建城镇化多元融资模式

张 云

党的十八届三中全会提出"坚持走中国特色新型城镇化道路"。中央城镇化工作会议进一步明确了新型城镇化要着力提高城镇化发展质量,坚持以人为本,推进以人为核心的城镇化。新型城镇化对金融服务提出了更高的要求,也为金融机构改善业务经营结构带来了难得的机遇。

科学把握金融支持新型城镇化的战略导向

新型城镇化是国家全面实现现代化的战略抉择。金融支持新型城镇化,应从中国城镇化进程和现实国情中去思考,必须对未来城镇化道路的新模式和新路径有清醒的认识,树立系统思维和全局思维,把城镇化建设与当地历史文化、自然禀赋、新农村建设等有机结合起来,把推动落实城镇化规划和解决好人的城镇化问题有机结合起来,统筹各种资源要素,从整体上探索金融服务城镇化的有效路径,更好地促进城镇化持续健康发展。

第一,因地制宜推进新型城镇化,防止一味追求城镇化的高速度和规模扩张。从全球视野看,城镇化既是自然历史的进化过程,也是经济社会发展的演进结果,需要一个较长的周期,不可能一蹴而就。从国际上来看,西方发达国家城镇化进程持续了很长时间,比如英国花了将近250年,美国大约100年。因此,中国城镇化发展的目标和速度一定要保持理性和审慎,充分体现国情、遵循规律、顺势而为,做好科学规划和顶层设计。如果不顾经济社会承载能力,盲目攀比速度,搞"大跃进",就有可能陷入"拉美式城镇化陷阱"。当前,要特别处理好政府和市场的关系,要从过去的"政府主导"模式逐步转向"市场主导、政府引导"模式,尊重市场规律,不能单纯为完成城镇化目标,人为造城、赶农民上楼,这样欲速则不达,容易带来社会不稳定因素,加剧地方政府债务负担,提升地方政府负债率,不利于城镇化健康持续发展。作为资源配置与资金供给的主要媒介,金融部门也要保持理性、科学规划、循序渐进,把握和控制好风险,不能一哄而上、盲目跟风,尤其要对大拆大建、片面造城的城镇化保持警惕。

第二,切实解决好人的城镇化问题。中央城镇化会议明确提出,把促进有能力在城镇稳定就业和生活的常住人口有序实现市民化作为首要任务。土地制度是农村最基本的制度,土地权益也是农民最大的权益。过去,政府主要通过向农村征地,对农民实行一次性土地征地补偿,解决城镇化过程中的土地需求问题。在这个过程中,地方政府获得了大量土地增值收益。据有关数据显示,2007—2012 年,政府土地出让收入共计 12.4 万亿元,为城镇化提供了重要的资金来源,但同时也造成了地方政府对卖地收入过于依赖。就金融部门而言,金融服务重点应从"对物"向"对人"转变,金融服务的重心和结构将发生深刻变化,要从根本上避免将城镇化金融服务简单等同于平台贷款和房地产贷款等金融服务,应该从目前金融服务城镇化的短板或缺位进行反思,强化人本金融服务。

第三,关注城镇化梯度发展问题。要处理好东中西、大中小城市的关系,保持生态文明和文化传承,实现人口、产业和资源环境的协调发展,这是未来新型城镇化建设中需要破解的重点问题。一是要继续发挥大城市的辐射和带动作用。进一步优化长三角、珠三角和京津冀三个特大城市群,提升一体化水平和国际竞争力。二是要积极挖掘中型城市特别是中西部城市的发展潜力。推动长江中游、成渝等中西部新城市群发展,与东部区域形成产业衔接。三是要提升县城和小城镇的人口承载和产业集聚能力,减少人口向大城市集聚的压力。金融部门要主动对接国家"两横三纵"的城市化战略格局,优化金融资源区域配置,加大对产业转型升级的金融支持,促进大中小城市协调发展。

第四,关注农村土地制度改革对城镇化带来的影响。党的十八届三中全会提出的农村土地制度改革,明确了农村集体土地产权,同时要求土地交易必须采取市场化手段,从而进一步保障了农民的土地权益,同时对现有的"土地财政"模式也将产生深远的影响。一方面,政府征地成本将有所增加。在土地资源十分稀缺的情况下,通过市场交易,由市场发现价格,无疑会抬高征地成本。另一方面,也意味着农民将更多地公平分享到土地增值收益。现有土地收益分配格局的改变将挤压土地财政收入,城镇化资金来源可能面临更大的缺口。为此,在新型城镇化建设上要有新思路。其一，改变"摊大饼"式的城市扩张模式，在土地的集约化开发上下工夫，提升城市的容积率和承载力。其二，推进城乡一体化的土地市场建设。通过市场手段，挖掘土地供给潜力。其三，改变现有的"土地财政"模式，广泛吸收市场和民间资金，解决城镇化资金来源问题。

第五，保持农业现代化和城镇化协同发展。要素"从乡到城"单向流动的问题，造成了农村产业和人口空心化等现象，甚至已经影响到了国家粮食安全。因此，在推动新型城镇化进程中，必须以发展现代农业为基础。金融部门应顺应这些发展新趋势，加大对现代农业金融服务模式和手段的创新，探索和推广农业产业链和供应链金融服务，推动农业现代化与新型城镇化协调发展。

构建支持城镇化的多元化融资模式

与以往城镇化相比，新型城镇化聚焦人的城镇化，融资需求结构发生了较大变化，公共服务和社会保障的融资需求占比大幅提升。据有关部门估算，在现有的资金供需条件下，扣除政府财政收入（包括土地收入）之后，2013—2020 年，城镇化资金缺口近 30 万亿元，平均每年近 2.5 万亿元，按 2012 年的统计口径来计算，相当于全社会新增贷款的 30%。为此，必须充分发挥市场配置金融资源的决定性作用，正确处理好政府和市场的关系，明确中央和地方的事权和财权，把握财政和金融体制深化改革的有利契机，加快融资工具创新步伐，着力构建多元、可持续的融资模式。

充分发挥市政债在城镇化融资中的重要作用

从国际经验看，市政债是城镇化建设的重要融资工具。目前大国经济体中，无论是财政联邦制还是单一制国家，市政债或类似地方债都在城市建设中得到广泛运用。以美国为例，市政债余额占美国整个债券市场余额的比重在 8.5% 左右，占 GDP 的比重保持在 15% ~ 20%。

与国外相比，我国在没有其他城镇化融资的体制安排下，地方政府融资更多依靠平台公司。平台公司的融资方式主要有两种：一是向银行获取中长期贷款；二是以企业债、中期票据等城投债方式融资，城投债借用城投公司的名义发行，实际主导者是地方政府，可以视为市政债券的一种变通形式。2012 年城投类债券发行量达到 1.27 万亿元，发行只数和发行规模均为上年的 2.5 倍。从银行间市场看，城投债发行量占当年发行总量的比例达到 11%，同比上升 7 个百分点；占信用债发行总量比例达 34%，同比上升 14 个百分点。但目前城投债发行主体资质下沉、信息披露不及时和信用评级虚高的现象较为普遍，潜在的信用风险逐步累积，已持续遭到风险预警。因此，建立市场化的地方政府举债机制，将是我国未来新型城镇化融资更为可行的现实选择，这也是我国下一步财税体制改革的重点。

资产证券化将成为城镇化融资的重要创新工具

资产证券化（ABS）将缺乏流动性但具有稳定现金流的资产，在资本市场上以发行证券的模式出售，获取融资并提高资产的流动性。目前，我国广义的 ABS 主要有信贷资产证券化、券商专项资产管理计划和资产支持票据等三种类型，但总量都不大。与此相比，截至 2012 年末，美国资产支持证券存量达到 9.8 万亿美元，占美国债券市场总量的 26%，仅次于国债，超过公司债券的市场规模；欧盟的证券化市场近年来同样发展迅猛，2012 年证券化产品的规模达到了 2.27 万亿美元。因此，未来应积极运用金融工程技术，将资产证券化打造成城镇化融资新渠道。这不仅有利于吸纳规模庞大的社会资金，减轻银行渠道的融资压力，支持更多民生领域建设，而且可以减少地方政府对土地出让金的过度依赖，在破解城镇化的资金瓶颈方面具有很大的发展潜力。

打开民间资本参与城镇化融资的通道

我国社会资金比较充裕，2011 年底仅民营经济注册资本总量就高达 25.79 亿元。目前，在高速公路建设、城市污水处理、城市水务等诸多领域，都有部分社会资本参与，主要有 PPP（公私联营）、BT（建设—转让）、BOT（建设—经营—转让）、BOO（建设—拥有—经营）、BTO（建设—转让—经营）、TOT（转让—经营—转让）等模式，但总体上社会资本的参与程度还远远不够。中央城镇化工作会议提出"放宽市场准入，鼓励社会资本参与城市公用设施投资运营"，为民营资本介入城镇化创造有利的政策环境。在这个过程中，要发挥好财政投资的引导功能，通过财政资金的先期投入、财政补助、资本金注入、信贷贴息等手段，引导民间资本参与新型城镇化建设，弥补建设项目现金流量与还贷能力不足的问题，提高投资项目的财务生存能力，达到以较少财政资金带动更大规模社会资金投入的放大效应。

发挥好大型银行在支持
新型城镇化中的主力军作用

现代金融是在城市中培育并形成的。城镇化建设对金融机构筹措资金、运用资金提出了艰巨的任务，同时也给金融机构带来了良好的历史机遇。金融机构要增强服务城镇化建设的自觉性和主动性，找准自身的切入点，为城镇化建设提供综合化的金融服务。当前，我国新型融资工具的培育和发展还需要一个过程，短期内仍要继续发挥银行信贷在支持城镇化建设中的作用，尤其是要发挥大型商业银行的主导作用。要保持信贷规模适度增长和在社会融资总量占比中的基本稳定。以农业银行为例，作为横跨城乡的大型国有商业银行，农业银行在市场定位、经营布局等方面，具有服务新型城镇化的独特优势。一方面，农业银行的市场定位与城镇化战略导向相匹配。服务"三农"是农业银行的特殊市场定位，而新型城镇化与农民市民化、农业现代化和新农村建设密不可分，是解决"三农"问题的根本途径，两者的战略方向是一致的。另一方面，农业银行的经营布局与城镇化建设的重点相吻合。下一步农业银行将围绕新型城镇化，发挥大型银行对金融资源的联动整合优势，着力构建和完善新型城镇化四大金融服务体系。

一是建立农民市民化金融服务体系。农民市民化金融是城镇化金融服务的重点。农业银行具有服务农民市民化的基础性优势，关键是要进一步优化网点网络布局，提升服务功能，改进客户体验。紧跟国家城镇化发展规划布局，遵循网点网络建设与客户资源相匹配的原则，调整优化布局，物理网点和自助设备重点向人口和物流聚集的重点城市群、城乡结合部、强县强镇倾斜；对广大农村地区，强化"惠农通"等电子服务渠道，形成高效率、低成本、广覆盖的网点网络服务体系。探索社区银行模式，满足大型社区、专业市场、产业园区、网络社区等资金流旺盛区域的新需求。同时，紧扣农民进城后衍生的新的金融需求，在住房、创业、消费等方面提升客户服务功能。

二是健全产业支撑金融服务体系，促进产业升级与城镇化的融合发展。城镇化的过程既是空间转移的过程，又是产业升级的过程。金融服务城镇化，就是要对接国家产业政策和发展规划，突出产业金融服务重点。支持传统产业改造提升，明确绿色环保和就业优先的政策取向。支持产业梯度转移与承接，重点支持产业转移承载基地建设，将就业容量作为项目准入与审批的参考依据。支持战略性新兴产业和现代服务业发展壮大，针对不同发展阶段，对接相应的融资主体和融资模式。与此同时，要加强对企业全生命周期的金融服务，针对不同发展阶段的企业，提供差异化的金融服务。对处于起步阶段、急需经营资金的小型企业，要创新担保抵押方式，提供简式快速贷款等独具特色的创业金融服务；对已有一定经济实力、金融需求日益丰富的成长期中型企业，提供包括各种期限融资组合、创新性担保融资、便捷性结算服务等多样化金融服务；对经营业绩稳健成熟、已走上集团化发展道路的大型企业，提供包括现金管理、资本运营、财富管理、银团贷款、特色产品等全方位金融服务；对于已经进入衰退期的企业，应建立妥善的退出机制，确保信贷资产安全。

三是完善城镇基础设施金融服务体系。基础设施类金融服务需求是城镇化金融的基础和主体，也是长期以来农业银行服务城镇化的重点。下一步将加大政策、制度和产品创新，提升服务效率。从区域、客户、项目、还款来源等方面实施差异化的信贷准入政策，最大限度地扩大有效服务覆盖面。同时，积极探索 BT（建设—移交）、BOT（建设—经营—移交）、PPP（公私合营）等新型融资模式，重点拓展市政债、资产证券化、产业基金等多元化服务渠道。同时，努力拓展多元化服务渠道。当前，城镇化建设融资的多元化、市场化是总体趋势，应积极把握市场机遇，在运用信贷资金支持政府主导项目发展的同时，为其提供财务顾问、租赁、投行、保险、理财、资金池、产业投资基金等综合化金融服务，从单纯融资向融资与融智相结合转变。

四是打造现代农业金融服务体系。按照"规范准入、突出重点、集约经营、严控风险"的思路，构建支持新型经营主体的服务模式，引导农村土地经营权向家庭农场、专业大户、农民合作社有序流转，使金融服务能够有效适应新型经营主体对生产效率提升的要求。一方面，探索和推广现代农业服务模式。深化农业产业链金融服务，抓住农业产业化龙头企业这一核心环节，重点为龙头企业扩大生产提供信贷支持，为龙头企业产业链延伸提供供应链金融解决方案，为龙头企业上市、兼并、重组、收购等市场化资本运作提供融资和投行服务，通过对龙头企业的金融支持，带动产业链上的广大农户扩大生产经营。另一方面，积极创新抵押担保方式。缺乏有效抵质押物与抵质押不足是制约农村金融发展的重要问题。随着城乡建设用地市场的统一，产权的租赁、转让、抵押市场的完善，为创新抵押担保方式打开了空间。我们应顺应这种趋势，创新尝试土地流转收益抵押、林权抵押、土地承包经营权抵押、宅基地使用权抵押、农民专业合作社担保等新的实现方式，根据地域差别和农业经营实际，实施差异化的担保抵押方式，平衡好增信创新和风险控制。

有效防控城镇化进程中的金融风险

新型城镇化建设涉及理念的转变、模式的转型和路径的创新，是一个战略性、全局性、系统性变革的过程。银行业既面临着难得机遇，也伴随着风险和挑战。对此，银行业既要积极稳妥支持城镇化，方向要明、步子要稳，又要高度防控城镇化进程中的金融风险，牢牢守住风险底线，确保城镇化金融走上科学、健康、可持续发展的轨道。

首先，加强宏观政策研究，增强把控整体风险的能力。近年来，一些地方政府债务比例过高，特别是市县一级融资平台负债过快增长，面临较大的偿债压力，潜在风险不断累积。因此，银行要坚持稳健经营基调，强化宏观经济、改革政策研究，着重对地方社会经济发展潜力、地方政府负债水平和偿债能力进行综合考察，做好风险预判。其次，关注重点领域的系统风险。城镇化的过程往往伴随着投资热潮。要防止一些地方借城镇化之名，一哄而上，乱铺摊子，搞粗放发展。银行要保持对城镇化相关的县域房地产、地方政府平台等重点行业的关注，从可持续发展的角度对地方城镇化项目进行审慎分析。再次，创新风险管理形式。进一步创新风险偏好、工具和方法，强化全流程、全方位、全覆盖的风险管理。同时，还要积极寻求政府支持，引入财政风险担保基金、专业担保公司、保险公司等多重机制，合理规避各类风险。建立多方风险分担及利益补偿机制，避免风险过度向银行集中。最后，关注新业务、新主体，严控城镇化衍生风险。前瞻性研究城镇化新业务、新主体潜在的风险，采取切实有效的防范措施。关注民营企业、村级资产管理公司、镇级融资平台等日益多元化的城镇化项目主体，以及各地城镇化实践中出现的新型运作模式，做好新业务、新产品的风险评估和风险缓释。

（作者系中国农业银行行长）

深化城镇化投融资体制改革

辜胜阻　曹誉波　李洪斌

城镇化是我国现代化建设的历史任务，也是扩大内需的最大潜力所在。经济学中的"诺瑟姆曲线"表明，城镇化水平从30%上升到70%的区间是城镇化率上升最快的阶段，这一阶段的突出特征就是需要大量的资金投入。2012年我国城镇化率超过52%，正处在城镇化高速发展阶段，城镇化的改革和发展正面临较大的资金缺口。妥善解决这个阶段的投融资问题是我国城镇化持续健康发展的重要保障。

城镇化资金需求巨大且融资方式多样化

我国城镇化建设中融资渠道比较狭窄，金融工具创新不足，融资模式较为单一。地方政府主要依靠有限的财政、难以持续的土地经营与中短期的银行贷款三个渠道来筹措资金，缺乏多样化、多层次的融资渠道，很难在资金市场上筹措到匹配的资金。部分地区也尝试如地方性债券的发放、政府与民营资本合伙经营等其他一些融资模式，但由于规模小、领域窄、风险高等原因，现阶段都难以满足不断攀升的城镇化融资需求。在城镇化进程中，进城人口生产和生活方式的转变、城镇产业体系的形成、就业机会的创造以及经济社会各个方面的变化，不仅需要大量的资金支持，而且衍生出不同种类的融资需求，需要不断创新金融工具与之相匹配。

一是进城人口创业置业的融资需求。新型城镇化要以人为本，让进城人口有稳定就业和平等创业的机会。进城人口在城镇的初创企业主要是个体私营企业和小微企业，普遍存在资产抵押品不足、经营状况不稳定、治理结构不完善、信用难以识别等问题，其融资需求具有较分散、批次多、数额小、期限短等特点，与现有商业银行经营模式不相匹配，难以从银行等正规金融机构获得贷款。

二是城镇基础设施的融资需求。城镇化进程中的基础设施和公用事业需要大量的投入以形成有效供给，并且由于产品属性的不同，它们有不同的融资特点。城镇基础设施建设往往具有投入规模大、建设周期长、运营成本高、资金回收慢等特点，需要稳定、长期、低成本的投资来源，依靠有限的财政资金和银行贷款难以满足。城市供电、供水、供气、供热，以及文化体育场所、娱乐场所、公园、邮政通信等城市公用事业，除了具有以上特点外，还可构建一定程度的"使用者付费"机制。根据基础设施和公用事业在竞争性、排他性方面的不同特点，构建不同的融资模式就显得尤为重要。

三是进城人口的住房和耐用消费品等消费融资需求。人口的城镇化必然带来消费需求的增长。城镇化过程中，进城人口的收入提高，将大大提升其消费能力，给消费金融带来巨大市场。有研究表明，按照现有城镇化速度，消费需求规模将从 2011 年的 16 万亿元提升到 2016 年的 30 万亿元左右。未来进城人口的住房需求将出现大幅上升，保障性住房建设和商品房交易将加速，与住房息息相关的建材装修、家具电器等消费贷款需求将日趋旺盛。进城人口的消费浪潮将推动更加便捷的支付结算体系的建立、更加丰富的金融产品创新以及金融知识的广泛普及。

城镇化和市民化是一项高成本的改革，需要大量资金

城镇化的核心是人的市民化，当前尤其要优先解决已经长期在城市生活的农业转移人口的市民化。市民化是一项高成本的改革，农民工市民化是进城人口平等享受教育、医疗、养老等一系列基本权利保障和公共服务的过程，是稳定的就业机会、平等的公共服务以及城镇化生活方式的有机结合。农民工要穿上市民的就业、教育、医疗、住房、养老这"五件衣服"，需要大量公共投入。中国社科院发布的蓝皮书指出，今后 20 年内，中国将有近 5 亿农民需要实现市民化，人均市民化成本为 10 万元，为此至少需要 40 万亿~50 万亿元的成本。国家行政学院报告称，如果将 2012 年 1.6 亿外出农民工转化为市民，仅基本公共服务方面的投入，就需要新增投资 1.8 万亿元以上。随着我国城镇化水平的提高，城市新增公共基础设施建设会不断加快。研究表明，到 2020 年，仅仅由于城镇人口的增加而新增的

市政建设，包括公共交通、市容环卫、污水处理、绿化、热水供应、道路桥梁等的资金需求大约就有 16 万亿元。地方政府的财政投入是当前城镇化建设资金的主要来源。长期以来，基于对城镇基础设施和公共服务属于公共产品的认识，地方政府的投资事权大大超过了财政可支配的财力，城镇化建设存在巨大的资金缺口。

创新投融资体制推进城镇化健康发展

解决城镇化巨大的资金需求，一方面要建立多层次、多样化、市场化的投融资机制，另一方面要构建政府、企业、个人多主体共同参与的成本分担机制。

第一，构建多层次金融体系，多渠道满足城镇化融资需求。

一要创新信贷管理制度，扩大对城镇化的信贷供给。受益于城镇化的加速推进，城镇产业基础的壮大、基础设施建设不断完善以及进城人口的消费需求将成为商业银行信贷投放的重要方向。商业银行要努力配合各级政府做好资金筹措计划，通过时间和期限的合理安排，创新并不断丰富融资工具，协助地方政府防范和管理好金融风险。把握城镇化过程中产业发展的趋势，积极支持符合各地城镇资源禀赋、具有发展前景的优势行业和企业。金融机构要细分城镇化中进城人口的消费金融市场，创新金融产品服务于住房、耐用消费品、教育文化等消费型贷款需求。通过发展投行业务、城镇化产业基金托管业务等，探索以信托理财和设立资金池的方式，引导保险资金、养老基金、PE 基金、海外资金以及其他社会资金参与国家新型城镇化建设。制定城镇化金融专项业务经营风险偏好，设定风险容忍度，加大城镇化金融的信贷支持。

二要发展农地金融，让农地流转收益成为农民工创业置业的资本，解决农民工草根创业的融资需求。农地金融已经有两百多年的历史，世界多数发达国家和地区都建立了完善的农地金融制度，像德国的土地抵押信用合作社，自下而上发展，抑制了农村高利贷，而美国利用联邦土地银行解决了农业经济危机。土地一方面有生存保障的功能，另一方面有致富资本的功能。城镇化中"钱从哪儿来"，关键要靠金融改革，唤醒农民土地这项"沉睡的资本"。农地金融是城乡一体化过程中一项非常重要的金融创新。如今大量的农民工返乡创业需要资金支持。广泛开展农地金融，把农村土地使用权作为抵押贷款融资，可以解决农民工创业的资金需求。我国农地质押贷款从 2008 年就开始了，但是发展比较缓慢，主要的问题是缺乏法律依据，操作层面上难以控制风险。为此，要探索土地流转收益和土地承包经营权抵押的方式，把土地的级差收入和长期增值收入真正归还给农民。

三要发展民间资本主发起的风险自担的民营银行和其他民营金融机构，用草根金融来支持草根经济和草根创业。城乡一体化需要草根金融，草根金融是基层的微型金融机构，适应草根经济的小、散、弱、多，缺少抵质押物，几乎没有正规财务报表等特点，拥有专业的队伍、独特的流程和考核激励机制，深植基层，服务于草根经济。国际经验表明，小型金融机构向企业提供融资服务时具有明显的信息优势，这种优势来自于小型金融机构与小型企业和个人长期合作与共同监督的结果。美国共有 8000 多家社区银行，对美国的经济发展起着非常重要的作用。在美国，大银行的贷款多集中于规模较大的中型企业，对小型和微型企业的贷款主要由社区银行来满足。社区银行瞄准小客户，差异化优势明显，对于防止基层金融"空洞化"具有重要作用。当前要放松对各类金融机构的市场准入限制，促进城市社区中小银行等民营金融机构的建立，形成多元适度竞争的草根金融体系。在调查中我们发现，扎根基层的小型金融机构在支持小微企业和创业方面大有可为。重庆渝北银座村镇银行自成立以来就承载着"支持小微，服务'三农'"的重要使命，开业一年半时间，贷款余额突破 11 亿元，户均贷款余额 76 万元，累计支持了 1800 多户农户和小微企业的发展，为重庆两江新区的城镇化建设作出了重要贡献。这表明类似于社区银行的小微金融机构有非常大的发展空间。

第二，进一步放开市场准入，引导民间资本参与城镇化建设。

鼓励民间资本参与城镇化基础设施建设有多种方式。BOT（建设—经营—转让）、BOO（建设—拥有—经营）、BTO（建设—转让—经营）等项目融资方式能够通过少量的政府财政投入盘活社会存量资本，为满足城镇化建设的资金需求提供良好的途径。当前要发挥财政投资的引导功能，通过财政资金的先期投入、财政补助、资本金注入、信贷贴息等手段，引导民间资本通过直接参与、特许经营、BOT、BOO、BTO 等方式参与到新型城镇化建设中来，以弥补建设项目现金流量与还贷能力不足的问题，提高投资项目的财务生存能力，并达到以较少财政资金带动更大规模社会资金投入的放大效应。进一步推进民营企业在基础设施、公共事业和社会事业等城镇建设中与其他所有制企业在投资审批、土地、财税扶持方面的公平化待遇，通过对城镇的供水、供热、供电、园林、绿化等具有经营性质的基础设施建设公开招标，鼓励和引导社会资本参与市政公用企事业单位的改组、改制。积极推进公用事业的市场化运营，对经营性、准经营性、公益性等不同性质的项目进行合理区分，推进城市基础设施和公共事业逐步向

新型城镇化融资机制

民间资本转让产权或经营权。

第三，创新金融工具，拓宽城镇化基础设施建设的融资渠道。

城镇化建设具有其特殊性，利用新型金融工具融资，有利于将新型城镇化的资金来源延伸至证券市场和债券市场，使城镇化建设资金来源多样化。

一要通过推进基础设施资产证券化，为大型项目提供资金融通。很多经营性的基础设施建设具有稳定的现金流，能够成为优良的证券化资产。资产证券化能提高资产流动性，通过分享固定资产稳定收益来实现融资目的，在解决城市建设资金短缺问题方面有很大的发展潜力。我国资产证券化发展已经起步，当前要进一步完善资产证券化相关的体制机制，构建有利于资产证券化发展的法律法规体系、监管机制和信用环境等市场环境，一方面为城镇化发展融通资金，加快资金周转，降低投资风险；另一方面让更多的民间资本能够分享城镇化发展的成果。

二要充分运用债券市场满足城镇化过程中的融资需求。市政债券因其利用地方政府的信用作担保，能有效为城市建设筹集资金，已经被美国、日本等国家广泛采用。美国的市政债券分为一般责任债券和收益债券，卫生保健、高等教育、交通和公用事业等项目主要发行收益债券，一些收益不足偿还债务的建设项目，如会展中心、路灯系统，地方政府则发行一般责任债券，通过特定的销售税、燃料税或两者结合起来偿债。研究表明，我国已经具备发行市政债券的经济实力和制度保障。当前要在完善债券市场化发行机制、市场约束、风险分担机制、评估偿债能力的基础上，建立合理的地方政府债务管理体制和发债机制，保证其公开透明，接受社会监督。市政债券的推行还要与改革中央和地方的财权事权划分、推进《预算法》和《担保法》等相关法律条款的修改、建立信用评级披露和政府负债指标体系等深层次的制度安排相结合。

第四，扩大政策性金融供给，构建市民化多元主体的成本分担机制。

政策性金融不仅能够促进基础设施部门的高速增长，还能对民间资本产生很好的引导作用。1951年日本政府成立了"开发银行"，由中央政府全资拥有，主要向国内能源、交通等基础设施部门提供长期低息贷款。此后，大量的民间金融机构开始向政策性银行投资的部门提供贷款，有效地保障了大规模基础设施建设对资本的需求。当前我国应继续深化政策性金融机构改革，解决中长期债权银行的债信、监管等问题，以更加有效地支持我国城镇化进程。对于诸如公共交通、城镇排水管网、供气管网、公立医院等公共项目，政府可以积极争取政策性金融机构的融资服务，配合以财政贴息、税收优惠等多种形式的补偿机制，保障项目收益和还款来源，维持新型城镇化建设过程中此类基础设施建设项目融资的稳定性和安全性。此外，要构建政府、企业、个人多主体共同参与的市民化成本分担机制，稳步推进农业转移人口市民化。

（作者单位：辜胜阻系全国人大常委会委员、民建中央副主席、武汉大学教授；曹誉波、李洪斌系武汉大学教授）

新型城镇化融资机制

为新型城镇化提供全方位金融服务

楼文龙

新型城镇化是中国现代化建设的重要任务，是扩大国内需求的战略重点，是推动区域协调发展的重要动力，也是解决"三农"问题的重要途径。商业银行要准确把握新型城镇化的科学内涵，全面梳理新型城镇化的金融服务新需求，明确服务新型城镇化的基本原则，积极优化业务经营策略和风险管理机制，全方位服务好新型城镇化建设。

准确把握新型城镇化的科学内涵

目前，虽然国家尚未正式出台城镇化发展规划，但根据近期中央领导同志的有关讲话精神，我们认为新型城镇化将更加注重城镇化的质量和水平，在生产生活各方面都实现由"乡"到"城"的深刻转变。具体而言，新型城镇化的"新"主要体现为"以人为本、产城互动、布局合理、城乡统筹、绿色低碳"。

一是"以人为本"。目前，我国城市居民内部"二元结构"矛盾突出。第六次全国人口普查结果显示，我国6.7亿城镇人口中城镇户籍人口为4.6亿人，在城镇工作、生活的农民工及其家属约为2.1亿人。这部分农民工计入了城镇化率的统计指标，但并没有享受到与城镇户籍居民同等的基本公共服务。新型城镇化将着眼于"人"的城镇化，通过户籍制度和公共服务制度的改革，有序推进农业转移人口市民化和基本公共服务均等化，让进城农民工"留得住""安得心"，成为真正意义上的"市民"。

二是"产城互动"。当前，我国的产业集聚带动社会分工深化细化仍显不够，三次产业发展没有形成联动，无论是生活性还是生产性服务业的发展都滞后于城镇化进程，就业吸纳能力不强。2012年，我国服务业占GDP比重为44.6%，低于工业占GDP 45.3%的比重，与60%的国际平均水平相距也较大。新型城镇化将着力提高城市的产业竞争力，通过产业布局调整与产业升级，实现城镇化与产业发展的有机融合，夯实城镇化发展的产业基础。

三是"布局合理"。相关资料显示，全国100万人以上的125个城市，人口总量占全国城镇人口的75%；2012年，2.6亿农民工中流向地级以上大中城市的达到1.6亿人，占比65%。针对东、中、西部地区城镇化进程及大、中、小城市发展不平衡等问题，新型城镇化可能将发展以一批人口和产业承载能力较强的重点城市群为主体、其他区域的城市和城镇为补充的城镇体系，推动大中小城市和城镇的协调发展。预计新型城镇化可能最终呈现"三个圈层"的格局，这三个圈层分别是重点城市群内部的城市和城镇、重点城市群以外的城市和城镇以及城镇之外的纯农村地区。

四是"城乡统筹"。长期以来，我国城镇化实践中过于强调城市的发展而相对忽视农业、农村和农民的发展，城乡差距和"二元结构"问题较为突出。2012年我国城镇居民人均可支配收入为24565元，农村居民人均纯收入为7917元，两者收入比达到3.1:1，高于改革开放初期2.5倍的比例。新型城镇化将着眼于城乡一体化，既注重"城"的发展，也注重"乡"的建设。通过加快农业现代化和新农村建设的步伐，努力缩小城乡差距，促进城乡协调发展。

五是"绿色低碳"。在粗放式城镇化发展模式下，城市布局不合理、交通拥堵、污染严重、基础设施建设滞后和资源粗放利用成为不少城市的通病，环境和资源都承受着较大压力。根据环保部2012年的数据，198个城市的地下水监测点中，较差和极差水质的监测点占比为57.3%；325个地级及以上城市中，空气质量达标的城市仅占40.9%。新型城镇化将坚持生态文明和集约高效的理念与原则，走绿色、环保、低碳、节约的发展道路，促进城镇化建设与人口资源环境协调发展，不断提高城市居民生活品质。

全面梳理新型城镇化的金融服务新需求

在准确理解新型城镇化科学内涵的基础上，我们全面梳理了新型城镇化对金融服务提出的新需求。具体来看，新的金融需求主要体现在新城区、新服务、新产业、新市民、新农业、新财政六个方面。这"六新"，既有增量、新增的含义，如新增加的城市建成区域、新进城安家的市民、新衍生的产业，又有存量提升、结构优化的含义，如旧城区改造、传统产业升级、政府融资结构转变等。

一是"新城区"金融需求。新型城镇化建设中，围绕新增城区建设和旧城区、棚户区改造等领域，将产生大量基础设施类金融服务需求。近期国务院常务会议明确提出，要着力破解城镇化进程中城市建设质量不高的难题，"十二五"期末城市污水和生活垃圾无害化处理率分别提升至85%和90%左右，完成8万公里城镇燃气和近10万公里北方采暖地区集中供热老旧管网改造任务。据有关机构估算，未来五年仅城市基础设施建设一项就将拉动投资超过3万亿元。

二是"新服务"金融需求。新型城镇化将加大公共服务均等化力度，教育、医疗、保障房、社会保障等公共服务领域将对金融服务提出新的需求。据有关部门统计，2011年我国城镇居民人均卫生保健支出968.9元，农村居民为436.7元。随着农民市民化进程的加快，医疗需求将大规模增长，尤其是县市级中小城市。例如，湖南省已明确提出，到2015年每个县、市至少要有一所县级医院达到二甲以上水平。

三是"新产业"金融需求。新型城镇化产业支撑体系的发展离不开金融支持，尤其是新兴产业发展和传统产业改造升级等重点领域。例如，四川省《关于加快推进新型工业化新型城镇化互动发展的意见》提出，围绕新型城镇化与新型工业化的"两化互动"，到2015年要形成一批带动作用强的万亿产业带、千亿产业园区和百亿企业。产业支撑体系的快速增长亟须有力的金融支持。

四是"新市民"金融需求。在新型城镇化进程中，已经进城、但是尚未完全融入城市生活的农民，以及未来几年将要从农村进入城镇生活的农民，在个人居住、消费、创业、理财等方面将产生可观的金融需求。据统计，2011年城镇居民人均支出20365.7元，农村居民人均支出8641.6元，城乡之比为2.4:1。农民市民化的过程也是其收入和消费能力提升的过程。随着更多农民转为市民，城市消费信贷潜在空间巨大。

五是"新农业"金融需求。新型城镇化建设与农业现代化建设相辅相成，专业大户、家庭农场、农业合作社、农业产业化龙头企业以及科技型农业企业等新型农业经营主体将不断增多，也对金融服务提出更多的需求。据国家工商行政管理总局的统计，2012年我国已有农业合作社68.9万家，比上年增长32.1%，预计2015年将达到90万家。农业部表示，未来3～5年将培育100家年销售收入超过100亿元的龙头企业，创建500个国家农业产业化示范基地。

六是"新财政"金融需求。在城镇化过程中，地方财政定位可能逐渐从发展经济型向公共服务型转变，融资渠道将从主要依靠信贷逐步转向地方债券、市政债券等新型债券市场，社会保障的统筹层次也将发生新的变化，体现出城镇化战略下财政运作方式的新特点。这对商业银行提出了新的金融需求。2009 年至今，地方政府债券发行量累计达到 8979 亿元，预计2013 年的发行额度将达到 3500 亿元，未来地方政府债券市场融资的比重还将逐步扩大，为商业银行债券承销和债券投资业务带来了新的发展空间。同时，财政支出结构和方式的变化也将对银行代理财政性业务提出新需求。

明确新型城镇化金融服务的基本原则

新型城镇化的金融服务需求总量大、范围广、层次多、性质复杂，对商业银行而言既是机遇也是挑战。商业银行必须结合新型城镇化的基本内容及其金融服务新需求，进一步明确新型城镇化金融服务的基本方向，即坚持三大指导原则，坚定三大基本判断，避免三大操作误区。

一是坚持三大指导原则。第一，坚持分类指导、梯次推进原则。根据各地区域经济发展水平、产业发展程度、银行经营管理能力等不同情况，区别对待，分类指导，梯次推进各地城镇化业务发展。第二，坚持商业运作、持续发展原则。遵循商业银行的基本要求和内在机理，充分挖掘城镇化发展进程中的商业机遇，建立健全配套的激励约束机制和风险控制体系，不断提高城镇化业务的质量与效益，确保可持续发展。第三，坚持银政合作、有效协同原则。在支持城镇化建设过程中，注重加强银政合作。在了解总体建设规划，营销重点项目，以及确认建设用地增减挂钩、财税优惠等项目支持政策方面，有效发挥地方政府的作用。

二是坚定三大基本判断。第一，城镇化金融服务不只是"造城"的金融服务，还有大量"人化"的金融服务。城市建成区扩大需要银行提供基础设施建设等"造城"方面的金融服务。但同时要看到，新型城镇化的核心在于"人的城镇化"。学校、医院、保障房等公共服务体系建设，以及个人消费、创业等方面，都会衍生出与农民市民化有关的金融服务需求。第二，城镇化金融服务不只是县域"三农"金融业务，还有大量的城市金融业务。县域城镇是城镇化的重要载体，因而在县域基础设施建设和新农村建设等方面将产生大量金融需求。而围绕智能城市、低碳城市和服务型城市的建设，以及大量新增城镇人口的出现，还会带来很多城市金融业务。第三，城镇化金融服务不只是信贷业务，还有大量的非信贷类业务。新型城镇化建设需要巨额资金投入，必然产生巨大的信贷业务需求。但围绕农民市民化和公共服务均等化，在社会保障、代缴代付、支付结算、市民理财等领域，也将产生大量的非信贷类业务需求。

三是避免三大操作误区。第一，防范城镇化贷款的房地产化。目前我国房地产结构性风险突出，大、中城市房价居高不下，而三线、四线城市住房总体供过于求。据有关部门分析，近三年一线城市供求比为 0.64，三线、四线城市供求比为 1.22，其中鄂尔多斯、大同、武威高达 4.9、5.7 和 8.1，泡沫化现象值得关注。因此，商业银行要摒弃简单思维，坚决避免将支持房地产等同于支持城镇化。第二，防范城镇化贷款的平台化。近年来，通过"平台公司"融资，地方政府积聚了大量债务，部分地方政府面临较大偿债压力。审计署 2012 年底对 36 个地方政府所做的审计结果显示，有 10 个地方政府债务率超过 100%，最高的达 189%。商业银行要坚决按照相关监管要求对待"平台"融资，不能将支持平台贷款等同于支持城镇化。第三，防范城镇化贷款的非产业化。目前我国传统制造业产能普遍过剩，2013 年上半年工业产能利用率仅为 78.6%。部分地方在城镇化建设中，仍在引进产能过剩行业、重复建设项目、资质及市场前景较差的企业。商业银行要严格标准，认真甄别，将宝贵的贷款资源用到真正培育城镇自身造血功能、保障农民进城安居乐业的城镇化产业支撑项目。

全方位服务新型城镇化建设

金融是现代经济的核心，新型城镇化建设离不开金融的支持。据有关部门测算，2013 年至 2015 年，财政资金仅能支持当年城镇化新增投资的五分之一左右，地方政府债券融资规模有限，银行资金仍将是新型城镇化建设的重要来源。商业银行应主动对接中央战略，加强整体规划，为新型城镇化提供全方位服务。

一是明确业务定位。细化不同区域业务重点，细分不同类型客户重点，制定差异化的业务策略。区域定位方面，在东部地区，可顺应城乡一体化发展趋势，积极支持中心城市与周边中小城市、中心镇的基础设施建设和产业园区发展等领域；在中西部地区，可重点支持以县级或以上城市为基点、以产业发展为基础的城镇化建设，择优支持特色小城镇建设。客户定位方面，优选承贷主体，严格甄选政府平台客户，积极支持参与城镇化建设的商业化公司，择优支持集体经济组织，积极强化新市民的金融服务。

二是加快产品开发。围绕"六新"金融需求，打造独具特色的城镇化金融服务专属"产品箱"。把握"六新"需求的特征，针对各类金融需求主体，分门别类推出系列信贷产品，创新相关信贷政策制度，不断扩大信贷类产品的覆盖面。同时，立足综合经营平台，积极创新金融服务模式，为客户提供财务顾问、租赁、投资银行、保险、产业投资基金等综合化金融服务，实现"融资"与"融智"的有机结合。

三是完善服务渠道。围绕城镇化进程中新的金融需求聚集点，优化物理网点布局，强化电子渠道服务。充分把握城镇化进程中城乡金融需求的新变化，遵循网点建设与客户资源相一致、网点功能与客户需求相匹配的原则，调整优化网点布局。高度关注信息化与城镇化交融发展的新趋势，加强网络金融、移动金融、语音金融等新渠道建设，加快自助金融产品创新步伐，不断提升电子渠道金融服务水平，前瞻性地把握城镇化进程中的互联网金融服务机遇。

四是优化营销模式。深化银政合作，加强内部联动。结合当前"一省一规划、一地一模式"的城镇化特征，银行在做好与中央相关部门对接的同时，重点做好与各级地方政府特别是省市级政府的对接工作。在银行内部，做实横向的"区域联动"机制，根据城市群内各城市之间一体化发展的新趋势，搭建相关分行的合作平台，推进不同城市分行的业务联动。同时，做实纵向的"城乡联动"机制，根据各城市群内部呈现"中心城区、城乡结合部、强县强镇"三个纵向层次的特点，加强城区行与县域行之间的业务联动，实现城乡业务的协同发展。

五是加大资源投入。围绕城镇化业务发展，加大人财物资源投入力度。加强信贷资源配置，探索单独安排城镇化专项经济资本计划、专项信贷计划。同时，可以考虑每年预留一定信贷规模，专门用于城镇化重大项目的临时性、战略性资金需求。加强财务资源和人力资源配置，探索单独列支城镇化营销费用和专项效益工资，加大在客户经理配备、网点优化调整、互联网金融体系建设等领域的投入力度，切实发挥资源配置的价值导向和激励作用。

六是强化风险防范。严守风险底线，切实加强城镇化业务风险管理。前瞻性研究城镇化新业务、新主体的潜在风险，做好新业务、新产品的风险评估和风险缓释，严控城镇化业务的衍生风险。严格规范城镇化业务运作，落实银监会监管要求与规定，做好贷款资金监管工作。落实贷后管理责任制，及时进行贷后检查，加强对抵质押品变更、保管等方面动态信息的跟踪。通过不断探索完善风险管控机制，促进商业银行城镇化金融业务的健康、有效发展。

（作者系中国农业银行副行长）

新型城镇化融资机制

城镇化区域差异与融资机制

巴曙松

从国际经验观察，城镇化并不必然与增长相联系，也有可能与衰退相联系。城市发展过程中的周期波动与转型的问题为政策的制定者提出了新的挑战，需要决策者以新的视角应对城市的周期波动与转型，实现城镇化的可持续发展。在城市转型的过程中，金融系统的角色转换也同样重要，一个有效的金融系统不仅应该为城市的增长而融资，也应该为城市的转型而融资。

为城市增长动力的转型而融资

城镇化的转型，可以说是要为城市的增长与繁荣寻找可持续的动力，最初始的动力通常来自于生产率的变化。生产率的变化通过改变劳动力、土地和资源的重新分布，重塑城市的增长动力。从产业结构角度看，农业生产率的提升使农村产生富余的劳动力，并使之成为工业生产者，从而完成从农村到工厂的转移；工业生产率的扩张则通过自动化替代一部分制造业劳动力，并使之进入服务业领域，从而完成工业城市到服务业城市的转变。作为一个结果，生产率的变化使劳动力分布在不同行业，从而产生可持续的增长。

从美国经验来看，约1%的农业劳动力贡献了约1%的GDP、约20%的制造业劳动力贡献了22%的GDP、约79%的服务业劳动力贡献了77%的GDP。总体上，美国劳动力的行业分布比例和GDP的贡献度基本相等，这说明美国的城市增长实现了较为均衡的资源匹配。

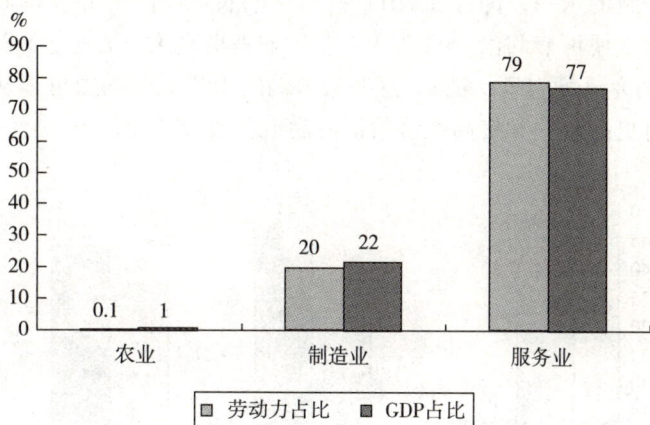

资料来源：World Factbook。

图1　按照产业部门划分的美国劳动力和产值分布比例（2010 年数据）

　　然而，对比全球平均水平以及中国的数据可以发现，有许多新的问题值得研究。据统计，全球劳动力的 37% 集中在农业生产领域，却只贡献了 6% 的全球 GDP；从官方统计口径考察，中国劳动力的 35% 从事农业生产，只贡献了 11% 的中国 GDP，这显然是明显的不平衡。总体上说，造成这种不平衡的根源除了户籍制度等的制约外，还因为在三大产业特别是农业部门中，全球平均水平和中国的劳动生产率远远低于美国。

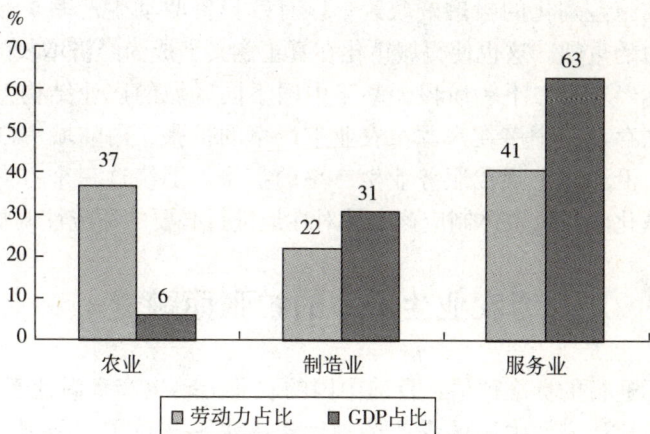

资料来源：World Factbook。

图2　按照产业部门划分的全球劳动力和产值分布比例（2012 年数据）

　　如果中国的农业生产率达到更高的水平，从而使就业分布与产值分布

新型城镇化融资机制

达到更为一致的水平，即假如2011年11%的农业产值由11%的农业生产率来生产，那么便可节约出24%即1.8亿的农业劳动力（7.6亿×24%，中国2011年劳动力总量为7.6亿）。这些被节约的1.8亿劳动力可以从事比生产农产品具有更高效率和更高经济价值的制造业或服务业。

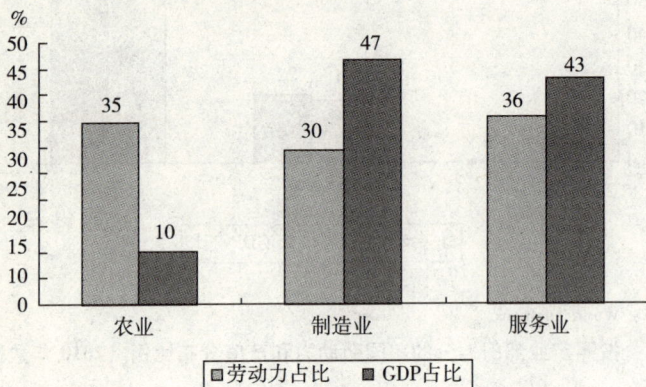

```
%
50
45        47
40                      43
35   35
30        30   36
25
20
15        10
10
 5
 0
    农业    制造业    服务业

  ▢ 劳动力占比  ■ GDP占比
```

资料来源：World Factbook。

图3　按照产业部门划分的中国劳动力和产值分布比例（2010年数据）

从这个角度评估，中国下一阶段城镇化的转型，重点之一将是城市增长动力的转型，而这将主要取决于生产率条件的变化。因此，一个合适的投资和融资支持体系，应该区别中国不同区域、不同城市的实际情况，有针对性地实施差别化的投融资政策，以有效投资驱动生产率扩张，从而实现增长动力的重塑。这也使得城镇化在真正意义上成为经济增长的动力。

从国际经验看，下一阶段，基于中国不同区域的产业结构差异，中国生产率扩张存在三个潜在来源：农业生产率的扩张、内陆城市制造业生产率的扩张、沿海城市现代服务业生产率的扩张。围绕这三个方向，下一阶段中国城镇化的投融资体制应该有针对性地进行必要的适应性调整和改革。

为农业生产率的扩张而融资

从国际通行的标准评估，目前中国的农业劳动生产率尚处于较低水平，据相关的对比研究，中国的农业劳动生产率水平与英国、美国、日本、韩国和巴西的平均年差分别达158年、138年、88年、58年和43年。

从实际情况分析，当前中国农业劳动生产率明显低于发达国家甚至部分发展中国家的关键原因在于：一是耕地分散种植。这种分散格局既是中国的农地产权条件所决定，也是因为中国的农村金融发展不足，无法支撑大规模的种植。二是农业投资不足。虽然中国的农业产值占比为10%，但是中国农业固定资产投资占比却只有2%。因此，相比制造业和服务业投资，农业投资所产生的边际资本回报率以及对劳动生产率的改进作用都可能会更大。

从这个角度看，中国需要在下一阶段城镇化转型过程中扩大农业的金融支持力度。从农业投入与产出的对比分析来看，土地和劳动力投资的下降是一种趋势，但在这种趋势下，对于提升劳动生产率有重大推动作用的投资和金融支持方向：一是扩大对于农业装备、农资、农产品物流和仓储、标准农田和水利基础设施的投融资支持；二是围绕农业产业链的延展，扩大对于相关产业的融资支持。例如，生产环节加大对于田间自动化管理、农业服务的支持，加工环节加大对于清洗包装、品级分类、保鲜处理和食品加工的支持。

为内陆城市制造业生产率的扩张而融资

从国际经验观察，在城镇化的不同阶段，生产率扩张的来源并不完全相同。通常在城镇化的初始阶段，劳动力从农业向制造业的转移是实现生产率提升的主导途径之一，这是一种结构性的提升。然而，随着劳动力转移速度的放缓，制造业内部不同部门之间劳动力的重新配置以及制造业在不同城市之间的重新分工往往成为生产率扩张最主要的途径之一，这可以说是一种分工所带来的提升。

从发展阶段看，中国目前正处于这种转换之中。从区域之间的分工来看，沿海城市由于土地成本和劳动力成本的上升，对制造业的吸引力正在下降。但是内陆地区，特别是20世纪八九十年代出生率很高的河南、江西和广西，现在的人口红利依然较为显著，劳动力成本仍低于马来西亚、泰国、菲律宾等亚洲新兴经济体，依然可以吸引制造商从中国的沿海迁至内陆地区。这可以说是一种跨区域的制造业重新配置，也是对冲沿海成本上升的选择之一。从城市之间的分工来看，内陆中心城市在未来的制造业发展浪潮中通常是作为中高端科技型产业的中心；中低端制造业为了规避地价和房价，往往倾向于成为生产和制造中心，从而形成中心—外围城市、中心城区—郊区之间的制造业分工。

为了顺应这种转变，中国的城市基础设施投资和金融支持方向也应作出必要的转变：一是扩大对于沿海—内陆之间交通一体化基础设施建设的投资和融资支持力度，将内陆城市与沿海城市进行更为便捷的连接，以承接产业转移；二是扩大对城市之间的交通网络化设施的投资和融资支持力度，通过城际公交、城际铁路、城际客运、支线机场轨道交通将城市与郊区、中心与外围之间连成一体，降低生产和贸易成本。

为沿海城市向服务业的转型而融资

与内陆城市不同，沿海城市处于不同的产业演进阶段，未来北京、上海、深圳等较为发达的城市，将处于从工业城市向服务业城市转型的过程中，生产率的扩张将主要来自于高端制造业和现代服务业。这种转型所催生的金融需求结构也需要进行相应的转换。从国际经验看，工业城市或者说以工业经济为主要特征的城市化阶段，大生产和大金融是最为突出的表现形式。

然而在由工业城市向服务业城市转型的过程中，城市工业内部不同产业之间的重组与并购活动不断增多，最终将城市竞争力的导向由制造业转向服务业，特别是现代生产性服务业。观察这个变化趋势可以发现，在这个转变过程中，金融的支持作用已经不是体现在对制造业生产活动的支持上，而是成为制造业并购以及服务业发展的推动力。一旦城市完成向服务业的转型，实体经济的利润来源、风险分布、融资期限结构都会发生深刻的变化，从而对金融系统提出了新的需求。

总体上观察，以服务业为核心特征的城市化阶段，规模的重要性下降、小众或个性化生产的比重上升，而且伴随信息通信网络以及电子商务平台的兴起，消费的空间约束有所弱化，供应链的配送和反应效率显著提升，使得立足于定制化的消费比重增多，这也进一步刺激了小众生产的可能空间。因此，大规模生产向小众化生产转换，也必然会进一步刺激金融服务由工业时代为大企业提供的商业模式转向为中小创新型企业提供的商业模式。

（作者系国务院发展研究中心金融研究所副所长）

银行支持新型城镇化策略

詹向阳

改革开放以来，我国的城镇化取得了举世瞩目的成就。2012 年末，城镇化率达到 52.57%，较 1978 年底提高 34.7 个百分点，我国开始跨入城镇化发展的中后期。据国家发改委预测，未来 10 年我国城镇化潜力依然很大，城镇化率年均提高 0.8 ~ 1.0 个百分点，预计到 2020 年将超过 60%，城镇人口总量达 8.4 亿左右。

新型城镇化是对过去传统城镇化模式的扬弃

我国过去传统城镇化主要围绕"人的城镇化"和"土地的城镇化"推进，并推动了中国城市的繁荣，成为经济增长的主要动力之一。但同时也存在种种弊端，未来不可持续。有鉴于此，新一届政府提出了走"新型城镇化"的发展道路。新型城镇化是对过去传统城镇化模式的扬弃，既继承了传统城镇化模式的合理成分，又从多方面进行突破和创新。

继承：新型城镇化延续了传统城镇化模式的合理成分

人的城镇化重点在于农村人口转移和市民化。城镇化的过程即农村人口向城市人口转移的过程。未来我国城市人口增长仍将主要依靠农村劳动力的转移。以城镇化率每年提升 1 个百分点计算，预计每年将转移农村人口约 1300 万人。但人口集中只是城镇化的表象特征，经济结构转换、生活方式、生产方式的变更才是城镇化的内在动力和实质内涵。农民进城之后，就业是前提。从目前情况看，各地主要依靠工业园区建设、民营经济发展、服务业吸纳等方式，推动农民就地、就近就业。而市民化是结果，各地正积极探索通过构建大中小合理城镇体系、完善城市基础设施和公共服务、试点户籍制度改革等措施，提升农村转移人口和城镇居民的生活质量。

土地的城镇化仍将延续政府主导、市场运作模式。由于我国土地的国有性质，政府占据了推进城镇化的主导地位，并形成一整套土地征收、工业园区开发、招商引资和新城规划建设的制度和经验，地方政府融资平台成为资金和项目运转的重要平台。从我们的调研情况看，农民住房集中、土地有偿转让和集中利用、工业产业园区化仍是各地城镇扩张的主要模式。

创新：在遵循城镇化一般规律的基础上，新型城镇化将从多方面进行突破和创新

传统城镇化模式在取得了明显成绩的同时，也日益暴露出"不可持续"的特征：一是土地资源的制约逐渐显现；二是地方政府债务风险明显增加；三是社会差距不断拉大，城市内新二元结构矛盾引发冲突隐患。新型城镇化正是针对上述弊端进行变革和突破。

人的城镇化：深化户籍制度改革，提升城镇综合承载能力。全国各地将逐步放宽中小城镇流动人口进城落户标准，逐步上调最低工资标准，扩大农村转移劳动者养老、医疗等社会保险覆盖面，并在户籍制度改革方面进行积极探索。通过放宽中小城市、小城镇特别是县城和中心镇落户条件，推动农民工在劳动报酬、子女就学、住房租购以及医疗、失业、养老等社会保障方面与城镇居民享有同等待遇。

土地的城镇化：改变征地模式，创新多元化融资模式，提升土地利用效率。从征地模式来看，加快农村集体用地改革，确保农民权益。在当前对城镇化模式的探索中，确保农民在土地上的相关权益、提高农民在土地增值收益中的分配比例成为试点的关键。从各地的做法来看，主要是通过加快推进农村土地登记、确权、流转工作，探索建立农村闲置宅基地有偿退出机制和城镇建设用地"三挂钩"（城乡建设用地增减与吸纳农村人口规模挂钩、城镇建设用地增加规模与吸纳农村人口规模挂钩、新增城市建设用地指标与当地土地开发和整理数量挂钩）办法，加快了农村集体建设用地改革。

从融资模式来看，引入多元化市场主体，缓解基层政府压力。当前，随着征地拆迁成本的上升，地方政府从土地买卖活动中获得的净收益日益下降，但基础设施建设和公共服务支出的压力却不断增加，由此导致地方政府债务风险明显增加。为规避系统性风险，地方政府正积极探索多元化的融资模式，加大直接融资力度，鼓励民间资本进入。

从土地利用来看，推动"产城结合"和城乡融合，而不再是简单的"造城"运动。持续健康发展的城镇化必须建立在实体经济的坚实基础上，通过特色产业的发展，形成集聚效应，实现城镇化与工业化、信息化、农业现代化的协调发展，而不再是简单的"造城"运动。

城乡一体化：工业反哺农业处于起步阶段，农业产业化经营成为发展趋势。我国现在总体上已到了"以工促农、以城带乡"的发展阶段，要消除城乡二元结构差距，必须在城镇化推进的同时配套新农村建设。大力发展农业产业化经营规模，并将工业园区建设、市场建设、城镇基础设施建设和交通路网建设向农村延伸，改善农村环境治理。

总体来看，中国新型城镇化既是对传统城镇化模式的延续和修正，又将在原有路径基础上不断创新和突破。未来新型城镇化还将进一步从城市规模扩张向城市质量提升转变，从以土地城镇化为主向以人的城镇化为主转变，从自上而下的"人造城镇"向自下而上的"产城人融合"转变，从政府投资为主向民间融资为主转变，从根本上打破旧的利益格局，向农民让渡更多的土地红利，在各方博弈中实现新的平衡，最终实现城乡一体化的可持续发展。

新型城镇化将给金融领域带来的主要机遇

城镇基础设施及公用设施建设需要大量资金支持。未来一段时期，围绕城市群的交通与信息互接互联、城市基础设施和公共服务功能的完善，城乡一体化建设的持续推进，公共交通、道路改造、水电气设施、通信、环保、住房开发等基本建设仍将大规模展开。据国研中心测算，到2020年中国尚需要超过40万亿元的基础设施投资，中部六省投资需求和空间更为巨大；城镇住房总量预计将超过3亿套，比2010年净增约1.06亿套，年均新增住房需求在8亿平方米左右，城镇新增住房需求依旧处于相对高位，住房投资也将保持较高增速。

新型城镇化的产业转移和结构调整对金融服务提出新要求。目前我国正迈入工业化中后期发展阶段。经济发达的沿海地区及中心城市的主导产业正由传统产业向战略性新兴产业转变；传统产业则由沿海及中心城市向内陆和小城镇转移，由分散趋向集聚。产业驱动由简单加工、技术模仿向自主创新转变，产业升级由第二产业向第三产业推进。城镇化进程中的产业转移和结构调整，使得战略性新兴产业、工业园区、国内产业梯度转移、技术创新领域的金融需求将明显增加。

农村转移人口市民化将催生巨大的金融需求。未来几年，我国每年约

1300 万农村转移人口的市民化将引致巨大的消费金融需求。一是迁居城镇的居民原住房拆迁、补偿以及购买新房等都需要金融支持。二是农村转移人口收入和生活品质提升，城镇化进程中人流、物流、资金流不断集聚，推动餐饮、商贸、旅游、物流等服务业快速发展，必将为结算、信用卡、消费信贷等提供巨大机遇。三是农民离开土地迁居城镇后，创业行为增加，小微企业融资和个体性经营贷款需求也将增多。四是农民工及其家庭的迁移，将带来城市教育、医疗、社保、文化等快速发展，促使民生领域金融空间不断拓展。

集约发展的现代农业对金融的依赖程度将会增加。城镇化意味着农村生产方式的转变，农村人口减少和土地集中将引导农业向集约化和规模化发展。未来大规模农业生产的推进，一方面使现代化农业所需的大型机械设备、农产品深加工以及产成品销售等资金需求量增加；另一方面也将助推农村社会管理和公共服务水平的提升，从而产生巨额的资金需求。商业银行可在农用机具的购买、农产品物流体系建设、农田水利建设和农业合作组织的发展等方面给予金融支持。

商业银行支持新型城镇化的主要策略思路

面对新型城镇化带来的战略机遇，商业银行既要积极支持新型城镇化建设，发挥主导作用，同时也要抓住这一机遇加快业务转型和结构调整，促进自身发展。

战略层面：支持新型城镇化将是未来商业银行发展的重要战略

统计数据显示，1996—2012 年，在我国城市市政公共设施建设资金来源中，中央财政、地方财政、国内贷款和自筹资金分别占 2.16%、25.6%、31.8% 和 28.6%，而发行债券、利用外资和其他方式筹资仅占 11.81%。粗略估算，截至 2012 年末 4 家大型商业银行涉及城镇化相关行业贷款（城镇化贷款目前没有准确和统一定义口径，在此包含交通运输、仓储、邮政，房地产，电力、热力、燃气及水生产和供应业，水利、环境和公共设施管理业，同时扣除仓储、邮政贷款）占贷款余额比重约为 40%，这部分行业或领域未来仍将是商业银行需重点支持的领域。但是目前各金融机构仍未形成系统清晰的城镇化发展战略，完备的城镇化信贷政策仍处于缺失状态，支持城镇化发展的总体思路和城镇化发展所必然涉及行业的政策在一定程度上出现冲突。所以，金融机构需制订一揽子支持新型城镇化的综合服务方案，切实有效地满足城镇化进程中催生的新型金融需求。

发展路径：商业银行要顺应城镇化进程中的产业转移和结构调整，实现自身的业务转型和结构优化

梳理信贷政策，积极支持城镇化重点领域金融需求。商业银行要积极介入民生工程、安居工程、社会保障体系、节能环保、服务业和现代农业等行业；重点关注中小城镇周边集聚的主要特色产业、中小企业和工业园区建设；努力提供适应新移民需求的小微企业和个人消费金融服务。

调整渠道网络，增强对新型城镇化的支持和服务能力。商业银行要根据未来城镇化空间布局调整和产业集聚，以"三纵两横"的城市带发展规划为依托，调整优化渠道网络。对长三角、珠三角、京津冀等沿海发达地区，要加大存量网点的优化布局调整和重点网点硬件设施的更新投入，加快深化重点区域的网点功能转型，尝试布局中心城市的卫星城镇和一些特殊区位乡镇。对于正在快速崛起的中部省份、海峡西岸、山东半岛、关中、广西北部湾等区域性城市群，要在评估经济发展后劲与潜能的基础上，适时适度在重点区域、空白经济强镇增设网点，积极抢占市场先机。在资源有限的情况下，紧随县域经济发展态势，采取重点区域率先发展的策略，充分借助邮储银行、农信社等银银合作平台和电子技术应用，适当加大对重点县域和发达乡镇的金融支持，在中小城镇和现代化新农村积极布局自助设备，普及电子银行网络，提供便捷式金融服务。

积极创新产品，满足多元化投融资体制金融需求。面对城镇化进程中政府投融资体制的新变化，商业银行除了通过银团贷款、联合贷款加大信贷的直接支持外，还需积极加快自身的业务创新步伐。基础设施建设方面，要研究针对承担城镇化建设职能借款主体的产品创新，扩大抵押担保品范围，积极探索混合担保、阶段性担保、置换担保、在建工程抵押以及林权、采矿权、知识产权抵质押等担保方式；积极探索资产证券化、基础设施投资基金、协助发行市政债等多元化融资方式，带动资产管理、资产托管等金融资产服务业务的全面发展。现代农业方面，要针对现代农业生产经营模式的特殊性，围绕农业产业链条中的不同分工主体，如农民、农场、专业合作社、加工企业等大力发展供应链金融，探索资金流、物流全封闭的农业供应链金融产品创新；关注国家土地征用制度改革进展，探索农地金融的运作模式和发展途径，开展地票交易、农地信托、农地入股、农地证券化等具有一定创新意义的农地金融产品，积极在商业化运作和服务"三农"之间寻找平衡点。

改进流程效率，突破新型城镇化市场拓展瓶颈。目前，商业银行受限于外部监管政策要求和内部风险管理流程控制，支持城镇化进程的业务办

理效率和客户体验一定程度上受到影响。在现有经营条件下，商业银行要加强顶层设计，理顺业务系统和服务流程，提升业务办理效率，及时为地方政府提供跨机构、跨平台、跨系统的一揽子城镇化综合金融服务。加快流程银行改造和整合，提升后台支持保障能力。建立信贷审批绿色通道，提升服务地方经济的能力。

优化资源配置，夯实新型城镇化业务发展基础。可探索扩大重点区域的业务授权，比如适应县域经济快速发展趋势，对于百强县支行，可考虑比照二级分行给予其业务授权，提升其经营灵活度；探索设立支持重点县支行发展的信贷规模池，解决重点区域规模不足的问题。

避免走传统平台贷款的老路

商业银行支持新型城镇化，要重视风险防范，稳步推进，避免走传统平台贷款的老路。在新型城镇化过程中，与地方政府基础设施建设相挂钩的融资平台及房地产贷款风险压力持续存在，各地债务偿还仍严重依赖土地出让收入。据审计署最新审计结果，2012年底，4个省、17个省会城市承诺以土地出让收入为偿债来源的债务余额7746.97亿元，占这些地区债务余额的54.64%，比2010年增加1183.97亿元，占比提高3.61个百分点。数据表明，2010年以来，各地债务偿还对土地出让收入的依赖不断加大。鉴于当前不同区域地方政府财政实力存在一定差距，县域融资平台存在抗风险能力较弱等情况，商业银行支持城镇化建设过程中，要坚持制度先行，注意还款来源、贷款主体、抵（质）押物的落实；产品创新过程中，要注意与监管部门的沟通，规范业务操作，依法合规开展业务；要坚持典型引路，在选择部分有代表性的或经济总量大、财政实力强的区域先行先试的基础上，探索有效的城镇化相关业务风险管理措施，循序渐进，在全国范围内推广。

（作者系中国工商银行金融研究总监　城市金融研究所所长）

城镇化推进的税收效应

白景明

逐步提高城镇化率是我国的经济社会发展目标。城镇化推进过程中各级政府财政支出压力渐增。如何筹措资金助推城镇化并避免财政收支过度失衡随之成为各级政府面临的重大难题。破解这一难题，理应全面分析城镇化与税收之间的关系。具体将涉及两方面问题：一是城镇化是否会带来税收增长，二是城镇化对税制改革提出哪些要求。进一步说，如果我们对城镇化的税收效应有了相对清晰、客观的认识，那么政府就可以预判有多少可以统筹使用的资金为城镇化的推进创造基本条件，并化解各种公共产品供求矛盾。因为按我国现行政府预算体系，税收是基本公共服务供给的主要资金来源，实现城镇农民工市民化和城镇其他外来人口市民化所需的支出主要依靠税收增长。

城镇化推进中政府的角色定位

客观把握城镇化推进中政府的角色定位，首先要对城镇化的起因有一个客观的认识。从城镇化的形成和发展过程看，城镇化的规模扩张和结构变动主因是经济发展和人口流动。欧洲国家 18 世纪城镇化浪潮的兴起源于产业革命和海外市场开拓。当时以英国为代表的新兴工业化国家，工业产销急剧扩张、陆路运输进入铁路时代，机器工业取代了手工业，英国成为"世界工厂"。在这种背景下，一方面大量农地被占造成了农民失业，另一方面工业生产规模扩张形成了巨大的劳动力需求。因此，大量人口涌入城市，城市规模快速扩张、城市数量增加。南北战争结束后，美国完全扫清了工业化的基本制度障碍，工业化水平快速提升，1884 年工业净产值超过农业净产值，重工业在工业中已占据主导地位，而且工业总量跃居世界第一位，在全球工业生产总量中占比高达 38%，比英国多出 24 个百分点。此时，美国城镇化率快速提高，不仅本国农民涌入城市寻找工作，而且大量外国移民进入美国城市择业。第二次世界大战后欧美国家实现了结构转型升级性的经济增长，第三产业占 GDP 比重超过 60%，第三产业就业人数占总就业人数比重也超过 60%。在这种背景下，欧美城镇化率高达 70% 以上。城市人口激增主要有几个成因：一是劳动力适龄人员进城寻求就业；二是城市人口繁衍和农村人口进城生活。20 世纪 80 年代后，欧美国家的城市格局又发生了变化，逐步形成了以大城市为依托的城市群，小城镇成为生活区，承载就业成为大城市的主体功能。而且第二产业迁出城市，第三产业成为城市产业的主导产业，其中主体部分又是生产性服务业和中高端生活服务业。可以说，欧美国家的城镇化率提升过程，就是第一产业占 GDP 比重降至不足 10%，第一产业就业人数占总就业人数比重不足 3% 的过程。这说明是就业驱动造成了城市人口规模急剧扩张。

我国的城镇化率在 2000 年达到 36%，2011 年突破 50%。1982—2000年 18 年间城镇化率提高了 15 个百分点，2000—2012 年 12 年间城镇化率又提高了 16 个百分点。显然，总的趋势是加速提高。与此同时经济高速增长，1982—2012 年第三产业占 GDP 比重从 21.8% 增至 44.6%，第一产业则下降了 20 个百分点，城镇就业人员增加 33.26 亿，第三产业就业人员增加 3.2 亿。可见，恰恰是结构巨变和第二、第三产业的规模扩张诱使劳动力向城市转移，进而促成了城镇化率提升。与欧美不同的是，我国城镇化率提高的过程处于市场化改革强力推进时期。恰恰是市场化改革为城镇化率提升注入了制度催化剂，突出点是多种所有制并存刺激了城镇就业扩张，劳动力自由流动解除了劳动者自主择业的瓶颈，住房商品化为人口流动提供了居住自由化的制度条件。所有这些的综合效应是让城市扩张有了制度保障。

可见，政府在城镇化率提升的过程中，所能发挥的作用是顺应城镇化的客观规律，运用制度变动手段为城镇化的发展创造制度条件，运用多种政策手段去缓解市场配置资源可能导致的不利于长远和全局利益的问题。

城镇化率提升带来税收增长

城镇化源自经济发展，反过来又会推动经济增长，进而带来税收增长。城镇化率提升的税收增长究竟会有多大取决于投资结构、消费结构和税制结构三方面因素。城镇化进程中，城市投资规模和消费规模都会急剧扩张，而且两者相互驱动，但最终主导力量是消费。因为人口规模扩张和消费需求结构最终决定供给规模和供给结构，城市扩张首先就是人口激增，人口增长对城市基础设施和土地利用结构以及商品供给结构不断提出新的要求。投资和消费两者的规模扩张会带来税收增长，但增长率水平如何则取决于税制结构，不同产业在同一增长率情况下会有不同的税收增长效应。

我国税制的产业分布有三大特征：一是侧重对商品和货物流转课税。目前货物和劳务流转税收占我国税收比重近7%，所得税占比不足23%。二是税收产业集中度高。我国第二、第三产业占GDP比重已基本相同（45%、44%），但第二产业税收占税收总额比重超过70%。从税种和税率分布看，第二产业属于课税重点区，如石油产业需缴纳的税种比一般产业多设了资源税和消费税，再如汽车产业比一般产业要多负担消费税和车购税两个税种。三是侧重房地产课税。房地产税收占税收总额比重尽管不高，但从税制设计角度看，房地产的课税数量比较多，专门针对房地产流转和使用的税种有五个（房产税、契税、耕地占用税、城镇土地使用税、土地增值税）。此外，房地产流转也要负担营业税、印花税、城建税。因此，在经济高速增长背景下，房地产税收占地方税收总额比重呈现出攀升趋势，目前已高达40%多。

结合上述税制特征分析，可以得出结论，城镇化率提升具有强劲的税收增长效应。

第一，城镇化进程中土地利用率的不断上升会带来较大的税收增长效应。城镇化进程中土地价格处于持续上涨状态。20世纪90年代后，我国地价加速上涨，大部分城市地价上涨了几十倍，部分地段甚至上涨了百倍以上，农村土地转为城市用地时地价也上涨了几十倍。我国的土地课税属于比例税，因而土地税收与地价呈正比增加势态。20世纪90年代后，土地课税收入激增，契税、土地增值税、耕地占用税年增收率超过30%，年度收入额增长高达几十倍。2013年土地增值税、契税、房产税、耕地占用税、城镇土地使用税五个税种收入总额预计将突破1.1万亿元，相当于2000年全年的税收总额。目前我国正处于房地产价格调控期，但城市地价依然上涨。2013年上半年重点城市卖地收入激增，全国306个城市土地出让金收入同比增长6%，其中主要原因是价格上涨。在此背景下，房地产税收在税收总额增速大幅下滑情况下仍然快速膨胀。2013年1~5月全国税收增长6.1%，但5月契税增长40%、土地增值税增长27.4%。

第二，城市建设投资和运营带动税收增长。城市建设投资涉及基础设施、公共设施和房产三大类。我国的税收增长固定资产投资拉动成分比较高。目前全社会固定资产投资总额中城镇占90%多，而房地产投资占城镇固定资产投资总额的比重近20%，城市基础设施建设投资占比超过10%。固定资产形成主要涉及营业税、城建税和企业所得税。城镇化率提高的过程，也就是与城市建设投资相关联的税收的增长过程。目前在部分大中城市地方税收中，仅房地产投资带来的营业税就占20%多。城市基础设施运营直接产生增值税和企业所得税，目前城市供水、供电、供气缴纳的增值税已突破2000亿元。从今后发展趋势看，城市扩容势必持续推动投资类税收的增长。

第三，消费变动带动税收增长。城镇化率提升过程中，人口向城市集中会带来消费规模扩张和消费结构转换。目前我国城市居住人口已超过农村居住人口，这使城市消费进入了规模扩张、转型升级阶段，目前社会消费品零售总额中城镇占比已达80%。经过30多年的发展，我国大中城市基本上实现了"二产型"城市向"三产型"城市的转变，城市能耗主体和污染主体已不再是工业企业，而是生活消费主体和办公室消费主体。城市经济成为"总部经济"和"生活消费经济"。因此，城市逐步形成了低、中、高三大收入群体，这三大群体共同支撑了基本生活消费品的需求扩张，中、高收入群体则支撑了中、高端消费品需求和新兴消费品需求。我国税制安排的政策倾向是尽可能降低基本生活税收负担，比如供水、供电、供气、农副产品加工、药品、出版物适用13%的增值税税率（低税率）。再如住房保有环节不征房产税、城镇土地使用税。因此，城市人口规模扩张引起的基本生活消费规模扩张的税收增长效应不强。但是，金融保险业、销售不动产、生活服务业却适用5%的营业税税率（高税率），汽车购置内含了消费税、增值税、车购税，烟酒内含了增值税、消费税并适用高税率，进口高档服装内含了增值税、关税并适用高税率。因此，恰恰是中、高收入阶层的上述城市不动产和货物及服务消费具有较强的税收增长效应。近年来，城市住房转让价量齐升、汽车销量年均突破1000万辆、高端消费品购买量位居全球第二等因素实际上使城市中、高收入阶层成为城市税收高增长的主要支撑力量。

城镇化推进客观要求深化税制改革

城镇化推进带来的人口集中度提高、城市经济转型、就业结构转换、消费结构转变等对现行税制安排提出了多重挑战，其突出点是如何使税制适应城市居民财产状况、居民消费、城市就业等因素的变化，核心难点是如何使税收增长与民生保障有效统一起来，进而为城镇化率稳步提升创造良好制度条件。具体分析，应实施三方面税制改革。

第一，稳步建立不动产保有环节课税制度。目前我国正在探索不动产保有环节税制改革。上海和重庆两地房产税改革探索意义重大，方案设计科学，整体看最成功之处是有的放矢、量能课税、兼顾短期和长期利益。突出表现是两地均未按评估值课税，而只是对增量房课税。今后如果要在全国推行不动产保有课税，以完善现行房产税为切入点应是简便易行的选择。但必须指出，要想达到稳妥推进改革的效果，理应充分考虑不动产各环节课税之间关系的协调性，具体讲就是要在综合考虑土地税费制度改革、增值税扩围改革、车船使用税改革等之间关系的基础上确定方案。以增值税扩围改革为例，如果今后建筑业、交通运输业的营业税改为增值税，那么，不动产转让的营业税是否改为增值税就成为要研究的问题了，因为建筑业缴纳增值税势必连带出不动产购进和销售的增值税扣税问题。假如不动产转让环节改征增值税，那么，不动产转让行业的税负就要发生变化，这种情况下，不动产保有环节课税税负的设计就要作出思路调整。

第二，稳步推进个人所得税制改革。城镇化过程中，大量农村人口转为城市人口，而且收入水平上移，收入多元化的收入群体的人数会激增。因此，深化个人所得税制改革已时不我待。我国早已确立了从分类计征转向分类与综合相结合的个人所得税计征模式的改革思路。这一模式与城镇化的特点是相吻合的，但必须作出科学的决策。总体看，改为分类与综合相结合实质上更有利于个人所得税宏观调控功能的发挥。进一步说，综合课税部分采用超额累进税制所起的作用是筹措财政收入并调节基本收入差距，分类课税部分所起的作用则是调控单项收入。事实上对一个国家来讲，最为复杂的是如何通过调控单项收入来调控宏观经济运行。可考虑把工薪收入和劳务报酬所得归总为劳动报酬综合课税，涉及现行工薪所得、劳务报酬、企事业单位承包经营所得和稿酬所得四类收入。这样做便于统一确定扣除额。当前，把劳动报酬拆成三类分别课税，明显的矛盾就是由于劳动报酬获取成本扣除不均等，最终结果是加大了部分劳动报酬的税负，比如劳务所得，仅只扣除 800 元，其余部分均按 20% 征税，明显税负超过工薪所得税负，2000 年后三次个税改革均未涉及该税目，确属不公。

第三，进一步减轻基本生活消费税收负担。从国际经验看，发达经济体对基本生活消费品都采行轻税政策，比如欧洲日常生活用品增值税都是低税率。这种制度安排有利于城市居民应对物价上涨和维持基本生活。我国城镇化率提升后，大部分城市居民都是中、低收入者，而且经济周期性変动又会催生就业不稳定，同时 CPI 和房价又会持续上升。因此，有必要把日常生活用品包括食品和日用工业品的增值税税率统一调至 6%。此外，营业税改征增值税后，可把生活服务业的增值税税率定为 3%。

（作者系财政部财政科学研究所副所长）

互联网金融

互联网金融是互联网和金融的结合，是借助互联网技术和移动通讯技术实现资金融通、支付和信息中介功能的新兴金融模式。互联网金融为商业银行提供了全新的发展机遇，与此同时，也带动了电子商务、电子支付等互联网经济的快速兴起，使得银行传统经营模式面临互联网创新商业模式的有力挑战。

互联网时代银行服务模式创新

王永利

进入 21 世纪，信息科技发展迅猛，以互联化、数字化、智能化为标志的信息技术创新呈现出深度融合、广泛应用和快速变化的特征，物联网、社交网络、移动互联、云计算等新技术的应用，深刻地影响了人们的生活形态和行为方式，也同步改变甚至颠覆了传统的商业模式。这为商业银行提供了全新的发展机遇，与此同时，也带动了电子商务、电子支付等互联网经济的快速兴起。第三方支付公司、电信运营商等非银行机构加速向支付结算、信用中介等传统金融服务领域渗透，互联网金融的异质替代作用逐渐凸显，银行传统经营模式面临互联网创新商业模式的有力挑战。

面对机遇与挑战共存的情况，商业银行顺应形势，紧随互联网发展步伐，以电子银行为切入点，在金融电子化的道路上不断创新突破，电子渠道逐步取代柜台成为主要交易渠道。电子银行迎来了高速发展的黄金时期，成为商业银行推动转型发展的重要动力，也成为商业银行未来竞争的核心战场。

从各渠道的发展趋势来看，在完成了传统业务覆盖、规模扩张和交易迁移之后，网上银行功能趋向完备，将成为一站式金融服务中心；移动金融快速崛起，使得随时、随地、随心服务成为可能；电子商务融合金融服务，成为新的客户服务场景接入点；新兴渠道创意无限，逐渐成为商业银行新的试验与创新基地；跨渠道服务紧密衔接，渠道融合成为大势所趋。推动电子银行由单纯的交易平台向综合金融营销服务平台升级，由渠道建设向在线经营模式建设升级，成为互联网时代商业银行建设金融服务新模式的必由之路。

将网上银行打造为综合在线营销服务平台

在未来一段时间内，网上银行仍将是商业银行电子渠道的核心。商业银行需进一步提升网上银行的基础服务能力，加快产品在线迁移和流程改造，强化业务创新能力，将网上银行打造成为集标准交易、服务创新、改善客户体验为一体的电子渠道核心服务平台。

一是全面提升基础服务的可用性和易用性。坚持以客户体验为核心，优化基础功能和业务流程，借助 Web2.0 等互联网技术持续改进界面展现和客户交互形式，提升客户操作的友好性。

二是着力打造商业银行全业务的在线服务能力。继续加快传统线下业务向网上银行的迁移，支持客户全业务的在线办理。推动中后台业务流程改造，支持客户 7×24 小时进行交易申请和处理。推进线下业务的在线改造，实现重点业务及常用功能的全流程在线处理，有效延展网上银行的服务时间和范围。

三是充分挖掘网上银行的在线营销和客户服务潜力。结合互联网特色加强专属产品创新，利用网络数据加强客户行为分析和数据挖掘，开展精准营销与主动推送，将网上银行建设成为综合的在线营销服务平台。

将移动金融营造为开放共享的商业生态圈

移动金融是商业银行正在崛起的战略中心，商业银行发展移动金融业务，主要包括手机银行发展、智能终端金融服务创新及移动金融商业生态圈建设三个方向。

一是通过手机银行建设，推动基础金融服务的全面移动化。以满足客户随时、随地、随心使用为出发点，推动基础金融服务的移动化，丰富优化手机银行的服务功能与业务流程，推动手机银行成为客户最常用、最易用的电子服务渠道之一。

二是结合智能、移动的终端特点，着力打造特色金融服务优势。紧跟移动互联发展趋势和移动应用市场热点，结合智能终端的移动特性，有机融合线上线下、手机及其他渠道的服务，依托移动金融业务提供最前瞻的商业服务模式。

三是主动建设以商业银行为核心的移动金融商业生态圈。以移动支付为切入点，快速丰富手机远程支付与近场支付产品种类，建立完整的移动支付服务体系，打造商业银行自有的"移动收银台"。同时深入挖掘移动商务战略潜力，拓展与移动运营商、移动终端厂商、支付平台和零售门店的跨业合作，构建以支付为基础，聚集流量、创造需求、形成交易、互动分享的移动互联生态圈，形成新的业务增长点。

通过电子商务整合上下游及线上线下资源

顺应电子商务的发展趋势，充分发挥金融服务比较优势，坚持以客户需求为中心，以支付为介入点，为用户及商户两端提供全方位金融中介服务，逐步寻求掌握电子商务发展的主导权。

首先，打破仅做支付产品的思路束缚，围绕支付业务扩展上下游数据和金融服务内容。商业银行在继续做实、做优基础支付产品的同时，要全力扩大上游商户资源及下游用户规模，研究商户和用户应用场景衍生的金融需求，围绕支付业务提供丰富的数据和金融服务内容。针对上游商户端，借助大数据应用为商户提供丰富的信息增值服务，将信贷、保理、供应链金融、财务顾问等企业金融服务融入支付方案，为中小企业商户、大型企业客户、垂直行业等提供标准化或深度定制化整体解决方案，为用户提供丰富的应用场景。通过支付将结算的链条留在行内，通过交易产生的沉淀资金拉动负债业务发展，并借助支付掌握的客户信息，丰富授信手段。针对下游用户端，利用上游丰富的商户资源满足用户更多的应用场景需求，使得电商成为吸引个人用户支付的天然入口之一。同时以用户所拥有的金融支付账户为关注点，根据其融资、理财、资讯，重构可为其提供的差异化个性服务，打造贴身的"金融资源服务管家"。

其次，打破传统业务分工与部门职能设计的束缚，实现线上线下业务、行内行外业务的有机整合。整合线下、线上的用户和商户资源，以用户需求作为核心出发点设计支付应用场景、规划商户资源拓展和配置，统筹建设线下、线上及融合的支付模式，实现客户信息数据、价格、优惠、营销等资源的共享和统一。通过更加开放、门槛更低的电商平台，实现银行内部各产品、业务及外部第三方的接入和共享，打造共生发展的支付生态圈。

将新兴渠道建设成为
商业银行创新服务模式的试验基地

商业银行应提早布局，主动关注除网上银行、手机银行之外的其他新兴服务模式，持续丰富和延伸电子银行服务内容和手段。

一是创新家居金融服务模式。要跟进"三网融合"发展趋势，逐步拓展家居银行覆盖范围、产品功能和适配终端。跟踪互联网电视技术及应用的发展趋势，伴随新型电视终端和数字电视标准的制定和推广，探索适应新电视特点的银行服务产品，做好产品预研和储备。二是探索搭建自营和跨业销售平台。探索拓展以金融超市为核心的在线商城服务，借助自有积分体系、数据挖掘、社区化应用等方式，提升自建电子商务平台的服务黏性。主动挖掘合作伙伴资源，通过与优质 B2C 电子商务平台合作，以进驻商城、加盟网店等方式开设商业银行的自有网上门店，拓宽金融产品销售渠道。三是研究运用虚拟现实技术，创新语音或视频银行服务。

将渠道融合作为商业银行的核心战略任务

在大力发展电子银行的同时，要以协同服务为出发点，推动银行各电子渠道的融合发展，实现跨渠道的流程设计、统一的体验设计、统一的渠道签约，并建立一体化的品牌体系。同时，商业银行对物理渠道和电子渠道的定位应各有侧重、相互协同，以实现一点接入、全程响应。

一方面，要清晰认识物理渠道及电子渠道的发展方向和定位。物理渠道定位应加快从交易操作型向销售服务型进而向客户关系型转变，成为产品销售、业务营销和客户关系管理的主渠道，成为提供个性化、专业化服务的主渠道。电子银行在标准交易主渠道的基础上，还应是借助信息技术进行基础金融及增值服务创新的主渠道，并成为市场拓展、精准营销及改善客户体验的新渠道。

另一方面，应进一步加强物理渠道与电子银行的融合发展。物理渠道和电子渠道之间应整合并共享客户全景信息，加快业务迁移，实现跨渠道服务无缝衔接，实施跨渠道营销和销售策略协同、功能互补。

电子银行建设，不仅是对传统产品的科技化改造和电子渠道迁移，更应是基于网络时代要求，对产品设计理念、服务操作流程、营销推广策略乃至企业运营与管理文化的全方位再造。商业银行应以此为契机，坚持以客户为中心，聚焦客户体验，真正实现传统业务转型，培养互联网基因，培育网络时代的全新竞争实力。

（作者系中国银行副行长）

电子商务是未来金融服务必争之地

黄　浩

2012 年，中国电子商务市场交易规模再创新高，达到 7.85 万亿元，连续多年保持 20% 以上的增长速度让各家企业越发认识到这个领域的重要性，不断加大在电商领域的投入。银行作为提供企业经营活动所需金融服务的媒介，提供相应电子商务金融服务已势在必行。

经营电商是银行抢占未来金融服务竞争优势的战略选择

应对外部环境变化

如今，互联网发展风起云涌，社会网络化趋势明显，人们的衣食住行处处可见网络身影，各类企业加速触电，通过网络手段开展经营活动。在此形势下，商业银行面对的客户不再是孤立的线下客户或企业个体，而是通过互联网、供应链紧密相连的客户群体，他们的金融互联网化需求日趋迫切。

正是认识到这一潜在需求，第三方支付公司大量涌现，凭借自有支付产品在跨行支付结算方面的优势，不断扩大客户服务群体，实现网上虚拟账户与银行实体账户绑定。在此形势下，银行渐居幕后，仅提供清算和账务处理服务。不止于此，电子商务公司正不断通过客户网络行为数据分析，在信贷融资等银行传统经营领域寻求突破，实现金融服务创新。

面对竞争，银行需要改变，从原来只侧重在线支付结算服务，转向提供集信息、金融与物流服务为一体的综合服务。通过搭建电子商务平台，介入客户交易流程，提供全面的网络金融解决方案。

为客户提供优质、全面、安全的电子商务服务

与传统电商企业不同，电商平台是银行的客户服务渠道，而非盈利渠道。银行更注重平台运营的公平性、稳定性、便捷性，更重视将其打造成为精品化服务平台，这对平台入驻商户、消费客户而言都是服务质量的保证。

经营电商，银行一方面能够积累平台交易数据，引入网络信用，发展依托电子商务的信贷业务，加深与企业合作紧密度，用网络方式向客户提供所需金融服务；另一方面，以技术手段和风控体系作为保障，能够为客户提升信息安全等级，保障客户交易安全。

用互联网的方式做有银行特色的电子商务

经营电商，银行需要面对缺少专家人才、缺乏经验的劣势，而且其注重运营安全、经营稳健的特性，更与互联网快速灵活、激进的经营理念相冲突。因此，银行需要另辟蹊径，打造有银行特色的电子商务平台。

以金融服务为核心，充分发挥银行自有优势

在电商领域，银行虽然有劣势，但也有自身优势，如果发挥得当，必然可以开发出一种新的电子商务盈利模式。

金融优势。金融服务是银行经营电子商务目标所在，立足之本。银行如果能够利用好平台客户的数据信息，为企业客户提供量身定制的网络融资服务，面向个人客户提供申请简单、审批高效、支用灵活、还款便捷的全流程线上个人授信服务，势必能够凭金融服务之专，推动业务全面发展。

品牌优势。银行长期稳健经营的形象，使其在市场和广大客户中树立了良好的信誉和品牌形象。这种超高的信任度是一般电商企业无法企及的，这是银行经营电子商务并使其发展壮大的重要基石。

客户优势。数以亿计的个人客户和百万级企业客户，是银行另一个可以充分利用的发展优势。银行客户群体覆盖社会各行各业，能够为平台客户提供充足的潜在交易伙伴，创造无限商机。如果银行能够做好存量客户的转化工作，平台客户发展在短时间内可呈现爆发式的增长。

风控优势。高度重视经营风险在互联网企业眼中也许是银行从事互联网业务的劣势，但也未必不是银行面向客户提供服务的优势所在。较强的

风控能力和完善的风控体系，使银行搭建的电商平台能够有效防范产品的交易风险和信用风险，提升电商交易双方的信任度，有助于构建诚信公平的经营环境。

结合互联网的特点做好电子商务基础运营

银行想要经营好电商业务，还需遵循互联网的方式做好基础运营工作。

用开放、合作的心态打造互利共赢的电商生态圈。开放合作、互利共赢，是互联网企业成功的基石。银行仅靠自身很难迅速做强自营电商平台，这就需要以开放的心态，与商户、电子商务公司开展合作。银行一方面要掌握客户基础数据，为合作方提供金融服务支持，做强自身金融服务；另一方面要让利合作方，充分利用其从事电子商务经营或商品销售的经验弥补自身经验不足，做好平台各项服务，打造一个以银行为中心的电子商务生态圈。

坚持以客户体验为中心完善平台服务。互联网开放的特性决定了互联网企业很难凭借服务创新性保持竞争的领先地位，这意味着客户体验势必成为影响客户忠诚度的关键节点。因此，无论银行推出的金融服务，还是基础的电商服务，最重要的考量点就是客户体验是否最优，是否会留住访问的客户。

敏捷快速，及时响应客户需求。尽管阿里巴巴在当前电子商务市场份额中占据半壁江山，但其他各家电商平台群雄争霸的大势渐成。银行系电商平台如果想要从中脱颖而出，必须挖掘客户潜在金融服务需求，快速创新具有领先优势的金融服务。同时，也要紧跟当前电商服务发展趋势，快速部署主流平台所具备的服务，及时满足客户需求。

善融商务探索"电商＋金融"的电子商务运营新模式

为抓住电子商务市场快速发展的契机，挖掘客户潜在金融服务需求，建行于 2012 年推出了自主打造的电子商务金融服务平台——善融商务。

与传统电商平台仅提供电商交易服务不同，善融商务立足金融服务，旨在为客户搭建"亦商亦融、买卖轻松"的交易环境。善融商务由企业商城、个人商城、"房 e 通"三个子商城组成。企业商城以具有上下游供应链、具备产品优势的龙头企业和大型专业市场为目标客户群体，提供资信认证、资金结算等服务。个人商城定位于打造"精品＋联盟"商城，一方面引入国内知名产品生产企业或零售商，以旗舰店的形式入驻商城面向个人客户提供精品化服务，另一方面与国内知名大型电商平台合作，丰富商城产品种类，提高商城吸引力。"房e通"是建行结合自身在房产金融领域经验打造的服务平台，面向个人客户、房地产中介商提供房屋信息发布、自主交易撮合服务。

为满足客户不同交易环节的金融服务需求，善融商务提供从资金结算到信贷融资的全方位金融服务。在资金结算方面，建行将现有支付结算、资金管理等服务优化整合，推出多种方式的交易结算服务。在融资服务方面，面向企业客户，创新发展网络银行信贷业务模式，以网络交易记录、行为数据等信息作为客户信用评价的重要依据，搭建便捷的融资渠道；面向建行存量房贷或可提供资产质押证明的个人客户，提供预授信服务及在线消费金融服务，将融资申请、支用与支付环节无缝衔接。未来，善融商务还将逐步打造金融产品网络化销售服务。

建行推出善融商务并不是与传统电商争利，而是将其作为直面电商领域客户、了解电商金融服务需求的重要切入点，从而更好地满足客户电商领域金融需求，与其他电商平台开展金融合作。如今银行初涉电商领域，面临种种困难和不适之处，但凭借自身优势以及"金融＋电商"服务模式的不断探索，必将走出一条与众不同的电商经营之路。

（作者系中国建设银行电子银行部总经理）

互联网金融的模式与发展

李 博 董 亮

互联网金融三种主要模式

自 20 世纪 90 年代以来，互联网迅速普及，逐步从大学、科研机构走向寻常百姓家。基于互联网的应用具有接入的全天候、跨区域等特性，使得新兴服务充分体现出了不同于传统服务的低成本、跨区域、高效率和充分个性化的特征优势。互联网金融从服务的形式可以分为三种模式（如图 1 所示）：传统金融服务的互联网延伸、金融的互联网居间服务和互联网金融服务。

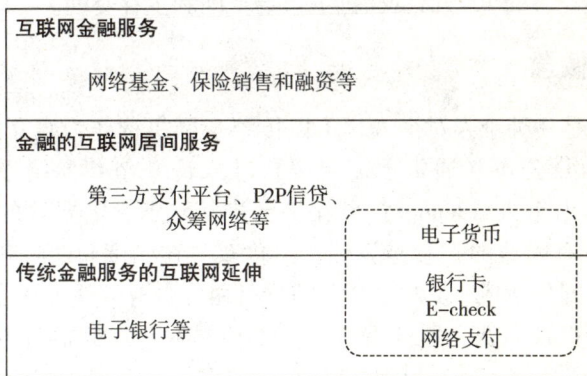

图 1 互联网金融三种模式

传统金融服务的互联网延伸，是一种广义的互联网金融。它是借助互联网本身的便捷和广度实现传统金融机构在互联网上的服务延伸。电子银行、网上银行乃至手机银行都属于这类范畴。在这一模式下，传统金融服务从线下扩展到线上，在时间和空间上外延了银行服务。

从狭义的层面，互联网金融只包括金融的互联网居间服务和互联网金融服务。前者典型的应用模式有第三方支付平台、P2P 信贷、众筹网络等，后者是网络形式的金融平台，包括网络小额贷款公司、互联网基金、保险销售平台等，这一模式多为电商向金融行业的渗透。截至 2012 年 9 月，2010 年成立的阿里小贷已累计为 13 万户客户提供融资服务规模 260 多亿元，不良贷款率为 0.72%，贷款是无担保、无抵押、纯信用的小贷模式。2012 年 12 月苏宁成立了重庆苏宁小额贷款有限公司，京东于同年 11 月上线京东供应链金融服务平台，向京东的合作供应商提供金融服务。

互联网金融的发展离不开网络支付的不断变革，从电子支票 E - check、银行卡到最终的电子货币，从传统形式的有线网络到无处不在的无线网络（移动支付），完成个人最终端的支付活动。电子支票 E - check 和银行卡更多以传统金融机构为主导，而电子货币更多依赖互联网公司的创新和开拓，使得第三方支付成为可能。有数据显示，国内获得央行第三方支付牌照的 197 家企业在 2012 年交易规模已高达 3.8 万亿元，同比增长 76%。

P2P 信贷经营模式

P2P 信贷（Peer - to - peer Lending）是互联网金融最大的亮点。由于传统银行服务低收入群体和小微企业的收益与成本不匹配，同时业务应变较慢，服务的不完善为 P2P 借贷提供了市场空间和生存空间。

P2P 信贷的概念

P2P 信贷是一种个人对个人，不以传统金融机构作为媒介的借贷模式。它通过 P2P 信贷公司（通常不需要银行准入证）搭建网络平台，借款人（borrower）和出借人（lender）可在平台进行注册，需要钱的人发布信息（简称发标），有闲钱的人参与竞标，一旦双方在额度、期限和利率方面达成一致，交易即告达成。其中，P2P 信贷公司负责对借款人资信状况进行考察，并收取账户管理费和服务费等，其本质是一种民间借贷方式，起源于众包概念（Crowdsourcing）。P2P 信贷公司更多扮演众包模式中的中介机构，该信贷模式就其特点而言可以概括为：

第一，在线进行；第二，借贷门槛低；第三，P2P 信贷公司只起中介作用，借贷双方自主；第四，出借人单笔投资金额小，风险分散。

世界第一家 P2P 信贷公司 Zopa 于 2005 年在英国伦敦成立。美国的第一家 P2P 信贷公司 Prosper 于 2006 年在加州三藩市成立，随后还有德国的 Auxmoney、日本的 Aqush、韩国的 Popfunding、西班牙的 Comunitae、冰岛的 Uppspretta、巴西的 Fairplace 等。从公布的数据来看，截至 2012 年 10 月，美国最大的 P2P 信贷公司是 Lending Club，其次是 Prosper。Lending Club 完成了 8.3 万次交易，涉及金额近 10 亿美元。Prosper 完成超过 6.4 万次交易，涉及金额 4.2 亿美元，并且每年的增长超出 100%，利息的浮动空间为 5.6% ~ 35.8%，违约率为 1.5% ~ 10%。我国 P2P 信贷公司的诞生和发展几乎与世界同步，2007 年 8 月中国第一家 P2P 信贷公司——拍拍贷成立。截至 2012 年 12 月底，全国 P2P 信贷公司总共超过 300 家，行业交易总量高达 200 多亿元，其中排名靠前的 15 家 P2P 类网站交易额占整个行业的 45% 左右，接近 70 亿元交易额。地域分布以广东省、浙江省、上海市和北京市较为聚集。

P2P 信贷的分类和经营模式

国外的 P2P 信贷公司依据趋利性，分为营利性（for – profit）P2P 信贷公司和非营利性（non – profit）P2P 信贷公司两类。由于国内 P2P 信贷概念的模糊和异化，纯中介性质的 P2P 信贷公司逐渐减少，国内的 P2P 信贷公司不能按照这一方式分类。按照平台的贷款模式将国内 P2P 信贷公司分为线上和非典型 P2P 信贷两种模式（如图 2 所示）。

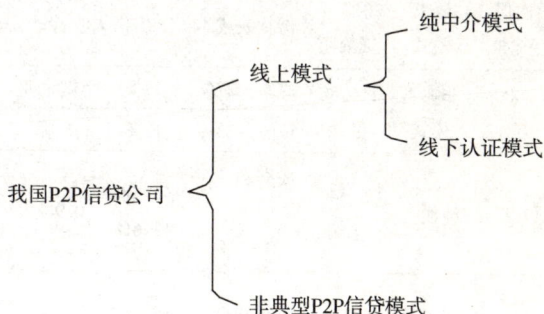

图 2　国内 P2P 信贷模式分类

线上模式又可分为纯中介模式和线下认证模式，前者以上海人人贷公司为代表，借款人和出借人完全在公司平台完成交易〔如图 3（a）所示〕。其中 P2P 信贷公司在线负责对借款方资信状况进行考察，并收取账户管理费和服务费等收入。后者线下认证模式以"合力贷"为代表，当借款人的借款需求超过 3 万元以上需要到合力贷公司面审（该项业务只针对北京地区），线下认证产生的前提是目前我国征信制度尚不完善，平台本身需要通过面审来鉴别借款人认证资料的真伪，可以杜绝一定的欺诈可能。非典型P2P 信贷模式是我国 P2P 信贷的特有方式，主要依赖线下行为，以宜信为代表，通常采用债权转移的方式，如图 3（b）所示。非典型 P2P 信贷模式区别于线上模式，大多以线下行为为主，行业内部认为该模式并非严格意义上的 P2P 信贷。

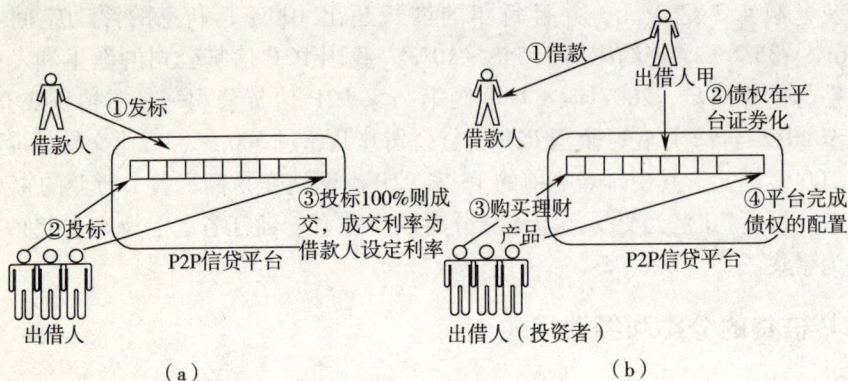

（a）　　　　　　　　　　　（b）

图 3　P2P 信贷经营模式

表 1 给出了对 7 家 P2P 信贷公司的类比：

表 1　　　　　　　　　　　7 家 P2P 信贷公司类比

公司	成立时间	注册资本	经营模式	2012 年贷款额	借款人成本	出借人收益		不良贷款情况	风险机制
宜信	2012 年 12 月	3000 万元	非典型模式	116.88 亿元	23%～27% 17%～23%	12% 小微企业 12% 工薪		2%	风险保障金
人人贷	2010 年 4 月	117 万元	纯线上	3.54 亿元	成交利率+服务费（0～5%）	平均利率 13.6%	0.9%	风险保障金	—
融通兴业（合力贷）	2012 年 5 月	500 万元	线下认证模式	378 万元	成交利率+3.6%	成交利率 −2%	2 笔共 4880 元	风险保障金	
拍拍贷	2007 年 8 月	105 万元	纯线上	4 亿元	成交利率（5%～24%）+服务费（2%～4%）	成交利率	1.19%	无风险保障金	

公司	成立时间	注册资本	经营模式	2012年贷款额	借款人成本	出借人收益	不良贷款情况	风险机制
大众联合	2013年2月	300万元	非典型模式	1.5亿元	16%	理财产品回报（8%以上）	0	风险保障金
诺诺镑客	2006年6月	400万元	非典型模式	1.2亿元	不祥	12%	5%~6%	风险保障金
融通汇信	2012年7月	700万元	非典型模式	1.13亿元	1.97%每月	6%~12%	≤1%	风险保障金 18.47%

互联网金融发展面临的问题

在关注互联网金融积极效应的同时，我们还应注意到这一新生业态对金融系统的冲击，即风险。传统金融服务的互联网延伸和互联网金融服务已经成为了新兴的金融机构，而金融的互联网居间服务这一模式由于行业本身的不确定性一直处于非监管的"真空"状态，也成为互联网金融最突出的风险。从欧美经验上讲，英国对于互联网金融公司的治理没有建立专门的机构进行监管，但是相应的法律规则制度对这一新兴事物有着明确的约束。例如 Zopa，其注册必须获得英国公平交易委员会、反欺诈协会、信息委员会等机构的准入。同时各个互联网金融公司组建联合会制定 P2P 信贷的行业准则来完善整个行业的自律。在美国，证券交易协会 SEC 要求该类公司按照证券业务进行注册，其中《消费者信用保护法》明确将互联网借贷纳入其民间借贷的范畴。而我国在这些方面尚缺乏相应的制度安排，互联网金融发展面临一系列问题。

一是外部监管及法律规范缺失，行业自律不完善。目前，我国在监管制度及法律规范方面尚不存在专门针对互联网金融业务的内容。受"哈哈贷"倒闭及行业风险逐渐显现的影响，银监会于 2011 年 8 月曾发布《关于人人贷有关风险提示的通知》，根据该文件，P2P 信贷业务本身并不在银监会监管范围之内，发文目的在于督促商业银行设置与 P2P 信贷业务之间的"防火墙"，防止 P2P 信贷风险向银行体系传导和蔓延。不但监管处于缺位状态，行业自律也极为松散，仅有少量机构加入中国小额贷款联盟于 2013 年 1 月 25 日颁布的《个人对个人小额信贷信息咨询服务机构行业自律公约》。

二是信用信息交换较困难，违约成本低。在英美等 P2P 借贷业务起步较早的国家，注册借款人账号或注册互联网金融公司，都需要注册其社保账号、关联银行账号、学历、以往不良支付的历史记录等信息，信用信息共享程度较高，违规成本也因此较高。相比而言，国内的信用环境和信用信息系统对互联网金融的发展更为不利。目前，互联网金融公司尚无法接入人民银行征信系统，各公司之间也不存在信用信息共享机制，对借款人的信用审核完全依赖各公司自身的审核技术和策略，独立采集、分析信用信息。由于信用信息交流存在难以逾越的障碍，无法形成有效的事后惩戒机制，借款人违约成本较低，对行业的长期健康成长极为不利。此外，信用信息缺乏交流还可能导致互联网金融公司在独立获取客户信用信息和财务信息的过程中时效性较差，时滞较长，从而诱发恶意骗贷、借新还旧等风险问题。

三是技术存在潜在风险，平台安全面临考验。金融业务与互联网技术对接虽然大大提升了业务的便利性，但同时也带来了较为突出的信息和资金安全问题，即使是已经发展较为成熟的正规金融网络化平台，也还存在着较多的技术风险。P2P 借贷平台的设计和搭建主要依据 Web2.0 技术，与传统金融网络化平台在技术理念上基本一致，因此，对于传统网络金融面临的潜在安全缺陷，P2P 借贷平台也难以回避。不仅如此，由于互联网金融公司实力与正规金融机构相比差距还很大，其对网络技术安全问题的解决能力也较差，而目前互联网金融公司的信用审核、风险管理等关键环节都在相当大的程度上依托其网络平台，更增大了其技术风险以及平台的脆弱性。

发展建议

互联网金融这一新型业态，其发展时间虽短，但发展势头迅猛，对于该业务的运行特点、面临的风险、发展趋势，特别是对我国金融体系的影响，短时期内尚难以定论，还需时日加以观察分析。为保护金融创新，同时避免引发区域性或系统性风险，应对这一行业采取密切关注、科学引导、分流疏导、加强公众教育、适时出台法律法规的管理策略。

密切关注，防止互联网金融业务风险蔓延。首先，密切关注互联网金融业务发展，保持对相关风险的警醒：一是工商、税务等部门在部门职责范围内，加强对从事互联网金融业务机构的监管，适当加大检查频率和深度，充分收集第一手信息，及时反映该类机构发展中存在的问题；二是工业信息以及人民银行、银监会等行业监管部门，可从信息技术、信贷政策、金融安全等角度，联合科研院所等机构对新型金融业务加强研究，并探索建立网络和风险的"防火墙"，避免相关风险蔓延；三是公安机关加大对利用互联网金融之名诈骗公众钱财等违法行为的打击力度。

科学引导，推动形成互联网金融行业自律，提高行业透明度。建议国家和地方各级金融主管部门在密切关注、充分研究的基础上，加强与小额信贷行业自律组织、行业协会的沟通和联系，循序渗透或阐明国家的相关政策，并从以下方面进行引导：一是从可持续发展的角度出发，推动自律组织或行业协会内部形成自律规范，明确业务性质、准入门槛、禁止性行为、信息披露要求等内容；二是为降低投资者遭到欺诈的风险，便于外部监管部门或投资者判断机构的管理水平和风险状况，切实发挥行业自律作用，推动行业协会在监管部门指导下，建立统一的信息披露平台，向社会公众进行行业披露；三是推动建立行业内投诉处理机制，由会员授权协会受理及协调处理投资者或借款人的投诉，并对投诉处理情况进行定期分析通报。

分流疏导，提高正规金融机构普惠金融服务能力。面对互联网公司的强势逆袭，传统的金融机构不能坐以待毙。为了保住自己在金融领域的传统地位，这些传统机构也在积极谋求变革。与以前仅把网上银行作为销售渠道不同，银行也开始更加注重互联网金融的特性，包括客户体验、交互性能等。与此同时，银行开始把互联网技术与银行核心业务进行更为深度的整合。

强化责任金融理念和认识，加大金融知识普及。提倡普惠金融、责任金融的行业理念，深入实践行业自律、监管部门、消费者能力的提高三大战略。建议政府部门及各类金融机构充分利用媒体、网络等手段开展公众宣传教育活动，积极向公众普及金融知识，提高公众的风险意识、辨别能力和自我保护能力，维护社会和谐稳定。

适时出台国家层面法律法规。金融创新和金融监控是统一的，希勒在《金融与好的社会》中提到"金融体系应该扩大化、民主化和人性化，监管更加技术化，但谁也不应该拒绝金融和它新的形态。"法规出台的"适时"从另一个侧面反映了监管者对新生事物的认识过程和创新的包容水平。

因此对于监管决策者一方面建议政府主管部门出台相应的规章，明确小额信贷中介服务性质定位，对互联网金融的业务范围、发展方向、监管办法及违规处罚、退出机制等相关内容作出界定。另一方面，加强政策引导，探索建立必要的风险补偿、财政补贴及税收、信贷优惠等正向激励机制，降低运营成本。同时支持民间融资备案登记，发挥备案登记管理作用，以完善国家征信系统，防止过度负债的信用风险，促进互联网金融的阳光化和规范化。

（作者单位：中国人民银行金融研究所；北京市金融工作局）

信息技术助推民间借贷规范化

黄 震

近年来，我国民间借贷市场发生了很大的变化，除了出现活跃区域从农村到城市转移、资金额度和规模越来越大、借款用途从生活消费转向生产经营、借贷主体从自然人到法人主体转向、第三方借贷服务中介日趋活跃等特征之外，影响最为深刻的是信息化对于民间借贷领域的影响。继美国、英国之后，基于互联网的民间借贷信息化服务平台在我国迅速崛起，出现了一个新兴的行业——P2P网贷行业。可以说，P2P网贷行业是民间借贷阳光化、规范化的希望所在，也是运用信息技术推进民间借贷阳光化、规范化的最佳选择。

P2P平台的发展是民间借贷规范化的希望

为什么规范民间借贷可以拿P2P网贷行业做文章？因为P2P就是民间借贷的网络版。具体表现在：首先是P2P平台的信息集约化。相比较而言，之前的民间借贷信息具有弥散、隐蔽的特征。其次是P2P平台的服务专业化。目前P2P平台集中了众多专业人员为借贷双方提供服务，这在以前是没有过的。最后是P2P平台运营的阳光化和规范化。信息化本身的意义就在于阳光化，同时网络平台的运营本身又要求规范化、标准化。因此，P2P平台的发展是中国民间借贷阳光化、规范化的希望所在。

由于缺乏准入门槛、行业标准和主管机构，P2P网贷行业在"野蛮生长"过程中迅速发展，也出现了良莠不齐、泥沙俱下的情况。一方面，P2P行业内不乏好的企业，一直在致力于推动中国经济社会及金融市场的健康

互联网金融 ■

发展。另一方面，一些资质不佳和风控不严的 P2P 平台在不断暴露问题，例如 2011 年的淘金贷事件、2012 年底的优易网事件，都引起了各界广泛的关注和舆论的热议。在这一背景下如何做好 P2P 平台的规范化工作是我们全行业和全社会都需要认真思考的问题。

对 P2P 网贷行业规范化的路径选择一直存在争议和分歧。究竟是先发展再规范，还是先规范再发展，抑或是边发展边规范？人们还没有形成基本共识。笔者认为应该边发展边规范，在发展中摸索规范。一方面，P2P 尚处于发展初期，很多问题尚未完全暴露，没有规范的依据，因此不可能先规范再发展；另一方面，也不能等问题严重爆发的时候再进行规范，届时如果产生不可控的风险，事后补救的作用会大打折扣，故而也不可能先发展后规范。总之，要避免出现"一管就死、一放就乱"的局面。

目前，我们国家行业内外已经有很多人在探索 P2P 网贷规范化发展的路径。目前已初步形成三种途径：第一种途径是通过民间借贷服务中心予以规范。温州、鄂尔多斯成立民间借贷登记服务中心，以公司的方式引导 P2P 平台入驻，要求将有关交易数据登记备案，对 P2P 的业务进行监管，这是一种较为规范的方式。第二种途径是通过信息服务行业协会进行规范，这种模式在上海已经开始尝试。如何给 P2P 平台定性，一直是行业颇具争议性的一个话题。在目前法律环境下不能将 P2P 平台定性为金融机构，因为我国对金融机构有着严格的审批制度和准入要求，所以把 P2P 平台定性为信息服务机构比较准确，通过行业协会探索自律规范也是可行的办法。第三种途径是成立 P2P 行业的自律联盟。我国要成立一个行业协会需要先找到主管部门然后才能到民政部门去批准，现在没有主管部门，通过审批非常困难。所以目前一些 P2P 有关的组织是没有官方背景的民间组织，没有很强的规范作用，更需要靠企业自律。以上这几种途径已初具雏形，而且发挥着一定的监管作用。

P2P 平台规范发展的途径选择

今后 P2P 行业如何规范发展？首先，对于每一个平台来说，应该"先系好鞋带再跑步"，打铁还得自身硬。平台要对自己的人员和行为进行规范和约束，而不是光等待和祈求政府和有关机构来监管。把自己行业内的事情做好，对于 P2P 平台来说就是要把企业的制度做规范、流程梳理清楚。P2P 平台管好自己的事情，一方面，要加强信息安全保障和隐私保护，现在一些信息平台很容易被一些黑客攻入，信息泄露事件频发。另一方面，对平台的定位要清晰。明确自己的职责仅做一个信息平台，如果连带做本金保障平台和担保平台，自己有这么大的资金实力吗？如果兼营担保，是否具有担保的资质？担保额能否保障将来及时兑现等这些问题，都需要从业务上规范起来。

过去政府不愿监管 P2P 平台的原因在于，一方面政府看不准情况，不知道具体的风险在哪里，不愿意来抓这个"烫手的山芋"。另一方面，在行政法领域"法无明文授权即是禁止"，政府介入 P2P 平台的管理需要法律的授权，但是现在没有法律明文授权。如果 P2P 行业做好了自己的事情，信息足够公开透明，风险控制体系完备，行业管理标准健全，或许就不需要政府部门出面监管就已经规范了，或许政府有关部门也将愿意作为主管机构，媒体的舆论监督和金融消费者的监督也将更加有的放矢，可以有效地支持 P2P 平台的规范发展。

以 P2P 网贷行业规范化带动民间金融的规范发展

如今，互联网创新大潮迭起，云计算、大数据、移动互联、社交传媒……一个又一个的技术创新将互联网金融推到了时代的潮头。互联网金融无疑是 2012 年金融领域的"热词"，也将成为 2013 年乃至更长时段的一个热门话题。P2P 已经进入寻常百姓的视野。

当阿里金融在基于淘宝客户数据在互联网上发放单笔贷款仅平均 7000 元却在半年总额累计贷款达 130 亿元，当马化腾、马明哲、马云旗下的三家公司合力成立互联网金融公司，当京东开始涉水互联网金融开展供应链金融服务，当民间互联网贷款平台公司越来越多地涉足金融服务……互联网金融行业展现出前所未有的生命力，互联网金融吸引了亿万网民的眼球，业界尤其是投资界对其的关注也越来越多。互联网金融行业作为一个高成长性的行业，很多专业投资者都在考察互联网金融行业，普通百姓通过互联网金融平台进行投资理财也越来越频繁，他们寻找和挖掘其中蕴藏的巨大机会，也试图甄别和防范隐藏其中的风险。因此，我们不要拒绝信息技术对金融行业的改造，而要积极学习和运营信息技术，主动通过信息技术引导和规范中国民间借贷的发展。

P2P 网贷行业规范化，可以带动整个中国民间金融的规范发展。只要大家有共识，坚持自律、公开、规范、标准的原则，走民间提升的道路，互联网金融就可以实现可持续发展。当 P2P 行业成为一个规范的行业时，政府也就愿意跟 P2P 行业合作直至监管，那时，中国小微金融的春天就真正到来了，互联网金融就真正为中国民间资本找到了一条光明的出路。

（作者系中央财经大学金融法研究所所长）

互联网金融

289

电子货币及其监管

蒋则沈

随着互联网技术和电子商务的普及，应用电子渠道进行支付交易和购买活动日益频繁，传统上使用物理形式货币进行支付的方式正在向多元化的支付方式转变。银行卡、电子银行是其中应用最为广泛的电子化货币支付渠道。需要强调的是，上述渠道仍处于银行体系之中，按照银行业务进行规范监管。

近年来，在国际领域，电子货币（又称虚拟货币）作为新兴的货币形式开始得到使用，交易日趋活跃，在一些信息化程度深、互联网普及广的国家，电子货币发展初具规模，并引起了监管机构的关注。从我国情况看，电子货币已有了一定试探性发展，虽然总体尚处于萌芽状态，但由于我国互联网人口数量庞大，网络环境尚不规范，一般消费者认知能力有限，电子货币发展面临的潜在风险值得关注和研究。

电子货币的基本概念

根据理论上的概念，电子货币（或称虚拟货币）是由特定主体通过预付费方式发行，并被其他主体接受作为支付工具，存储于电子介质中代表任意数量货币价值的凭证。该定义较为宽泛，基本上覆盖了所有以电子形式储存货币价值的支付工具。因此，除可广泛流通的电子货币以外，仅面向特定群体发行、支付功能单一、流动范围有限的电子储值工具（如食堂餐卡、手机充值卡、公共交通卡等）在广义上也被视为电子货币。

从货币和金融体系管理的角度看，欧洲中央银行和国际清算银行及巴塞尔银行监管委员会在发布的研究报告中对电子货币的概念进行了进一步明确。电子货币本质上是一种预付费支付工具，该工具具有以下特点：一是在电子设施中存储有货币价值；二是可面向除发行方以外的其他主体行使支付功能；三是不必依赖银行账户体系。

与广义定义相比，上述概念在第二点、第三点中进一步明确了电子货币必须具有相对广泛的流通性，可以在一定范围内承担一般等价物的角色，同时可以脱离现有的银行及其监管体系独立运行。这也是电子货币的主要风险隐患。

从我国情况看，存在一定形式的广义概念上的电子货币，其本质也是一种基于预付费机制的电子化存储凭证，主要形式可根据用途划分，大体包括：公共交通储值卡、商场消费储值卡、移动通信充值卡、网络游戏充值卡以及模拟真实流通货币功能的网上虚拟货币。如果按照非广义的定义进行界定，除商场消费储值卡具有相对广泛的流通性外，其他所谓的"电子货币"仅能在特定环境下使用，仅具备一种购买/支付功能，因此不是严格意义上的电子货币。但在现实使用过程中，如果这些所谓的"电子货币"拥有二级交易市场，或被使用群体接受用于其他交易活动（如公交卡可以在超市购物；网游虚拟货币可以在真实社会中购买物品并被交易者接受），其性质就发生了根本改变，成为了真正意义的电子货币，也就具有电子货币的风险性。

总体上看，电子货币在货币流通领域有了一定发展，使用群体逐步扩大，但同传统的物理货币相比，所占份额比例仍非常有限，受安全技术和消费者信心制约，发展速度也不是很快，整体上仍处于边缘位置。根据欧盟统计，截至 2007 年底，欧盟地区电子货币的余额占现金流通量总额不足 0.1%，较 2000 年末仅上升了 0.04%；欧元区非现金交易中，仅有 0.3% 为使用电子货币的交易。

电子货币的主要风险

电子货币发行主体的机构风险。从微观层面上看，电子货币一般由特定主体发行，作为电子货币的创造和管理机构，发行方的信用能力直接决定了电子货币的可用性，以及电子货币使用者的资产安全。从目前国际上电子货币发行机构运营模式看，其负债主要是发行电子货币过程中从购买者手中获取的物理货币；其资产主要是使用这些物理货币进行的各类投资。因此，电子货币发行机构与一般金融机构的资产负债结构具有相似之处，但对 IT 风险管理和投资风险管理要求更为突出。据此，电子货币面临的主

互联网金融

要风险如下：一是技术风险（操作风险）。包括未经所有权人授权擅自应用技术创造、转移或赎回电子货币，电子货币系统软件或硬件故障，使用电子货币系统从事洗钱等违法活动；二是投资行为中的市场风险。包括资产负债结构中期限、币种、利率敏感度错配导致的利率/汇率风险，以及投资集中度风险等；三是流动性风险。主要是发行方的流动资产在一定时间段内无法满足电子货币的赎回需求。

电子货币功能对金融体系形成的影响。从宏观层面上看，电子货币一旦无约束地发展，在流通货币总量中占有一定比例，对现有货币金融体系将产生实际影响。一是对货币供应量产生直接影响。一方面，电子货币与物理货币在发行或流通过程中不能按照等值进行兑换。如果电子货币折价兑换，货币供应量将增加，如果电子货币溢价兑换，货币供应量将减少；另一方面，如果发行方利用电子货币回收的物理货币进行贷款，自身将具备货币乘数效应，也将改变金融体系中的货币供应量。在电子货币具备一定规模的情况下，这将直接影响货币政策实施效果。二是可能产生由单一发行机构倒闭引发的系统性风险。如果由于个体机构风险导致市场对电子货币丧失信心，各家电子货币发行机构都可能面临挤提风险。三是面临着消费者保护问题。由于电子货币的虚拟性和高技术性，在缺少规范监管的条件下，社会公众难以有效识别发行机构的资质和信用水平，电子货币可能成为犯罪分子实施非法集资的工具。

对电子货币行为和电子货币发行机构的监管实践

我国电子货币的监管情况

目前我国电子货币发展尚处于萌芽状态，并游离于银行体系之外。

作为电子货币形式之一的消费储值卡，其中的代币购物卡类型已由国家有关规定明令禁止，严禁银行业金融机构发行各类储值纪念卡和不记名、不计息、有固定面值的联名卡。因此，在我国目前的银行体系中除特别批准外，基本上不存在电子货币和电子货币业务。

在非金融机构领域，部分商业机构发行了基于预付费机制的储值卡，主要是商场购物卡、公交储值卡、手机充值卡等，其支付功能被严格限定，暂不具备一般等价物功能，但不排除其向一般等价物功能扩展的可能。网络虚拟货币是一种电子货币的模拟形式，由于其表现形态与实际货币相似，引起的社会关注度较高。根据中央银行的意见，网络虚拟货币不是真正意义上的货币，不具有法偿性和强制性。因此，现阶段网络虚拟货币仍是网络游戏公司设置在游戏环境中的一种仿真道具。其理论上的潜在风险包括：一是发行主体的信用风险。当前虚拟货币需要消费者用真实货币兑换购买，但其定价、管理、维护、修改全部由运营商负责，虚拟货币发行缺少监督制约，一旦出现运营商的操作风险和违约风险，消费者利益保护缺乏保障；二是虚拟货币进入现实流通领域引发的风险。随着部分大型网络游戏运营商影响力的增加，公众认可度相应提高，可能使其虚拟货币产生二级交易市场，扩大流通范围，突破游戏环境并具备更广泛的消费用途，进而出现与人民币之间的市场兑换；三是虚拟货币私下交易可能为其他违规或非法活动形成通道。对于上述情况，文化部、公安部、人民银行等十四部委于2007年发布的《关于进一步加强网吧及网络游戏管理工作的通知》中提出，"加强对网络游戏中的虚拟货币的规范和管理，防范虚拟货币冲击现实经济金融秩序。要严格限制网络游戏经营单位发行虚拟货币的总量以及单个网络游戏消费者的购买额；严格区分虚拟交易和电子商务的实物交易，网络游戏经营单位发行的虚拟货币不能用于购买实物产品，只能用于购买自身提供的网络游戏等虚拟产品和服务；消费者如需将虚拟货币赎回为法定货币，其金额不得超过原购买金额；严禁倒卖虚拟货币。违反以上规定的，由中国人民银行按照《中华人民共和国中国人民银行法》第三十二条、第四十六条的规定予以处罚"。

欧盟确立的各成员国电子货币监管原则

随着电子货币在各国的应用普及，一些国家的金融监管机构开始加强对电子货币金融特性的关注和研究，部分国家和区域组织已经逐步建立起针对电子货币行为和电子货币发行机构的监管体系，发布了专门的监管规则。其中较为重要的是欧盟委员会于2000年颁布的《关于对信贷机构经营监管规则的修订意见》（欧盟委员会规则2000年第28号）和《关于对电子货币经营机构的审慎监管规则》（欧盟委员会规则2000年第46号）。两项规则确立了欧盟各成员国对电子货币实施监管的指导性框架，明确了电子货币发行机构的法律地位，是欧盟各成员国制定本国电子货币监管法规的基础。主要内容包括：

明确电子货币发行机构的法律地位，并单独作为一类纳入金融机构（在欧盟委员会发布的规则中称为信贷机构）范畴。根据其规定：电子货币是存储于电子设备，根据发行机构接受的法定流通货币进行等值发行，并被其他（除发行机构以外的）主体作为支付工具的凭证。电子货币发行机构就是除以往法律批准的金融机构以外，以电子货币形式发行支付工具的金融企业。

明确电子货币发行机构是特许专营机构，必须经过行业主管部门批准才能经营。电子货币发行机构的经营范围仅限于电子货币发行，以及与发行相关的运营管理业务。如果发行机构收取物理货币与支付电子货币不在同一时间发生则视为吸收存款行为，属超范围经营。同时，严禁从事任何形式的信贷业务。此外，任何非金融机构和个人未经许可不得擅自经营电子货币发行业务。

要求电子货币发行机构必须接受一系列规范监管。一是按规定的准入条件和流程申请电子货币发行机构牌照。二是发行的电子货币必须保证其可赎回性，即在电子货币有效期内，发行机构有义务向用户以面值退还等额物理货币，不得收取任何费用。发行机构可设定最低赎回额，但不得高于 10 欧元。三是发行机构必须服从审慎监管要求，其自有资本、负债、电子货币发行额必须满足监管指标要求。四是发行机构只能按规定条件进行投资，如：根据欧盟规定风险权重为零的资产、高流动性资产等。同时，应用衍生工具（仅可使用场内交易工具）的表外投资仅能用于完全对冲风险，不得拥有市场风险敞口。此外，发行机构的投资总额不得超出自由资本 20 倍。五是发行机构应具备健全的公司治理结构和内控机制，能够有效控制操作风险和 IT 风险。

此外，欧盟规则还允许成员国监管当局对一些类型的机构适当放宽准入要求。主要包括：一是机构与发行电子货币相关的总负债不超过 600 万欧元的；二是机构发行的电子货币仅用于内部范围的；三是机构发行的电子货币仅用于有限数量用户的。"有限数量"根据相互物理位置，或者财务或商业关系进行界定。

英国等国的具体监管实践

英国是欧盟地区电子货币发行机构的主要注册地，其 2001 年发布的《电子货币发行机构监管规则》是较为完备的具体实践性法规。具体内容包括：

一是对电子货币的性质进行了五项严格界定：电子货币应由特定主体发行，即具备合法效力的电子货币，其发行机构应遵守英国的法律法规，并按规定程序得到监管机构承认；电子货币应以电子数据形式存在，即电子货币应与物理货币相区别，其生成、持有、流通的过程依赖电子技术设施，并表现为电子数据形式；电子货币必须具备真实的货币价值，即电子货币价值必须由国家法定货币的价值决定，不存在自我独立定价权力，电子货币与国家法定货币必须进行等单位等值兑换；电子货币应具备支付功能，并以电子数据形态实现支付，即电子货币应可以在一定范围行使支付功能，并在支付的全过程保持电子数据形式，货币由电子数据形式转换为物理形式再进行支付，从金融监管角度上不定义为电子货币（如自助柜员机）；电子货币应能够进行一般性的多用途交换，即电子货币的支付功能应不局限于单一机构、单一用途，应具有一定的应用普遍性（如仅用于食堂内部的餐卡、移动通信公司发行的话费充值卡从金融监管角度不定义为电子货币）。

二是参照欧盟规定明确审慎监管要求。电子货币发行机构初始资本不得低于等值100万欧元（折合61500英镑，随当时汇率调整），自有资本不得低于电子货币发行额的2%，投资于非零风险权重的资产额不得超过自有资本的20倍，单一大额集中投资不得超过自有资本的25%，所有大额集中投资加总不得超过自有资本的800%。

三是要求机构拥有健全的公司治理结构和内控机制。包括在高级管理层能力、IT系统运行管理、内部审计、合规、人力资源管理等方面符合监管要求。

四是明确电子货币赎回规定。包括：单一用户的电子货币购买限额为250英镑；电子货币的丢失不受到英国存款保险计划的保护和补偿；赎回必须遵守等额和免费原则；机构必须向消费者充分披露所有赎回规定等。

五是对小额电子货币发行机构实行准入报备制。小额电子货币发行机构单一用户的电子货币购买限额为150英镑，包括以下机构类型：电子货币发行额低于等值600万欧元的；电子货币仅面向机构内部发行的；电子货币使用者低于100人的；电子货币使用范围在4平方公里以内的。

除英国以外，法国、意大利、挪威、爱尔兰、拉脱维亚、爱沙尼亚等欧盟成员国的金融监管当局也遵照欧盟的框架原则制定了本国的电子货币发行机构监管规则。同时在亚洲地区，以储值卡形式为主的电子货币主要活跃在日本、韩国、中国香港和中国台湾，当地监管机构也相应发布了一定的监管规则。如：香港金管局在《银行业条例》中增加了"多用途储值卡的监管"内容，并认可了地铁八达通公司发布的《多用途储值卡营运实务守则》有效；台湾地区金管会发布了《银行发行现金储值卡许可及管理办法》进行相关监管。

对我国而言，上述国家和地区的做法有以下几方面借鉴意义。一是应加强部际协作沟通，建立协调工作机制。由于电子货币（特别是网络虚拟货币等准电子货币）涉及的领域较广，发展变化较快，需要各相关方共同密切关注和研究国内电子货币发展趋势动向，及时制定配套法律法规，明确监管职责，防范相关风险。二是建议有序谨慎推进网络虚拟货币发展，加强对网络发行行为的监管，防范违约风险。如网络发行方暂不具备针对

互
联
网
金
融

网络虚拟货币二级市场交易的约束能力，应回归为一般性的预付费机制。三是逐步加强对储值卡类电子货币法规建设，加强对国际成熟监管经验的研究借鉴，逐步建立完善电子货币发行机构的监管机制。建立限定单笔金额、限定经营范围、等值兑换/赎回、审慎监管等方面的监管规范。

（作者单位：中国银监会创新监管部）